FOUNDATIONS AND BEST PRACTICES
IN EARLY CHILDHOOD EDUCATION

*History, Theories,
and Approaches to Learning*

(THIRD EDITION)

早期教育的基本理念与最佳实践
（第3版）

[美]莉森纳·福拉里（Lissanna Follari） 著

霍力岩 任宏伟 魏洪鑫 等 译

谷虹 杜宝杰 审校

教育科学出版社
·北京·

前　言

　　早期教育领域历经了几个世纪的发展。当我们创造未来时，要记得历史中有许多值得我们学习的地方。在那些造就了当今世界各地教育实践的过去的方法和理念中，有许多值得我们学习的内容。本书邀请你开展一次更广泛的探究，一项与儿童和家庭合作的实践。

　　本书主要为初入职的幼儿教师而写，那些已经积累一定教育经验并期待提升教育实践的幼儿教师也同样可用。对于新手教师，你应当考虑通过梳理这一动态领域的发展历程和趋势，进行自我定位。对于有经验的教师，本书能够提供更多关于教育方法的深度探索，能让你的实践更加专业。总的来讲，首要目标是在理念与实践之间建立有机联系。为了达成这一目标，我在书中加入了一些故事以及图片，它们都来自不同的实践，强调教师和课程如何将指导原则和理念整合到实践中。我希望你通过阅读此书，开始或者继续你的反思之旅，不断前进，并发出你的声音——那些能够代表所有儿童及其家庭的声音。

一、本版新增内容

　　本版（第3版）反映了近些年早期教育实践领域的变化。这些变化依据的是立法和政策的变化，同时也参考了一些关于提升教育有效性的最新研究。本版更加强调融合教育以及家庭的多样性。以下为其中较为重要的修订和更新内容。

　　·"本章学习目标"（Chapter Learning Goals）指出本章的内容、结构，在每章的开头和结尾分别呈现，帮助你理解每章的关键概念。

·"总结"（Summary）部分更加简洁，易于理解。

·图表更多，可读性增强。

·很多章包含基于证据的实践和符合美国各州共同核心标准的定义、案例、应用活动。

在本书中，第一章添加了关于儿童发展的概述以及对早期教育和保育更为宽泛的定义；第二章更新了关于争优计划（Race to the Top）的内容；第三章用到了更多的表格；第四章对生物生态模型进行了全新的阐述；第五章为全新内容。第六章到第十章的内容也重新进行了组织。

二、本书特色

本书多数章节都含"教室一瞥"（Classroom View），这是多样化教育环境的掠影，也蕴含了各章的关键概念。我邀请你根据这些故事，反思自己的观察，并将你的经验与这些案例进行比较。

"你的看法"（In Your Own Words）鼓励你反思自己的理念和实践。在学习的旅途中，我们常常需停下脚步，去思考建议的实践活动——这些活动在"付诸实践"（Putting It into Practice）中。这些具有高度实用性的内容很重要，能够帮助你将理论与实践相联系，而这对高质量的实践来讲至关重要。

有一些主题贯穿全书，即教师角色、儿童观、融合教育和多样性等。你必须将这些关键的内容整合到你的思考和教学中。每章最后的自评以及应用活动，都是为提升你的理念与实践而设计的。这一过程会用到附录（包括使内容更易于理解的图表以及档案袋示例）。

三、本书指导思想

本书的一些指导思想是我们借以管窥早期教育领域的工具。第一个指导思想是：以儿童为中心。童年是人生一个独特的阶段，儿童具备主动成长和学习的能力。

第二个指导思想是建构主义理论。儿童通过有意义的经验以及与周围环境、人和物的互动，主动地构建知识体系。即使他们看起来很安静，但他们也有可能在进行内在的建构。他们的学习、思考以及感受，通过种种"语言"表达出来。教师必须尊重和理解每一名儿童。

我深信教学是个性化、专业化的行为。成人和儿童建立社会关系，是儿童学习的核心。最重要的是，我相信儿童值得被尊重、被爱，得到那些进入这个充满挑战的、复杂的领域的成人的尊重和爱护。书中饱含了这种爱与尊重。期待你拥有一次充满挑战和惊喜、激动人心的旅行。

四、教师专业准备：档案袋与核心能力

本书中还有两大能够帮助你进行专业准备的内容。首先，每一章都有一些专业档案袋活动。档案袋将展现作为发展中的教师的你，以及作为教师教育专业学生的你的成长。其次，全书内容与教师资格考试如普瑞克西斯考试（Praxis™）① 相一致。有关理论、最佳实践等正是这些考试的主要内容。

五、辅助资源

所有的辅助资源可通过网络获取。下载或打印辅助材料，请访问网站（www.pearsonhighered.com）。如本书配套教师资源手册包含了词汇表、章节概览、附加的网络资源和额外的室内外应用活动，可以帮助你加深对每章相应概念的理解并创建专业档案袋。在线测试库包含多个测试项目，包括多选题、论述题。

六、致谢

衷心地感谢我的学生。我承担这项工作就是为了你们。能和你们一道踏上这趟旅行，是我的荣幸。我愿你们都能从中有所收获。

我也要感谢卢奇·可可（Luci Coke）的帮助，她帮助我收集了本书第 1 版中用到的大量研究信息。还要感谢朱莉·皮特斯（Julie Peters），是她一直支持我并给予我有价值的反馈。本书因为你们的参与而更出色。

————————

①这是美国考查有志于从事教育教学工作的人相关知识及能力水平的一项资格考试，其成绩得到美国很多州的学校认可。——译者注

　　我还想要感谢以下评论者，谢谢你们提出的有帮助的评论：斯蒂芬妮·戴维森（Stephanie Davidson），杰克逊州立大学（Jackson State University）；毛琳·杰拉德（Maureen Gerard），亚利桑那州立大学（Arizona State University）；玛丽·拉吕（Mary Larue），萨金特·雷诺兹社区学院（Sargeant Reynolds Community College）；凯瑟琳·内梅兹（Catherine Neimetz），东方大学（Easten University）。还要特别感谢北安普顿社区学院儿童保育中心（Northampton Community College Child Care Center）、东斯特劳兹堡大学儿童保育中心（the East Stroudsburg University Child Care Center）、雪莱顿学院（the Sheridan）、基督教青年会儿童保育中心（YMCA Child Care Center）、柯尔比－索耶学院温迪希尔实验学校（the Colby-Sawyer College Windy Hill Lab School）的教师以及儿童和家人。我非常幸运地在这些地方获得了引人深思的、有代表性的、有趣的实践案例。这些事例不断激发我的热情。

　　最后，我将此书献给吉瑞森（Greisan）。他是这一切的动力。

目　录

第一章
欢迎来到早期教育领域

CHAPTER 1

本章学习目标

- ⊙ 明确0～8岁儿童发展与学习的关键内容。
- ⊙ 探索早期教育的范围与特征。
- ⊙ 讨论教师教育专业学生的角色与任务。
- ⊙ 描述早期教育工作者的复杂角色。
- ⊙ 阐述当代早期教育面临的重要问题。
- ⊙ 提出对自己专业身份的初步设想。

　　做一名幼儿教师是一场持续的旅行。它令人兴奋又令人劳累，充满活力又充满挑战，并且总是千变万化。最重要的是，它让人受益匪浅。没有比生命的最初 8 年更有影响力的年龄段了。由于儿童早期巨大的发展，教师被认为对儿童生命有深远影响，对未来一代至关重要。作为一名幼儿教师，我们在日常活动中扮演着许多不同的角色：教师、研究者、终身学习者、看护者、家庭与儿童的支持者、启发者（引发儿童的思考）、玩伴。我们每天要面临许多艰巨的挑战和任务。本章从广义上对早期教育进行了界定，阐述了儿童学习与发展的重点内容，呈现了当今实践中的重要趋势和问题。当你思考你在儿童及其家庭生活中的角色时，你会开始反思自己在其中可以如何作为。

"儿童早期"的概念

从出生到 8 岁的这几年被定义为"儿童早期",人生中任何其他阶段都不会经历如此重大、快速和显著的变化。因为这一阶段惊人的发展,儿童早期被视为人生命中最重要的、最具影响力的时期。虽然儿童成长和发展的时间甚至包括顺序都是有差异的,但是大量研究证明,儿童的发展有着普遍的可预测的模式、范围和趋势。从表 1–1 到表 1–4 分别列出了婴儿、学步儿、幼儿、小学低年级儿童的典型发展,另附有来自优秀早期教育机构的案例。

婴儿

表 1–1 能让人初步了解婴儿发展与看护实践。

学步儿

当婴儿能独立行走时,他们便迈入了学步儿时期。在这一时期,学步儿的自我意识以及自我照顾和活动、做出选择的自主性都快速发展。学步儿与看护者建立了安全的、信任的关系,对世界的探索伴随着语言的发展得以扩展。表 1–2 能让人初步了解学步儿发展与看护实践。

幼儿

幼儿的典型特征包括:语言大爆发,身体协调能力显著发展,对世界和事物如何运转的好奇心快速增长。学步儿时期发展的自主性和独立性,为幼儿做出关于活动和兴趣的选择,以及按照决定和计划行动奠定了基础。表 1–3 介绍了幼儿的发展与教育实践。

小学低年级儿童

当儿童新进入正式的学校环境时,社会活动、同伴关系,以及创造、想象、建构的机会让他们觉得格外有趣。儿童的好奇与探索、观察以及理解他们世界的自然愿望,将会影响他们在这些年的注意力。能力与自尊通常在以发展为取向的学习与社会经验中得到支持和强化。表 1–4 介绍了 5～8 岁儿童的发展与有效实践。

表 1-1　婴儿的典型发展与学习

	婴儿如何发展与学习	在高质量的早期教育机构中，学习是什么样的	婴儿学习经验举例
婴儿（0～2岁）	• 主要通过感官以及与成人和其他儿童的互动学习 • 需要通过摸、看、尝、听及闻来探索和了解他们世界中的材料 • 社会交流会强化婴儿大脑的连接，发展其语言技能 • 温暖、敏感、面对面的互动，如摇晃、搂抱以及温和的游戏能够促进互动并刺激婴儿回应 • 早在能够流利表达之前，婴儿便通过与看护者的互动来学习对话的规则，了解轮流、声音/言语、语调、眼神交流、非语言表达等 • 发展身体协调能力是婴儿的关键任务 • 婴儿探索并开始控制他们的运动技能，如伸手够、抓握、捡拾、坐、爬、站以及独立移动	• 温暖的、有爱的、敏感的互动是早期发展与学习的关键，教师与婴儿说话，给婴儿唱歌、读书，与婴儿做游戏 • 婴儿期形成的关系是人一生情绪发展的基础 • 充满爱心的成人敏感地呼应婴儿的需求 • 同伴互动让婴儿有机会学习社会化，妥协，发现他人，发展集体意识以及分享意识 • 游戏、自主探索、语言交流、操作不同的材料是婴儿学习的主要方式 • 身体活动，包括音乐、舞蹈、室内外的大肌肉和小肌肉活动，促进了协调性、移动性以及力量的发展，扩大了婴儿的活动范围 • 韵律、歌曲以及与成人和朋友的大量交谈支持了语言发展这一首要发展任务 • 坚实的家园伙伴关系是所有早期教育的根本	• 学习渗透在日常活动中，如换衣服、吃饭、游戏时的歌曲与故事 • 户外活动，包括骑（坐）童车和在草地上散步、玩耍 • 当婴儿变得更加好动时，小型攀爬器材非常合适 • 探索自我和镜中映像（建立自我意识） • 婴儿喜爱往容器里装东西再倒出来，喜欢堆叠杯子，用柔软的或者轻的积木进行搭建 • 婴儿选择和探索安全的感知材料，如沙子、水和颜料

表 1-2　学步儿的典型发展与学习

	学步儿如何发展与学习	在高质量的早期教育机构中，学习是什么样的	学步儿学习经验举例
学步儿（2～3岁）	• 建立信任关系、行使自主权是重要的发展里程碑 • 开始探索并掌握自我照顾的能力（进食、如厕、洗手），这些成就建立了延续终生的自我胜任感及自尊心 • 学会走路、跑步、踢球、平衡、抓握用具等，身体协调及扩展能力得到进一步发展 • 热爱探索周围的世界以及自己逐渐发展的体能 • 学步儿的一天应当充满积极的游戏 • 学步儿需要拥有与同伴乃至不同年龄儿童共同探索和试验的机会，以便掌握未来学习和生活必需的社交技能的基础	• 学步儿通过自己选择的活动和教师精心设计的探索世界方方面面的计划进行学习 • 学步儿仍然是依靠感觉和动手实践的学习者，需要在积极的"做"中学习 • 对周围世界的好奇心，激发了学步儿热切的（敏锐的）观察 • 学步儿有大量主动游戏（积极游戏）的机会，包括攀爬等大肌肉游戏，游戏与休息、安静之间保持平衡 • 学步儿通过吃饭、穿衣、清洁强化自我照顾的能力 • 在故事和图书中发展早期语言与读写能力 • 用不同的材料建构，发展语言能力、空间知觉、数学、社会性以及身体 • 在自选区域开展的小组游戏让学步儿有机会练习社会协商，意识到他人的存在 • 通过敏感细心的看护和有意义的互动，教师和学步儿建立起牢固的关系 • 坚实的家庭伙伴关系在所有早期教育中都是必要的	• 通过动手操作和感官游戏探索事物如何运作 • 利用镜子、光线和阴影探索透视和反射 • 通过户外观察和探索发现周围世界的改变 • 通过帮助收纳物品、清理和洗手，学习照顾材料、自己和环境 • 通过家庭式的、放松的群体进餐，吸收营养和发展社交技能 • 在真实的主题区域如厨房、市场、邮局开展表演游戏 • 大量使用积木、围巾、小木棍、沙子等去建构真实的和想象的世界 • 有丰富的日常语言交流，如讲述故事，分享图书、诗歌，唱歌，玩木偶，听音乐 • 攀爬设施或大肌肉运动器材是室内和室外环境的一部分 • 通过颜色、尺寸和形状不同的计数和分类材料，建立早期数学概念 • 探索创造性表达的材料，包括艺术、音乐和戏剧，学习欣赏美和表现美

表 1-3　幼儿的典型发展与学习

	幼儿如何发展与学习	在高质量的早期教育机构中，学习是什么样的	幼儿学习经验举例
幼儿 （3~5岁）	• 通过有意义的、真实的活动，不断主动建构关于周围世界的认知 • 通过各领域游戏来学习和发展 • 游戏是主动的、动手操作的、以幼儿为中心的，教师会给予一些支持与促进 • 简短的、教师引导的活动能够以与发展相适宜的方式支持特定学习目标 • 对事物是如何运转、移动、改变和成长充满好奇 • 借助新萌发的身体协调能力和增长的注意力更深入地参与动手操作活动，探索世界中有意义的方方面面 • 想象力和语言发展，引发更详细的故事创编、戏剧游戏以及建构活动 • 社会互动和同伴关系非常重要，对于发展协商、妥协以及对他人的意识必不可少	• 主动游戏（室内外），动手操作的、基于探究的项目，教师指导的活动之间，休息和常规活动之间保持平衡 • 包括饭店、超市、厨房、邮局、医院等在内的表演游戏区，支持幼儿的社会化，并给予他们探索世界的机会 • 幼儿主导的活动发展终身学习者必需的技能、知识和态度，包括问题解决能力、学业技能和知识、好奇心、创造性以及做出选择的能力和坚持性 • 幼儿练习语言，玩语言游戏，语言知识和技能发展，书写和阅读技能萌发 • 一日常规经过组织，可预测，灵活，并且回应了幼儿不断变化的兴趣和需求 • 教师敏感、及时回应幼儿并与幼儿互动，提供个性化的挑战和支持，发展幼儿主动性 • 教师系统地评价幼儿的发展和学习，并以此为基础为每一名幼儿制订计划 • 幼儿发展和学习的记录被用来促使教师反思，帮助教师与幼儿及其家庭对话 • 坚实的家园伙伴关系是所有早期教育的根本	• 个人或小组游戏时有各种各样动手操作的材料 • 丰富的语言活动，包括故事、表演游戏、歌曲和韵律活动 • 通过艺术活动、书写、吃东西，提高小肌肉协调与抓握能力 • 操作材料来探索形状、颜色、重量、高度、顺序、序列和模式 • 像科学家一样探索世界：提出问题，做出假设，得出结论，进行观察和反思 • 用积木验证、思考和展示对于世界的认识 • 通过表演游戏探索角色和社会规则 • 语言活动贯穿一日生活，如读故事和讲故事，表演最喜欢的故事，唱歌，对话，书写和阅读，用图画说明

表1-4　小学低年级儿童的典型发展与学习

	小学低年级儿童如何发展与学习	在高质量的早期教育机构中，学习是什么样的	小学低年级儿童学习经验举例
小学低年级儿童（5～8岁）	• 通过直接经验和对话来主动建构对于世界、自我和他人的认识 • 不断提升的对自我和他人需要和兴趣的认识，激发儿童对社会互动和归属感产生兴趣 • 当感到有趣、自信和有动力时，儿童的专注力和注意力不断增加 • 儿童大肌肉和小肌肉的协调，激发复杂的主动游戏 • 享受有规则的游戏，喜爱通过自己制定规则解决问题 • 社会互动强化了自我管理、归属感和友谊 • 读写（和计算）能力强化了常规读写	• 日常活动有弹性，有组织，围绕儿童的兴趣和需要展开 • 个人的、小组的和大组的活动，儿童主导的活动和成人主导的活动平衡 • 儿童越来越主动地发起和实施计划 • 表演游戏变得更加复杂，耗时更长，与同伴间的互动更多 • 频繁地阅读、书写、倾听和表达，常规读写能力不断完善 • 领域知识和技能提升 • 教师系统地评价儿童的发展和学习，并根据评价为每一名儿童制订计划 • 儿童发展和学习的记录被用于促使教师反思，帮助教师与儿童及其家庭对话 • 坚实的家园伙伴关系是所有早期教育的根本	• 运用数学、逻辑、科学知识和技能解决问题 • 专门设计小组活动，提升问题解决、社会协商、自我管理（的能力） • 儿童改编并表演熟悉的故事和图书 • 书写活动，如编故事、杂志、报告，制作图示，记录对话 • 集体阅读与个人阅读结合 • 表达观点、解决方案、再创造 • 规则游戏，包括纸牌、棋盘游戏、体育游戏

我们所有关于儿童的工作都是基于对儿童发展的认识。儿童发展的知识是我们做出无数个与儿童有关的决定的基础。上面的表格简要介绍了儿童发展中的一些关键过程。教师的专业准备还包含对重要理论、理论家和儿童发展里程碑的更加全面的探索和回顾。

教师通过给予学步儿恰当的帮助而不是代替他们完成任务，支持学步儿自主性的发展。

什么是早期教育？

早期教育指的是由家庭成员以外的人在家庭之外进行的、面向 0 ～ 8 岁儿童的保育和教育体系。早期教育机构是多种多样的，有大规模的，有居家的，有基于特定信念的，有设在学校中的，还有公立或私立的。早期保育和教育的专业人员可以用若干术语来描述，如教育者、教师、助理教师、照看者、助手或者看护人。不同的专业称谓可能代表不同的关注点和任务，不过有些称谓可以交换使用。服务婴幼儿、小学低年级儿童及其家庭的早期教育机构，其范围、结构、实施和规划有广泛差异。

早期教育机构中的儿童和成人表现出能力、兴趣、文化、价值观、语言和专业准备等各个方面的多样性。发展对多样性的敏感以及接纳集体中所有成员的态度和能力至关重要。在任何早期教育中，关系是核心。教和学都发生在社会情境（学校、家庭、同事、理念、实践、社区）中，人们在其中不断协调各种关系。教师面临大量的选择（包括技术、意识形态、理论、材料），寻找最适宜的工具和方法。教师同样需要依据这些选择来为儿童普遍性的发展创设学习环境，同时也要根据本园情况设置特别的环境，以支持儿童的个性化发展。在婴儿和学步儿教育机构中，通过培育关系来强化社会性情感的发展是必不可少的。在幼儿教育机构中，支持幼儿日益扩展的活动和互动是一个很重要的焦点。对于小学低年级儿童来说，那些深化学习以及支持同伴互动的活动是很重要的。越来越多的教学涉及内部和外部的评价与问责。（教师）若想成功，需要有强大的知识和技能作为基础，同时还需要有奉献与担当精神。

付诸实践

多样的实践

早期教育实践普遍非常多样化，服务婴幼儿或者小学低年级儿童的不同机构，其服务范围和结构有很大差异。更大的差异存在于不同环境如城市、乡村、郊区或宗教机构之间。但是所有的早期教育实践，除了有社区环境和服务范围的巨大差异外，还有一些普遍的规律。

卡洛斯[①]是14个农村社区中心婴儿和学步儿机构的督导，这些机构最远相距100多千米。"这些机构得到联邦政府资助，面向那些贫困家庭的儿童。提升保育和教育的质量，是我们的目标，但是满足儿童对基本食品、住所、服装和稳定的家庭环境的需要必须成为我们最优先考虑的事情。提供服务、家庭支持和父母教育，是我们日常工作的中心。如果儿童的基本需求没有被满足，那么什么（效果）也不会发生。"

诺亚在一个富裕的城市社区的宗教幼儿园工作。"我们的家庭都高度参与幼儿园工作。我很幸运，因为我在其他地方工作的大学同学都还在努力与家庭建立联系。我很幸运，但是我也感受到很多压力。我们幼儿园的家长对我和他们的孩子都有非常高的期望。有时我也担心。我只是尝试保持正确的儿童发展观，同时向家庭展示他们的孩子已经做了很多，尤其是如何为之后的学习打基础。他们尤其想要看到许多的技能。虽然有很多需要努力的方面，但是我对于我给孩子们的积极影响感觉很好。因为与家庭有很多互动，并且我们做了许多记录，所以我知道我们和家庭正像合作伙伴一样工作，他们如果有疑问或麻烦，也会让我知道。"

伊莉斯是一所郊区小学的二年级老师。"近5年来，我真的看到了我们工作重心的转移。我们现在关注能力和证据。对，就是考试。我们推动基于证据的实践和各种评定。我的团队（由二年级教师组成）每周开会，制订评估计划或回顾评估结果，并以此为基础设计教学。我们不断实施计划，不断评估我们对每一名学生的影响。每一个新的计划都需要说明依据。因此，我们还要写出我们将要收集哪些证据，以用到下一阶段的计划中。听起来工作很多，但我们已经养成了习惯。起初确实比较困难，但是现在，它确实产生了实际意义。"

[①] 为了阅读方便，不一一标注案例中出现的幼儿及教师的英文名。——编辑注

作为教师教育专业学生

在专业发展的这一时期，你的任务是接纳"反思"。你必须学习早期教育领域的历史，这样才能展望未来。你必须探索不同的早期教育实践，这样才能形成自己的风格。通过学习和实践，你将从过去和当下中，从可信的研究中，从儿童、家庭、同事乃至自己身上，学习专业性。本书会为你提供发展专业性的基础。总之，这本书乃至你的专业学习，将要求你提供大量作品来表现你作为教育者的理念和能力。创建一个专业档案袋是你的第一个任务，借此你可以定义乃至不断重新定义作为教育者的自己。

档案袋是作品或者手工制品的集合，它能够代表你的理念、能力、目标和成就。它会随着你的学习和实践不断变化。许多人选择活页夹，或可不断扩充的对开本子等，以便补充或取出作品。你必须精心选择能够反映你进步的作品，突出你的经验，证明你拥有与国家或地方教师标准有关的能力（Gelfer，Xu & Perkins，2004）。你的档案袋可能被用来评估你在学业方面的进步，展示你的访谈能力，记录你入职以来的专业发展。定期回顾你的档案，能够激励你总结自己的工作，从经验中学习，确认你已经或者即将成为一名教师（Bullock & Hawk，2001）。在本书中，你将有很多机会去探索创建档案袋的策略。

思考各种学习理论和教学法，并批判性地将之运用于自己的实践，这对教育专业人员来说至关重要。在你阅读本书时，思考各章的内容，找到那些你有望将之与自己独特哲学和实践融为一体的元素，批判地审视你自己的理念和潜在的偏见。随着学习古今各种教育理论与实践，（你需要）反思和调整甚至改变你对教学、儿童及其家庭的观念和期待。不断检验自己的理念，是成为一名反思型教师的根本。

付诸实践

你的专业档案袋

依据广泛认可的标准，如美国幼儿教育协会的标准（NAEYC，2011）（表1-5）、美国州际初任教师评估与支持联盟（the Interstate New Teacher Assessment Support Consortiume，InTASC）的标准（CCSSO①，2011）（表1-6），调整你档案袋的每个标准，包括档案袋里可能的材料（这些材料将贯穿全书）。

---

① 全称是 Council of Chief State School Officers，为美国各州首席教育管理事会。——译者注

表 1-5 美国幼儿教育协会的早期教育专业入门标准

标准	可能的档案袋材料
标准1：促进儿童发展与学习	• 对描述儿童的隐喻的分析 • 关于教学理念的陈述 • 对各领域发展的强调 • 对理论家的研究
标准2：与家庭和社区建立联系	• 家庭工作坊计划 • 家长信息手册或简报 • 家庭调查 • 社区需求调查 • 社区资源清单/手册
标准3：观察、记录和评估以支持儿童及其家庭	• 观察报告 • 课程比较报告 • 评估工具 • 用来评估课堂环境与儿童发展的量表和清单 • 儿童研究
标准4：使用发展性的（促进发展的）有效方式	• 与技术相结合的课程计划 • 期刊评论或自我评估 • 学习中心的设计 • 计划图表 • 照片板 • 多元智能自评 • 现场督导评估报告 • 辅助技术资源分析
标准5：用领域知识建构有意义的课程	• 领域活动计划 • 计划图表 • 领域游戏和材料
标准6：成为一名专业人员	• 美国幼儿教育协会会员 • 对美国幼儿教育协会立场声明的评论 • 对杂志文章的评论 • 参加会议的记录 • 教师面试报告，包括影响家庭和儿童的法律和政策问题 • 合作教学报告和自我反思
标准7：早期教育一线经验	• 两个不同的早期教育环境的观察和分析报告 • 实习通信或现场报道选摘 • 教案反思 • 现场督导评估报告

表 1-6　美国州际初任教师评估与支持联盟的核心教学标准

标准	可能的档案袋材料
标准1：学习者的发展	• 对描述儿童的隐喻的分析 • 关于教学理念的陈述 • 对各领域发展的强调
标准2：学习差异	• 关于教育多样性的声明 • 全纳性的学习环境分析 • 个性化学习计划
标准3：学习环境	• 活动室平面设计 • 学习中心设计 • 户外学习环境设计
标准4：领域知识	• 领域课程计划 • 领域游戏和材料
标准5：领域知识应用	• 整合课程计划图表 • 整合多个内容领域的团队教学计划 • 说明儿童学习的记录板 • 现场督导评估报告
标准6：评估	• 观察报告 • 课程比较报告 • 评估工具 • 用来评估课堂环境与儿童发展的量表和清单 • 儿童研究
标准7：教学计划	• 整合课程计划 • 差异化课程计划 • 个性化教学计划
标准8：教学策略	• 教案反思 • 反映教学计划执行情况的视频/照片 • 儿童作品以及教学反思 • 教师面试报告 • 现场督导评估报告
标准9：专业学习与道德实践	• 对自己实践的反思（日记） • 合作教学报告与自我反思 • 家访 • 教师访谈
标准10：领导与合作	• 专业协会会员 • 参加会议的记录 • 学校活动参与情况

　　用标签或其他材料，将每条标准分隔开来，另外要包括个人信息部分，记录个人基本情况、教育理念、推荐信和资格考试成绩，等等。在关于标准的部分，你可以收

集课堂作业如论文、课程设计、与家庭的通信，以及任何实践经验或符合该标准的观察报告和评估。作为对每一个部分的介绍，考虑写一页自我反思，你可以分析有哪些经历帮助你为那些标准做好准备。这个总结和反思不仅反映你的写作技能，而且也能表明你对标准和自我的了解。

作为早期教育专业工作者

当你阅读本书中有关早期教育历史、理论、指导思想和方法时，你将深入了解早期教育工作者的多个角色。阅读下面内容，想想你将如何适应这个不断发展的领域的这些角色。

对于早期教育专业工作者来说，主要任务是和儿童面对面玩动手操作的活动。

教师

下面的活动可能能更清晰地体现教师角色。

- 促进儿童的发展。
- 重视儿童游戏，认为游戏能促进儿童发展，正如游戏能愉悦儿童精神一样。
- 营造欢迎每一名儿童的美丽而迷人的学习环境。
- 提供能激发儿童好奇心和想象力的学习经验。
- 提出问题，鼓励儿童思考乃至挑战他们的想法。
- 观察和记录儿童的行为和语言，评估他们的学习和发展。
- 与儿童及其家庭之间建立稳定的联系。
- 和儿童一起学习课程、知识，建构班级共同体。

你设计的有意义的、有趣的、具有挑战性的学习经验，应该与所有领域内容整合，同时在儿童发起的活动和更结构化的、教师指导的活动之间保持平衡。每一位有经验的教师必须在不同发展领域、活动结构、情境、集体或个体时间之间保持平衡。在本书中，你会看到教师们是如何做到的。

良好的教学建立在对发展理论，如儿童发展的普遍规律和个体差异的深入理解上

（Bredekamp & Copple，2009）。教师要明白，学习环境旨在促进儿童在所有发展领域获得成长。

- 身体发展：小肌肉技能（如捡、捏）、大肌肉技能（如走、跳）、平衡能力、协调能力和对动作的基本控制能力的发展。
- 社会性和情感发展：与他人和谐相处，理解、管理和表达情感；发展道德和伦理；发展独立性，并且能在团体中与他人合作；发展自我意识。
- 认知发展：思维过程、语言、技能、创造力的发展。

教师需要认识儿童发展的路径，在此基础上设计学习经验来促进儿童发展。比如，婴儿是按以下顺序提高自己的身体控制能力的：先会抬头，然后会坐，接着开始会走与跑。所有领域的发展普遍有可预测的顺序，不过也包含很多个体差异（Allen & Marotz，2003）。在今天多元化和融合性的教育背景中，教育工作者必须利用有关儿童发展的基础知识，同时始终承认每一名儿童作为个体，他们各有优势，又面临独特的挑战。每一名儿童都有独特的风格、能力、优势、偏好和需求，要关注每一名儿童，确保学习经验是有效的并且支持每一名儿童的发展。

虽然各技能可以被归为不同领域，但是发展应始终被视为整体的和相互关联的。也就是说，每个领域内的能力相互影响，同时不同领域之间相互影响，如学习走路可以归在身体发育领域，但是受鼓励、示范和支持等社会互动的影响。事实上，几乎任何你能想到的发展里程碑都可能与儿童的环境相关，环境对儿童的影响和儿童的内在动机一样大。我们应整体地看待儿童并结合情境，将儿童视为活生生的、发展中的、完整的人（Noddings，2005）。

虽然发展理论是教学的重要基础，但教师也必须成为每名儿童和每个班级的观察者。如教师经常听到儿童在戏剧表演中说两个女孩或两个男孩不能结婚，因为只有男孩和女孩可以结婚，或者注意到一些儿童排斥其他种族背景的儿童。教师也会经常看到儿童在性别方面的偏好：男孩可能喜欢某些材料，而女孩不玩这些材料。这些行为从表面上看起来很典型，但一旦加以批判性的审视，性别偏见、刻板印象或主流文化就显露出来。反思型教师必须意识到这些更复杂的现实（Ryan & Greishaber，2004）。儿童的游戏非常复杂，但也是了解儿童生活和发展的非常重要的窗口。

教师角色不太明显的一个特点是，尽管教学是非常复杂的、高要求的、专业的，但也是非常个人化的。你必须热爱和享受你所做的事情。儿童值得被爱，正如他们应该得到尊重和珍视一样。真正的热情和关怀将使你成为一名真正的鼓舞人心的教育者。你个人的投入和带到教学中的快乐也会让你在工作中不断得到满足和滋养。任何年龄的学生都需要能感到教师热爱教学，关心他们的学习，最重要的是把他们当作人来关心（Noddings，1995）。儿童与教师之间爱的纽带，对儿童健康的大脑发育和情感发展都十分重要，尤其是在婴儿期（Baker & Manfredi/Petitt，2004）。你可能会花很长时间和儿童在一起，有时甚至比儿童的家人和儿童在一起的时间还要长。与儿童建立亲密关系是自然而健康的，会让你不断在工作中得到满足和营养。

付诸实践

重视扩展家庭

我在一个人口非常多元化的社区的一个中等大小的中心担任主管后不久，一个韩国家庭送来了他们两岁的儿子俊。俊的父母说英语，但俊和他的奶奶不说。为了使俊顺利过渡，他的奶奶每天都要求进班。起初，老师容忍了她的存在，尽管并不是很高兴。老师的目标包括培养独立性，但是俊的奶奶却让俊坐在她的腿上并用汤匙喂他吃饭。俊和奶奶讲韩语，不跟其他孩子说话，在自由选择时间选择和奶奶玩。老师担心他不会像其他孩子一样达到目标。

老师几次鼓励奶奶"撒手"，让俊与老师和其他孩子交流。最后，老师要求和俊的父母见面，希望他们不要让奶奶来班。他们同意了，奶奶也留在了家里，但我们感到他们受到了伤害，有些勉强。俊仍然表现得退缩，出现了不舒服的情况，但也慢慢学会了一些常用的英语单词。

一天晚上俊的妈妈来接他，我请她和我说说他们的家庭生活。她说，在她的家庭中，当父母都工作时，奶奶是照顾孩子非常重要的人物。她说她们的文化高度重视亲密的关系，照料年幼孩子是一个重要的家庭目标。听她说完，我开始意识到我们否认奶奶作为俊的照顾者对她个人造成了多么大的伤害，并且对他们的家庭文化是多么不尊重。我对她帮助我认识到这一点表示真诚的感谢，并且向她保证我们会努力支持这个大家庭。

老师和我多次探讨怎样才能既珍视家庭文化，又促进俊发展语言和独立性，实现班级的共同目标。我们邀请他的奶奶每周来3次，在分享时刻教我们学一些韩国单词，讲故事。很快其他的孩子对俊和他的奶奶产生了兴趣，我们也快速学会了几个新词。老师和我都对俊和他的奶奶快速学到更多的英语感到惊讶，而且我们可以看到，当全班真正想要了解他们的语言和文化时，他们心中非常自豪。俊和他的奶奶成了班上有价值、被欣赏的成员。我和老师也都学到重要的一课：对目标和价值观不做假设。

请记住，儿童的依恋不是唯一的。他们会选择与任何有爱心、跟他们长时间在一起的并会做出回应的成人建立亲密关系。这是一个正常的、健康的反应，可以加强亲子间的联系（Baker & Manfredi/Petitt，2004）。也要记住，你作为一名教师，应与家庭建立密切的联系，让家长知道，你们的目标是一致的，即为儿童创设好的环境。让他们确信你和他们孩子的亲密关系，支持每个孩子以及他们整个家庭的发展。一旦家长和教师知道大家是同心协力的，每个人的满足感便都会提高。作为一名专业人士，在所有的工作中，你永远不能忽视的事实就是：教学是个性化的。记住，这项工作的核心是关系，其中包括与儿童及其家庭（包括扩展家庭）的关系。

一种有意义的、建立亲密关系的方式是游戏。游戏作为儿童学习和社会化发展的媒介，一直以来都备受重视，全世界都是如此（Fraser，2007；Bredekamp & Copple，2009）。教师尤其需要保护儿童深度参与自发游戏的权利，并且意识到游戏不仅仅包含快乐，更能支持儿童的学习和发展（Jenkinson，2001）。儿童的游戏往往是复杂多样的；教师观察儿童游戏时常会低估一些事。"不同类型的游戏……帮助儿童形成社会性和情感、语言、认知以及身体等各项知识和技能。越复杂的游戏，越有利于儿童发展并表达他们对世界的不断的认识和理解。"（Gainsely，2008，p.1）虽然我们可以努力使教师指导下的学习更有乐趣（这是教师职业陈述中的常见主题），但是我们也必须确保儿童玩游戏的时间和空间。出现在儿童游戏中的自发的、充满想象力的独自或集体创造的世界，会滋养儿童的身体、思想以及灵魂，并且给他们创造建立社会联系的机会，这是其他成人控制的活动所不能企及的。游戏对于儿童的发展来说必不可少，同时也是早期教育自然而有价值的部分。

研究者

在本书中，你会读到不同的理论家对"教师作为一名研究者"的论述。自从有教师这一职业以来，教育工作者都一直在提倡和实践他们作为研究者的角色。当前，实施被证实有效的策略，是教师专业要求的核心（Bredekamp & Copple，2009）。在实践中，这意味着要批判地观察儿童，观察你自己的教学乃至其他人的实践，并以此为鉴，不断地评估你的工作对儿童及其家庭的影响。

- 不断探索创新，寻找证明有效性的证据。
- 通过观察、阅读以及参加非正式讨论和正式会议，向其他人学习。
- 了解其他专业人员当前的工作。
- 以探究的精神对待在教室中的工作——提问，尝试，观察，反思，再次尝试。

在我们领域伟大先驱的指导下，抓住每一个可以利用的机会观察儿童，反思自己看到的内容。我们所了解的关于儿童的一切，都源于研究人员观察儿童并分析他们行为背后的用意。通过对儿童动作和对话的分析，了解儿童。如果你在实践中遇到了困难，你要像应对挑战一样，寻求不同资源，包括你的同事、书和网站帮助你。从你能找到的所有资源中寻求建议，并在你的工作中加以尝试。并不是你获得的所有想法都恰好适合你、你班上的儿童或是家庭，但是你应该享受这一尝试与反思的过程。在你的职业生涯中，通过研究、观察、反思进行学习的过程是没有终点的。作为一个研究者，你不仅应该成为一个更好的教育者，你还要成为一个终身学习者。

教师每天与家长进行正式或者非正式的交谈。

终身学习者

当你拿到你的学位证书或其他学习证书，或完成某课程时，你的学生生涯可能正式结束了，但你作为一个学习者的角色却永远不会结束。有时书本、讲座、讨论和项目就有可能是你的课程。当你开始进入专业领域，经验、协作、观察和反思将会成为你的学习内容。正如你希望儿童逐步获得热情、好奇心、求知欲和学习的欲望一样，你自己也必须培养这些品质。教师教育或之后的教师职业最激励人的一方面，是有机会在看和做中学习。养成发现周围人的成长、学习和发展潜力的习惯。在教学中，你可以以自己的爱好和兴趣为灵感，与儿童分享你的个人兴趣。有吸引力的教育者同样试图将儿童的个人兴趣融入课堂中。不断拓宽自己的兴趣、技能和知识，提升你的教学。尝试新事物，参观新地方。记住，你如何展开教学展现了你是怎么样的一个人。只有这样，个人的所有经历才能都成为个人生活和专业成长的养分。

儿童及其家庭的代言人

在教师的所有工作中，第一指导原则是：我们是儿童及其家庭的代言人。我们尊重他们，我们信任他们，我们想让他们成功。我们努力通过独特和共同的文化、信仰以及目标，促进他们健康成长。我们的日常工作要求对儿童期的独特性保持敏感。早期经验可以极大地影响之后发展结果，意味着教师必须使自己为儿童所做的每一个决定都充满关怀并经过深思熟虑。婴幼儿期——这是个特别脆弱的时期——提醒我们认识到我们的行为在许多方面都影响着儿童及其家庭。这个认识也许比任何其他认识都更能让教师担起巨大的责任，即始终以专业的态度和道德行为的最高标准要求自己。

我们的工作和影响远非止步于教室的围墙或者放学、学期结束。教师会影响儿童的生活，而儿童对我们的生活也有影响。作为一名教师，在儿童不能发声的公共讨论场合，你要学会发出声音。通过参与社会团体、专业组织和其他网络，在更大的公共论坛上维护儿童的利益，这是你的任务。做儿童的代言人意味着你必须了解影响儿童及其家庭的公共政策。这也意味着，你可能会被要求推动认同当今家庭的多样性并确保对所有儿童和家庭产生积极影响的相关政策（Jalongo et al.，2004）。

家庭的概念已经从由母亲、父亲和孩子组成的核心家庭扩大。许多儿童生活在单亲家庭、扩展家庭、混合型家庭，或者拥有非传统家庭成员，如祖父母、叔叔阿姨、其他亲戚和再婚家庭成员等。有些儿童还可能被收养或住在指定的监护人的家里。请记住，所有的人都在生活中影响着他们，并且都是他们世界中重要的人。同样重要的是，要考虑到不同代的人——就像不同的文化——在儿童生活中可能也会有不同地位，发挥不同作用。强调教学是关系的建立，有助于将所有的影响因素都考虑进来，为儿童创造一个独特的世界。应该充分认识到家庭为儿童提供学习与发展机会的巨大潜力。家园合作会让你的经验更加丰富，并且给每个人提供巨大的学习机会。

当今早期教育实践的主题

回顾历史就可知道，早期教育领域是动态发展的。早期许多理论家研究的问题直到现在仍然很热门。此外，教师要面对新的、复杂的问题，并根据新的理论指导我们的实践。我们的周围充满了变化，包括社会的、政治的、技术的以及人口结构的变化。随着世界越来越复杂化、多样化和全球化，让儿童有能力应对这一复杂世界变得更为紧迫。当今早期教育包括如下重要主题。

- 与儿童的发展及其独特的家庭文化相匹配的早期保育和教育。
- 识别、珍视和呼应日益多样化的班级与社会环境。
- 促进融合，使不同的学习者都得到支持、挑战和欣赏。
- 整合适宜的、全面的学习标准，并收集儿童学习证据。
- 系统使用评估证据来指导决策。

主动学习者需要与其互动的教师

在传统的教室中，学生被安排坐在一排排桌子后面，安静地接受教师的教导。学生在他们的座位上完成大量规定好的学习内容。教师传授知识，学生被动地接收（Stanford，2003）。在这种教育模式下，教师们有着心照不宣的假设：课堂教学"适合所有需求"（Burchfield，1996；Eisner，2004）。（这种教育场景）几乎没有对学生更高水平的思维的挑战（Pool，1997）。这样的画面可能看起来更加适合小学，但是这种强调教和学的方式却有着不断下延到早期教育的趋势。这种教学模式将导致学生成为消极的学习者，而不以最适合的学习方式进行学习。

儿童天生是主动的、社会性的和探索的人，通常会寻找机会操作周围世界中的物体。他们往往全神贯注于自己的探索，以至于不会注意到时间表、冗长的讲解，甚至是同伴的感受。当儿童有话要说或有事想做的时候，他们本能的反应就是满足自己的欲望。儿童这种有时吵闹的、自主的行为，与教师期望的按计划完成任务、注意力高度集中、有一定限制的课堂环境是格格不入的。教师一般强调秩序感和课堂纪律，但同时也希望提升儿童的自我管理能力、对学习的专注性和一些关键技能。虽然这些都是值得培养的目标，但是通过一种限制性的教学方式是不太可能实现的。

长时间的集体教学和直接指导，常常导致教师不得不使用限制性的策略以应对儿童的吵闹。这种教学模式的长期存在使得儿童的自主学习、语言、积极探索变得越来越少（Cassidy & Buell，1996；Giro-lametto，Weitzman，& Greenberg，2003）。限制性举措在儿童早期可能能控制儿童的行为并维持教室的秩序，然而，代价却是儿童自主性、超越记忆的深层学习，以及在充满意义、积极的学习进程中获得发展。虽然在任何教室中，教师的一些直接指导和集体教学很重要，但是这种教学模式必须是最低限度的，以确保为自发的、真实的、有意义的、能让儿童放松地与生活联系起来的学习经历提供充足的机会。

学习动机是儿童在学校乃至今后终身学习中取得成功的最重要的因素之一。通过让儿童主动动手实践与日常生活紧密相关的主题来培养儿童的兴趣，是促进儿童学习和成长的重要一步。在教学活动中，在儿童自主选择、常规自我服务以及日常社会交往中，和成人交往互动的质量可以作为对儿童积极学习和发展效果的强有力的预测。当教师与儿童的互动是温暖的、有回应的，是聚焦于每名儿童的长处和需要的，是支持儿童接受挑战的，这种互动便能促成儿童积极的学习成果，同时与儿童建立强大的情感连接。

● 人口结构变化

作为一名二年级新手教师，布伦登认为他已经准备好迎接挑战了。他所在的学校采用导师制，他的导师是莎莉·安妮，一位有21年公立学校教学经验的教师。在学年正式开始之前的一次见面中，莎莉·安妮回顾了这些年来她所看到的变化。"我记得当时这个社区还是一个小镇，这里的孩子们不太了解镇子外的世界。在某些方面上，很难让他们去想象其他地方的人的生活。但是几年过去了，越来越多的人从城市搬到了这里。搬来的人们开始改变这个社区。那时，我们没有为那些不会说英语或者跟不上我们教学进度的孩子制订任何计划。他们就靠自己。"布伦登简直不能想象那个时期，因为他所接受的教育都要求根据每名儿童的不同能力制订计划，要重视不同家庭文化的重要性。布伦登庆幸教育已经取得了这么大的进步。

莎莉·安妮也同意这一观点："在刚开始的时候，对我们来说，的确很困难。但幸运的是，我们的校长足够耐心，他不追求一步到位，并且提供一切可能的资源。现在仍有很多学校在努力为儿童多种多样的需求设计合适的教学方案。我们有工作坊以及协作团队，共同研究新的想法和计划。我们开始依靠家长和社区的帮助。一旦他们看到自己能影响决策，他们便真正卷入了。我们能够从他们当中学到很多，甚至一些生活中的小事，例如学会几个西班牙语和俄罗斯语新单词。就像我说的，我们是幸运的。我所知道的一些学校仍对学生人口的变化避而不见，导致教学活动不仅对儿童来说很费劲，对教师而言也很辛苦。他们没有别的人可以依靠，没有像我们这样的伙伴关系。现在我们可以看到，在一个教室中有三分之一的儿童来自不同的文化。我很高兴我们可以依赖家长带来的丰富而又生动活泼的文化。我看到我的孩子们对不同的文化差异感到兴奋，这使得他们愿意去探索自己的世界并且理解别人的文化。"

布伦登很高兴他赶上了教育的新时代。莎莉·安妮提醒了他关于多样化社区的美妙，还提醒他与大家一同创造一个互动的、充满刺激的、协作的学习环境是多么重要。

珍视多样性

如今的早期教育环境是社区文化多样性的反映，对教师不断探索并创建弘扬共享与个人文化的环境的需要达到了前所未有的强度。作为一名教育者，我们必须带着对儿童及其家庭的尊重、敏感和真实兴趣开始工作。这对儿童现在的发展十分重要，同时对他们以后离开学校步入社会也至关重要。生活环境的多样性为我们提供了更多有意义的、真实的学习经验。与家庭和社区建立的合作伙伴关系使得教师可以拓展儿童在教室外的学习，并能更加真实地反映他们的生活。有时教师回避差异，以试图促进平等，如："我们都是一样的，这里欢迎每一个人。""在这个教室里没有肤色的差异。"但是这样做，事实上并不是对每一名儿童特有价值的尊重。正是我们丰富的多样性，使得生活变得有趣和缤纷。尊重每个人的独特性，同时探索大家的共同点。

融合教室支持所有儿童的积极练习。

教师除了有时淡化差异外，还偶尔会回避那些自己缺乏经验的话题和情境。不幸的是，这使得教师在情况出现时变得有些措手不及。如许多教师对儿童关于生殖、性别认同或人种和种族的偏见感到不舒服。他们可能不会去挑战儿童关于可以扮演哪种角色或是操作哪些材料的假设（如两个小男孩在表演游戏中假装结婚，一个亚洲男孩假装一个白人卡通人物，或是有着明显视觉缺陷的孩子扮演公交车司机）。儿童能够非常熟练地内化社会规则和规范，这令人十分惊讶。作为教师，我们需要意识到这些规范中存在的偏见，甚至我们自己的信仰中存在的偏见。我们要挑战这些偏见，让所有的儿童意识到他们都有权利选择并做出决定。

平等和公平：每个人都有一个位置

早在 100 多年前，教育者就开始提倡教育要容纳所有的儿童。然而仅仅过去了一个世纪的四分之一，融合教育便已成为强制性的。今天，教育者将《残疾人教育法》（the Individuals with Disabilities Education Act，IDEA）作为融合教育的基础，但是他们在精神上对于儿童的包容甚至超过了法律的界限。《残疾人教育法》现在已经重新修订，以帮助英语能力有限的儿童、无家可归的儿童以及残疾儿童（Gargiulo，2006）。这项法律指导学校对处境不利儿童进行干预服务，提供专业人员和技术辅助，以帮助儿童在学校获得成功（Bruder，2010；Darragh，2010）。对于早期教育的专业人士来说，尤为重要的是法律以及实践的趋势，即强调与儿童和他们家长必要的联系。这意味要提供必要的框架和支持，以让家长真正参与教育的各个方面，如提供参考、决策、服务和评估。

同样，我们相信多样性能提高和丰富我们的生活，所以我们特别重视不同发展水平的儿童带给班级的独特贡献。将每名儿童视为班级中能做出独特贡献的重要成员之后，我们就可以开始创建真正的学习共同体，让儿童相互依赖、相互肯定。当教室被看作一个学习共同体的时候，每名儿童都会感到受重视。共同体是由系统、结构和成员之间的相互联系组成的。在这样一个大框架下，每个单独的个体都有助于整体特性的形成。儿童是共享文化中的一部分，同时又保持了自身的独特性和特殊性。对教师来说，重要的是想办法鼓励儿童及其家庭在班级共同体中发挥一定的作用。越来越多的研究表明，融合性班级中的儿童对不同的能力表现出更加积极的态度，尤其是当教师积极促进儿童之间相互接纳和包容的时候（Dyson，2005；Nikolaraizietal.，2005）。这凸显了教师在推动和建立真正重视教室多样性的文化时的重要作用。

重视多元化的一个重要内容是：将儿童视为独特的、拥有不同发展路径的个体。并不是所有的儿童都能够在同一时间达到相同的发展阶段，正如并不是所有的儿童都讲同一种语言或喜欢同样的活动或者食物。每名儿童都有实现有意义的目标的能力。教育者的任务是帮助儿童明确那一刻他们正在追求的目标，促进他们发挥最大潜能。与家庭结成伙伴关系、获得社区的支持非常重要。当个别儿童需要更多的支持和帮助时，教师必须充分利用社区资源，为儿童提供帮助。我们所做的一切的核心是：认为所有的儿童都是有能力的，要一直致力于寻找开启每名儿童惊人潜力的方式。

付诸实践

儿童都是有潜力的

创编一本班级书是突出班级中每名儿童潜能的方式之一。每名儿童可以创建自己的一页，通过口述、签名、绘画、写作、选择图片等来表达他们喜欢什么，擅长什么，然后可以集成一本大的班级故事书。类似的班级共同体活动还可以是创建一块大记录板，可以包括儿童的照片、作品、故事、语录和家庭日志。建立班级共同体就是建立展现每一名儿童的统一整体，好比每名儿童及其家庭是一小块布，最后拼成一块大毯子。

早期教育标准

高质量的早期教育将发展理论和重要的学习标准精心结合在一起。发展适宜性实践指南、开端计划儿童学习成果、州早期学习标准、各州共同核心标准和国家领域标准，都是不同的标准，都致力于明确儿童应该学什么和能够学什么。许多教师感到仅仅依据标准去教学有些受限，为此内心会有斗争。标准是对儿童生活的窄化。当我们认可儿童生活和经验背景的重要性时，就意味着承认儿童在一个动力系统（包括家庭、家庭关系、学校和社区）中学习和成长，所以教师必须懂得如何将标准作为有效教学的工具。

虽然教师在将标准作为教学的起点时会感到受限，但是教师可以基于好的实践要素，再将标准融入教学实践当中。好的实践要素包括如下几点。

- 在制订儿童个人发展计划时，了解儿童的普遍发展趋势。
- 保持不同内容之间的平衡，以适合不同的学习风格并涉及所有的领域。
- 环境安全、充满刺激，并且欢迎不同能力水平的儿童。
- 满足儿童对于营养、住所、衣服和医疗保健的基本需求。
- 鼓励多样化的学习过程和表现形式。
- 帮助儿童发展人际关系，并为他们找到其意义。
- 尊重家庭多样性，从而支持该家庭。（Jalongo et al.，2004）

在教学、游戏与儿童自发活动之间取得平衡，就能轻松实现各标准涉及的不同领域（如数学、科学）的学习目标。正如前面提到的，对儿童来说，游戏不仅仅是享受，同时也是主动而有意义的学习的强有力的动力源泉（Elkind，2003；Fraser，2007；Hirsh，2004）。儿童正是通过游戏参与真正的源于自我内在兴趣的活动。他们在小组中发展自我管理的能力，并获得各个领域的发展。

- 假装游戏通过共同创造戏剧表演场景、协商角色，促进社会性的发展。
- 搭积木帮助儿童认识空间形状，学习点数。
- 绘画有助于儿童认识颜色，发展想象力和创造力，增强空间思维和握笔的能力。
- 口述、写作和表演故事发展儿童语言（阅读、写作、口语、听力）能力，推动儿童对故事结构的认识和对故事大意的理解，以及对不同经验和观点的尊重。

- 在感知区感受水或沙，可以发展物理知识，即不同材料的不同性质及其变化和不同感觉。
- 攀爬可以促进儿童的身体发育以及协调和平衡能力的发展。

将标准适当融入学习活动和评估之中，儿童的经验就仍然是真实和令人愉快的。

有经验的教师能够融入儿童的游戏，适应儿童的兴趣，并能及时鼓励、提问，促进儿童活动的深度发展。在探讨有趣的话题时，儿童能够真正运用逐渐形成的学业技能，并能够通过直接探索发现来丰富学习。这类教学实践以一种个人的、充满意义的、发展性的方式有力地提升了儿童的学习和发展。此外，给予儿童选择活动和主题的空间，会发展儿童的决策能力、好奇心以及主动性。所有这些都是学习标准的一部分，更是高质量实践的一部分。一旦学习目标被放在这一背景下考察，学习标准就不会与教师口中的最佳教育实践发生冲突。

心理工具（Tools of the mind）

对基于游戏的建构主义教育的优势的研究，指导着当前人们对最佳教育实践的认识。基于心理学家维果茨基的著作，心理工具课程"是一种新的以游戏为主的课程模式，它强调有计划地发展儿童学业技能以及管理自我行为和情绪的能力"（Barnettetal.，2008）。心理工具是儿童思维加工的策略，让他们更有能力来管理自我的思维、行为以及环境（Bodrova & Leong，2007）。维果茨基重视语言价值（一种心理工具），将语言作为学习、记忆和自我管理的关键工具，以及教师支持、促进和挑战儿童的工具之一（鹰架他们的学习和发展，使他们的独立性水平越来越高）。儿童可以利用思维的组织者——语言应对挑战，将新的想法与既有的思维相连接，对现有想法进行加工，从而扩展知识。其他心理工具的例子还包括使用符号表征事物，利用韵律记忆内容，遵守社会性戏剧游戏中的规则与角色要求。从建构主义的视角来看，游戏是儿童组织和管理行为的一个关键手段。

- 界定角色（假装是老师、马或妈妈）并引导行为，决定行动方式。
- 规则是内隐的，有时是协商确定的，有时是依据游戏角色行为（如老师应该如何作为）。

此外，研究发现，游戏中儿童的思维技能，如注意、记忆、再现和想象，比在其他任何活动中都表现得更佳（Bodrova & Leong，2007）。依据这些重要的发现，心理工具课程会指导教师通过游戏、精心设计的活动和系统的观察，促进儿童掌握基本的心理工具。鉴于儿童自我管理和学业成就之间的紧密联系，心理工具课程对早期教育实践具有重要的意义。

随着美国各州共同核心标准被广泛采纳，许多教育工作者发现人们越来越关注标准和领域的最终发展结果。目前各州共同核心标准含两个领域（一个关于英语语言，一个关于数学），分别包含从学前班①到高中所要学习的乃至未来上大学和就业所需要的最基本的学业技能（Doorey，2013）。同时，其他领域的标准也在努力开发中。标准本身并不规定教师应该怎么做，其编制者提倡使用多种方法（包括游戏）实现目标（NGACBP，CCSSO，2010）。然而，这些标准比先前许多标准更关注学科的严谨性和内容（Shanahan，2013）。有些教育工作者认为各州共同核心标准为教学提供了一个有效的框架，而有些教育工作者正面临课程窄化的风险和压力——源于对和各州共同核心标准配套购买的教学产品和材料的不恰当的使用（Grennon，Brooks，& Dietz，2013）。标准虽然专为基础教育阶段教学系统设计，但是对服务于 0 ~ 5 岁儿童的教师也具有重要意义。早期教育专业人士特别关注的是学业标准不恰当地下移至更年幼的儿童（NAEYC，2012），至关重要的是：有关 0 ~ 8 岁儿童的最佳实践的对话应让早期保育与教育工作者参与，以确保所有儿童都获得强大、健康的早期学习经验。早期教育专业人士要认识到早期教育标准的如下特点。

- 必须包括所有的发展领域（各州共同核心标准只有两个领域）。
- 只是高质量早期教育的一个组成部分（其他组成部分包括教师培训和支持、充足的资金、公平的入学机会、整个机构的质量、适宜的课程，等等）。

---

① 原文为 kindergarten，在美国指为 5 ~ 6 岁幼儿提供的教育，在大多数州是正规学校教育的起点，附设在公立小学。本书无法找到完全对应的表达，故译为学前班。——译者注

- 必须配套灵活的、发展适宜性的、呼应性的教学。
- 能够通过各种适宜的手段得到评估。（NAEYC，2012）

努力了解和认识标准在教学实践中所起的作用后，早期教育专业人士就可以在倡导并推动早期教育最佳实践中发挥带头作用。

基于证据的实践和数据驱动的决策

目的性是有效教学的第一个要素。带着目的教学意味着专业人士所做的关于儿童的保育和教育的决定，对儿童学习经验（包括环境创设、材料选择、时间安排、儿童分组活动和教学、评估工具和评估过程、家园合作）进行了仔细斟酌和反思。

许多教师在做这些决策时，会考虑得非常周到，但"有目的"的真正标志是，教师方方面面的工作都有意地基于证据做出决策。"基于证据的实践"被定义为，在为实践做决策的过程中，仔细而有目的地包括以下3个基本要素。

- 最佳证据，即被当前专业文献中报告的高质量的研究证明有效的实践。
- 专业判断，即基于专业知识和适当的个人经验来界定情境、需求和问题，评估可能的解决方案或行动。
- 儿童的家庭背景，即儿童家庭的价值观、目标和核心信念，因为它们关系到儿童的学习和发展。（Buysse, Winton, Rous, Epstein & Lim, 2012；Spencer, Detrich & Slocum, 2012）

因此，基于证据的实践要求教师检索目前文献中有关有效教学的内容，考虑到儿童个体及其家庭的背景，用专业的判断和经验对每名儿童做出适当的回应。这就要求教师成为严格审查证据的反思型研究者，评估各种选择，依据机构、家庭和社区背景调整教学，并依据明确的理论做出经过深思熟虑的决定。

有效的循证实践包括整合系统收集的每名儿童的评估数据。为给每名儿童做出最合适的决策，教师必须坚持定期收集关于儿童发展和学习进度的评估数据。只有通过收集各种评估数据，教师才能制定专门的教学决策，有效支持每一名儿童独特的优势和需求。许多工具和程序都可以做到这一点。

- 发展清单。
- 观察笔记。
- 工作样本与背景说明。
- 表现性评估的总结报告。
- 记录的对话和引用。
- 适宜的测试或测量的得分。

　　有效使用评估数据的关键原则是系统性，即每一名儿童的发展数据都会定期（至少每两个月一次）收集——仅通过发展适宜性的活动以及与儿童经验相关的评估工具或者活动收集。通过不断的数据收集和反思，教师得以利用相关的数据，做出符合每个儿童的个性化的决策。图 1-1 显示了计划、教学和评估的循环。同时强调坚实的证据基础和持之以恒的基于数据的决策的全校性实践案例，是干预回应模型（Response to Intervention）。干预回应模型是一个多层次支持系统，意味着分层教学和个性化教学，并且基于评估—教学—评估这一结构（Bayat，Mindes，& Covitt，2010）。教学基于有研究支持的课程，并借助高质量的实践得以实现。评估分为初始评估、形成性评估（过程中）和总结性评估（结束时），得到的数据用于指导教学和决策（Jackson，Pretti-Frontczack，Harjusola-Webb，Grisham-Brown & Romani，2009）。

　　最流行的层级模型是三层结构模型，随着层级上升，强度和个性化程度增加，因此也代表着对个性化指导与支持的需求的增长。教学因发展或教育结果以及每名儿童的表现而不同（DEC，NAEYC，NHSA，2013）。详见图 1-1。

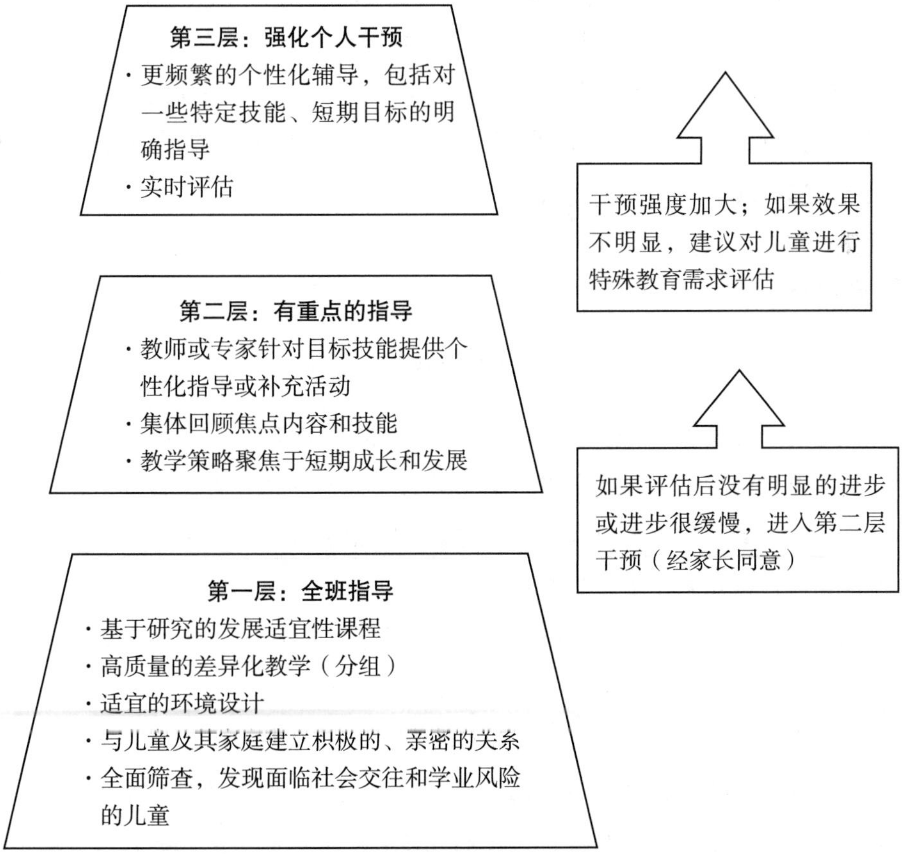

第三层：强化个人干预
- 更频繁的个性化辅导，包括对一些特定技能、短期目标的明确指导
- 实时评估

干预强度加大；如果效果不明显，建议对儿童进行特殊教育需求评估

第二层：有重点的指导
- 教师或专家针对目标技能提供个性化指导或补充活动
- 集体回顾焦点内容和技能
- 教学策略聚焦于短期成长和发展

如果评估后没有明显的进步或进步很缓慢，进入第二层干预（经家长同意）

第一层：全班指导
- 基于研究的发展适宜性课程
- 高质量的差异化教学（分组）
- 适宜的环境设计
- 与儿童及其家庭建立积极的、亲密的关系
- 全面筛查，发现面临社会交往和学业风险的儿童

图 1-1　干预回应模型

旅程开始

在接下来的阅读过程中，请记住你的教育信念和对教育工作者的认识，以及影响儿童的因素。虽然有些问题如技术的使用是新的时代问题，但我们还有很多历久弥新的问题。你肩负着影响实践、提高专业性、实现崇高理想并赋予儿童及其家庭力量的重任。

协助您面对挑战的，是几个世纪以来人们关于童年、学习、教学和社会的思索以及我们自己的反思和经验。当今教师面临的挑战，首先是了解那些来自历史的声音——经验和教训。同样重要的是，教师要通过不断自我反思努力了解自己，了解自己的假设和信仰，以及自己的过往经历（Landerholm，Gehrie，Hao，2004）。通过这种向外和向内的学习，你将会找到将个人激情和动力与专业知识和建议结合起来的独特方式。教育者的工作既高度专业化，又非常个性化。它关乎思维、感觉和实践。从本质上说，这是要用我们的大脑、我们的心、我们的手做的工作。

通过这一工作，我们能够实现我们的终极目标：确保所有儿童的生活成功而有意义。本书每一章都有来自实践的最新分享。让这些故事激励你开始创建你自己的故事。欢迎开始旅程！

> **付诸实践**

技术与教学

在你作为学生的时候，你毫无疑问地会使用若干工具。对于许多技术工具，你甚至可能不需要反复思考。然而作为一名教育工作者，你必须对什么工具对儿童有益做出慎重的决策。如你可以在班中引进电脑，电脑上有众多的游戏和教育软件供儿童使用。许多软件自称"具有教育意义"，不过未必是真的。你的工作就是细心地为你的班级选择所有材料。很多程序致力于发展一些技能，而这些技能可以通过其他更加积极的、社会性互动的方式获得。仔细想想你为什么选择这些材料，寻找最为积极、有意义和健康的材料。

通过技术的改进去提升不同能力的儿童的经验，需要很长的发展过程。为有听力障碍的儿童配备助听器，为不能说话的儿童配备发声设备，为行动不便的儿童配备电脑控制的轮椅以及数字画板，都是典型的使儿童能够参与全纳教室的辅助性工具。翻译软件和双语教材，同样对双语学习者有所帮助。教师应熟悉这些工具，以便能够更好地服务于所有的家庭。我同样鼓励教师熟练利用技术，方便自己。网络和各应用程序提供了丰富的信息（包括可靠的和不那么可靠的信息），可以帮助你成为一名更好的教师。同时也有各种论坛，在那里你可以与世界各地的教育工作者联络。你可以找到许多创意、计划和策略，运用于工作中。对于所有有价值的方式，你必须保持批判的立场，仔细选择最能服务于班上儿童及其家庭的工具，并仔细思考什么时候可以不用。

总结

- 早期教育阶段或儿童早期指 0～8 岁这个年龄段。
- 在人的一生中，没有任何其他年龄段能有比早期教育阶段更大的飞跃和变化，早期教育工作者对儿童生活的重要性由此可见一斑。
- 早期教育是指家庭成员之外的人在家庭之外的各种背景下系统实施早期保育和教育。
- 专业工作者的主要任务是为达到高质量实践的高标准而提升技能、态度和知识，并且要在专业档案袋中展示出来。
- 你的档案袋代表着你的专业身份和能力，也可与国家标准联系起来。
- 早期教育专业工作者在儿童及其家庭生活中承担着几个重要角色：教师、研究者、终身学习者、儿童及其家庭的代言人。
- 游戏是儿童学习和发展的首要媒介，往往非常复杂和多变。
- 当代高质量教学必须反映儿童成长与学习的多元化背景，包容每一名儿童及其家庭。
- 当代高质量实践呼吁教师高度重视有效整合关于儿童一般发展规律、儿童个体差异、社区环境、适宜的学习标准的知识，满足每名儿童的需求。

本章自评

请在表中写下你所学到的，每个学习目标写3～5个关键点	
明确0～8岁儿童发展与学习的关键内容	
探索早期教育的范围与特征	
讨论教师教育专业的学生的角色与任务	
描述早期教育工作者的复杂角色	
阐述当代早期教育面临的重要问题	
提出对自己专业身份的初步设想	

应用活动

讨论提示

1. 在早期教育专业工作者的众多角色中，你觉得哪一个角色你准备得最好，哪一个角色最有挑战？

2. 你觉得之前的哪些经验和内在品质强化了你作为教师的技能和性情？

在课堂上

描述你最喜欢的老师。回想自己上学时的情况，哪个年级或年龄都行。回顾一位你最喜欢的老师。你能回忆起什么？是什么使你回忆起这位老师？写下一些词语或句子。与全班或小组同学分享。有什么共同的主题出现吗？你的记忆或课堂讨论中的什么内容，符合你心中的理想教师——你希望成为的教师——的形象？

当我与学生做这个练习时，最常被提及的一般是个人素质：老师关心学生，特意为学生做一些事情；可以跟老师谈任何事情；老师既是老师又是朋友，老师真心希望你成为一个成功的人或者成功的学生。你的回忆或课堂讨论，也是这样的结果吗？在你成为教师的过程中，请记住你记忆中最喜欢的老师以及他或她带给你的影响。

在实践中

列一个关于学习标准、课堂管理、指导策略以及让所有儿童（包括不同能力的儿童）都达到标准的问题清单。采访一位幼儿教师，以找到你问题的答案。选择一位至少有 4 年教龄的教师。

你的档案袋

当你开始你的旅程，阅读本章内容时，你可能已有多年的经验，学过多个课程，也可能是刚刚开始。不管哪种情况，都要创建一个好的档案袋，首先写一份简短的自传，其中包括自己的基本信息，描述你为什么要进入这个领域。你要决定档案袋的具体结构（可根据学习标准、管理要求以及内容领域），把你的自传放在开始部分。当你实习结束的时候，你的自传也是一个与教师分享的有用文件。

相关网站链接

国际早期教育协会（Association for Childhood Education International）
www.acei.org

美国幼儿教育协会（National Association for the Education of Young Children）
www.naeyc.org

专业认证理事会（Council for Professional Recognition）
www.cdacouncil.org

第二章
历史概览：影响早期教育领域的人物与理念

CHAPTER 2

本章学习目标

⊙ 认识早期保育与教育历史的主旋律。

⊙ 讨论17～18世纪对早期教育产生重要影响的因素。

⊙ 考察19世纪的儿童观与教育观。

⊙ 比较20世纪的理念与实践，并与今天的实践相联系。

⊙ 探索当今多元世界中最佳的早期教育实践。

在早期保育和教育的悠久历史中，不同的观点精彩纷呈，教育者和理论家们粉墨登场，而实践如钟摆般摇摆不定。关于如何看待儿童和教育儿童的研究纷繁复杂，与社会福利制度、文化运动、宗教和政治交织在一起。本章将提供一个广阔的历史背景，帮助你理解现在，理解为什么我们笃信我们关于最佳实践的做法。

有关早期教育的沿革将帮助你了解将在本书后续章节深入探讨的教育方法、指导思想和理论。教育历史有一点像过山车，请抓紧扶手！你可用附录 A、B 和 C 中的表来帮助你记录人物、时间和重要的理论。思考什么样的价值观、理念和实践对你来讲很特别，并能够指导你所选择的实践。

早期教育理念和实践的历史趋势

美国早期教育史上一直有一些热点问题，在不同历史阶段或隐或现，却是影响实践的深层原因。当你沿着历史脉络阅读本章时，以下话题将始终伴随着你。

- 当时流行的儿童观。
- 女性在家和在社会的角色。
- 影响美国教育进程的国际理论、研究和趋势。
- 家庭收入对早期保育和教育实践的影响。
- 早期看护（更重视儿童的安全）的环境或教育、课程目标和意图。

纵观历史，思考儿童的经验。你想让自己的实践是什么样子的？你希望为儿童提供怎样的经验？有关该教什么、怎么教、谁应该负责等核心概念几百年来几经变迁。社会文化如何认识儿童和家庭，社会系统在儿童保育与教育中扮演怎样的角色，这些都与实践密切关联。

17世纪和18世纪：旧传统和新想法

在殖民时期的美国，儿童被普遍当作缩小版的成人，童年也没有被看作人生重要的阶段。殖民时期的美国社会一致认为儿童很小时就应当阅读《圣经》，最初是在家里，由父亲担任教师（Spodek，1985）。在殖民社会，早早压抑儿童罪恶的本性是合乎社会期待的。1647 年，马萨诸塞州颁布了一项法律，要求为儿童建立本地学校。这些学校通常被称为妇人学校（dame school），因为它们往往由社区中的女性运营管理（Beatty，1995）。这些学校在大人们工作时照顾儿童，并通过读《圣经》逐渐向儿童灌输虔诚的宗教信仰。学校的活动源于这样的社会期望：教育儿童明白努力工作的价值，根据宗教信仰进行道德教育，让儿童学习成年后可能会用到的贸易技能（Hacsi，1995）。

17 世纪的影响人物、背景和思想

在 17 世纪最初的几十年，哲学家和教育家开始关注早期教育，视儿童早期为一个独特的发展阶段。此时出现了几位重要的理论家，提出与当时欧洲和美国的教育实践截然相反的观点（Matthews，2003）。东欧宗教领袖约翰·阿莫斯·夸美纽斯（John Amos Comenius，1592—1670）是最早勾勒出面向所有儿童的现代教育框架的人之一（Beatty，1995）。他不断提倡普及教育，这一点由马丁·路德（Martin Luther，1483—1546）在一些欧洲国家成功实现了（Sandsmark，2002）。夸美纽斯认为教育是促进社会和谐、结束他所亲历的战争和政治苦难的手段，这反映了他深刻的宗教信仰以及致力于和平的信念。他认为自然是促进儿童成长的主要方法，提倡让儿童在自然、和谐的环境中游戏和生长。他是最早提出儿童有巨大的学习潜力、应该通过主动的方式进行学习的人之一（Schickedanz，1995）。

夸美纽斯还提出，对6岁以下的儿童来说，最好的教育者不是学校，而是母亲。他写了一本指导手册，列出了所有他认为应该教给儿童的概念、技能和活动。虽然手册里有非常具体的细节，不过夸美纽斯坚持母亲要开展个性化教育，因为儿童的发展速度不同。他还警告不要过早、过多地教授学业知识。令人惊讶的是，一些现代教育理念（教育要个性化，父母是儿童的第一任教师，儿童是有潜能的学习者）早在17世纪50年代就被写在书里了。早期教育领域的最佳实践源远流长。

仅仅40年后，哲学家约翰·洛克（John Locke，1632—1704）提出另一种教育法，并对美国的教育实践产生了很大影响。他的大部分作品反对传统教育，提出进步的儿童观，即自由、鼓励、游戏利于儿童的成长。洛克强调利用一手经验学习的重要性。这种观点衍生了体验式教育（experiential education）概念，并沿用至今。洛克强调教育的重要性（而非强调内在的驱动力），并提出儿童像白纸或蜡，应该通过经验来塑造（Henson，2003）。对洛克来说，经验即教育。

洛克认为，对于儿童的发展，家长是最好的教育者。他主张在儿童一两岁时引导其识字，但他提醒说，学业知识的教学应该更像是与儿童游戏（Beatty，1995）。他还鼓励家长通过孩子获得认可的内在需要或负疚感，塑造所期望的行为表现，以讲道理取代体罚（Hulbert，1999）。他不同于以往理论家的地方，在于他的理念更多以儿童为中心，较少关注宗教。

夸美纽斯和洛克的教育理念对贯穿整个17世纪的消极的儿童观带来了不小的冲击。历史的钟摆开始转向更有利于儿童内在天性发展的一边。幸运的是，这一趋势更为深入地认识到儿童的本质，并尊重童年作为一个独特的生命阶段，为进一步的理论发展奠定了基础。

教室一瞥

阳光下，绿色的山坡上满是正在吃草的羊，一个小孩从小石屋里推门走了出来。他想把羊喝水的水槽灌满。他知道有条小溪穿过小屋后面的树林。他找到小溪后，用手捧了一捧水，转身往水槽走。你可能能想到，当他到水槽边时，水已经从他的指缝中流走了，他的衣服和鞋子都湿了。他停下来看了看自己的手，老师在远处观察他，没有责备他，也没有直接告诉他门边有水桶。孩子脸上的表情表明，他正在处理自己的经验，试图制订一个计划来达到目的。

他的目光从双手转向水槽，他伸出手去触摸水槽后边。老师耐心地在一边等待，看着他。孩子又看了看他的手。他伸开手指，慢慢地，他环顾四周，寻找能够盛水、比他的手更像水槽的东西。

孩子看了看他的老师，走过去告诉老师他的计划和水从手里流走的事实。老师听罢，问孩子他能否想到之前用过的可以盛水的一些东西。孩子停顿想了想说："晚餐用的杯子。"老师和孩子谈论杯子是如何工作的，它看起来像什么。当他们说话时，孩子决定找一个四周较高且有底的、像他的杯子似的东西。突然，他的眼睛落到了桶上，他跑去拿它试了试。老师继续观察这个孩子的自发行为。

18 世纪的影响人物、背景和思想

对于影响了 18、19 世纪的浪漫主义者或者说启蒙思想家来说，教育是个自然展开的过程，但是，需要有精心的教学以获得效果，培养能在社会中发挥作用的平衡的个体（Kontio，2003）。很多人认为，对儿童最好的教育，是让他们在乡村获得真实的、有趣的体验。下面便是一些哲学家们倡导的和谐、礼貌、自然的教育。

法国哲学家让-雅克·卢梭（Jean-Jacques Rousseau，1712—1778）的作品很有影响力，催生了欧洲和美国的教育改革（Beatty，1995）。他的基本原则影响了许多著名教育家的理念（Lascarides & Hinitz，2000）。在《爱弥儿》（*Emile*）中，他提出激进的观点，即儿童天生完美，如果没有来自社会的一些坏的因素的影响，儿童将自然而然地获得最佳发展（Null，2004）。然而，卢梭也证实了在保持个人意愿的同时促进社会意愿发展的重要性（Kontio，2003）。在他看来，个体生活在社会中，同时为社会做出贡献。幸福来自个人实现目标的自由和能力。

虽然卢梭的书是虚构的，但它包含卢梭所倡导的教育理念，指导人们间接塑造和教导儿童的行为与思想（Procher，1998）。他告诫人们不要对儿童施加直接的控制和权威，这会导致儿童的愤怒和反叛。个人自由和摒弃管控是卢梭理念中最重要的概念（Kontio，2003）。卢梭认为儿童是纯洁的，与成人是根本不同的，需要避免受到腐败社会的影响（Henson，2003）。他提倡延长童年期，认为童年应当有儿童感兴趣的活动，而不是成人式的直接教学。与之前的理论家不同的是，他认为儿童不应该被迫接受学业知识，而应该被允许自然、和谐地发展（Null，2004）。卢梭不认为母亲能够恰当地教育儿童。相反，为了获得更好的教养，他主张寻觅男性家庭教师（Beatty，1995）。这是关于父母在儿童教育中的角色钟摆的第一次大的摆动。

又一个视角的转变是瑞士教育家裴斯泰洛齐（Johann Heinrich Pestalozzi，1746—

1827），他关注贫困儿童的福祉。他所关注的问题源自工业化发展和城市地区高、中、低层人口之间的巨大差异。与之前的理论家有所不同，他直接与儿童互动，实验新的教育方法（Schichedanz，1995）。浪漫主义视角激发了他的灵感。他遵循卢梭的某些观念，基于身体、精神、情感全面发展的完整儿童的理念，设计了学校与课程（Henson，2003）。

裴斯泰洛齐强调社会意识，重视儿童积极与环境互动的价值。他的一个影响深远的变革即通过反思经验而学习（Adelman，2000）。因为自身是在贫困中长大，裴斯泰洛齐为贫困儿童设计了一套独创的教学方法，以下列理念为核心。

- 所有的儿童都有学习的能力。
- 从一出生儿童就在学习，父母是其第一任教师。
- 教师与儿童的交流和活动应重在动手操作实物。
- 日常生活中的自然体验是学习的源泉。
- 艺术与体育是综合教育的重要组成部分。（Null，2004）

与卢梭不同，裴斯泰洛齐认为母亲和家庭是最自然的学习环境，他对学校评价较低。基于自己的早年经历，他设想所有的儿童都通过动手操作实物、通过充满爱意的母亲来学习（Bowers & Gehring，2004）。他用到的许多操作性材料在今天仍然可见，都摆在幼儿园的架子上——木制的和塑料的积木、拼图。尽管他的初衷是教育贫困中的儿童和母亲，但他的方法流行于美国乃至世界各个社会阶层。在19世纪初期，美国的城市都开设了裴斯泰洛奇学校（Beatty，1995）。

19世纪：幼儿园的诞生

影响人物、背景和思想

英国教育家罗伯特·欧文（Robert Owen，1771—1858）继承了裴斯泰洛齐对贫困儿童的关注，成为主张在家庭之外教育儿童的先锋人物。他推动了英国婴儿学校运动（infant school movement），希望创建一种机构，机构里的教师会鼓励儿童集体积极探索，自娱自乐。欧文也认同通过自然和实物操作来学习的重要性。他认为教育的首要任务是通过促进合作和团结（social cohesion），使儿童成为有道德的成人（Beatty，1995）。他也坚决反对当时严酷的惩罚措施（Owen，1999）。

在19世纪20年代，欧文对在美国扩大婴儿学校运动越来越感兴趣。作为最早的干预项目之一（如今天的提前开端计划），婴儿学校作为社会改革的一种手段，致力于为贫困儿童提供综合性服务（Spodek，1985）。

同一时间，与之平行的发生在美国的另一项社会运动，对婴儿学校运动的衰退造成了很大的影响（尽管婴儿学校在英国仍继续发展）。随着工业化过程带来的社会生活的不断变化，男性负责挣钱、女性留在家中成为家庭常态（Spodek，1985）。这一转变导致许多专家和母亲拒绝将儿童送至学校，而在家里进行教育（Dombrowski，2002）。这种家庭常态对于上层和中产阶级的家庭来说是可能的，然而，许多工薪阶层的母亲是不可能留在家里的。

分化的出现：保育或教育、早期教育或基础教育

对于那些为了生存而工作的工薪阶层的母亲来说，托儿所（day nurseries）是她们工作时能够保护孩子安全、使其远离街道的唯一选择，通常由中产或上层阶层的妇女组织和管理。托儿所的任务是在母亲工作时为儿童提供福利和护理。社会普遍对这些工作的母亲持有一种责备的态度，这使她们经常感到自己有欠缺（O'Connor，1995）。托儿所没有真正的教育目标，具有一种与教育机构相对的特征——社会福利导向（提供看管、照顾）。今天，这种特征在某种程度上仍然存在，但是，现在有充分的证据证明为所有儿童提供高质量、全面的照顾的重要性。托儿所的存在，主要是因为它满足了迫切的社会需求。

对儿童和童年的浪漫主义观点以及认为妇女应待在家庭中的观点，使女性乃至决策者都拒绝让公立学校为稍大儿童提供托儿服务。早期教育机构一旦被剥离公立学校，资金问题就出现了（至今仍然存在）。钟摆又一次摆动，从以前推崇对儿童进行学业知识教育，摆动到担心这会影响儿童的发展。到19世纪40年代，人们不对6岁以前儿童进行任何阅读或学业教育（Beatty，1995；Schickedanz，1995）。然而，一个熟悉的主题仍然存在，这就是培养儿童具有良好道德的重要性。

在这个动荡的时期，早期教育史上最著名、最有影响力的一个人出现了。大家都知道弗里德里奇·福禄贝尔（Friedrich Froebel，1782—1852）是幼儿园之父。他生长在一个严格的宗教家庭，最初接受的是森林学教育，这给了他一个亲近"上帝和自然"的机会，这些都渗透于他的教育理念和方法之中——很像早期的教育家（Lascarides & Hinitz，2000）。事实上，依据他的母语德语翻译，他所选择的教育法——幼儿园，意味着"孩子的花园"。福禄贝尔试图基于先前的理论，创建一种能够促进人类社会发展的儿童教育体系（Adelman，2000）。

福禄贝尔提倡以游戏为基础的学习环境，儿童在其中主动玩耍专门设计的、称为"恩物"的材料，奠定了今日早期教育的基础。教师观察并指导儿童的活动，而非干涉他们自然的活动过程。教师的角色是"细心的园丁"，抚育如嫩苗般的儿童，让他们自然生长（Lindqvist，1995）。福禄贝尔认为体现儿童兴趣的、有指导的游戏，能够使他们全身心投入动手操作的学习活动（Saracho & Spodek，1995）。

福禄贝尔提出 20 种恩物和活动，并对恩物的展示和使用给出了详细的指导（Saracho & Spodek，1995）。这些恩物和活动包括如下几种。

- 羊毛和木材制的几何块。
- 木板、金属丝以及其他天然材料制的平面图形。
- 手工活动，如编织、缝纫、折纸、裁剪、泥塑。
- 园艺。
- 手指游戏、歌谣和规则游戏。

图 2-1 介绍了福禄贝尔的恩物。

恩物 1：

软纱线或羊毛制成的 6 个彩色圆球。

恩物 2：

木制球体、圆柱体和立方体。

恩物 3：

8 个小立方体，能够组合为一个大的立方体。

恩物 4：

8 个长方体，能够组合为一个大的立方体。

恩物 5：

21 个立方体，6 个二分之一立方体，

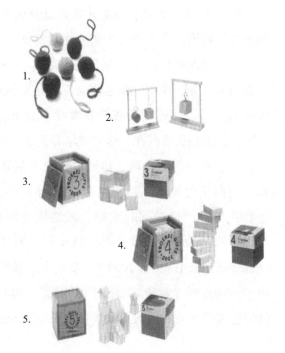

12 个四分之一立方体。

恩物 6：

27 个长方体，其中 3 个纵等分为 6 个小长方体，6 个横等分为 12 个小长方体。

恩物 7：

小木板，包括正方形、等边三角形、直角三角形和钝角三角形，颜色同恩物 1。

恩物 8：

木制、塑料制或金属制的不同长短的小棒、不同大小的圆环和半圆环。

恩物 9：

用塑料、纸或木头制成的各种颜色的小珠子。

恩物 10：

由细杆和各连接件组成的玩具，类似一种结构玩具。

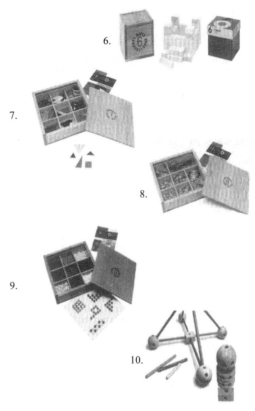

图2-1　福禄贝尔的恩物

裴斯泰洛齐认为母亲在孩子的教育中扮演重要角色，福禄贝尔深受这一观点影响，也大力提倡家庭参与。然而，他更喜欢将教育机构（环境）设置在家庭外面，作为家庭教育的扩展。在整个教育机构中，母亲担任关键职位并且有很高的地位，到处都充满母爱（Read，2003）。他对女性在家庭以外的价值的重新定位，引起了许多上层和中产阶级女性的共鸣，这些女性以极大的热情来推动幼儿园的发展。幼儿园扩散至整个欧洲，并传遍其他大洲。然而，福禄贝尔并不十分相信现代女性正确抚养她们孩子的能力，因此创建了一个母亲和教师培训项目（Beatty，1995）。母亲与其孩子的密切关系是福禄贝尔在美国建立幼儿园的基础——尽管对户外家庭教育的担忧已经导致婴儿学校失去了支持。

1856 年，一位德国移民在美国威斯康星州创建了第一所幼儿园。事实上，德国移民创办了美国早期大部分的幼儿园，这都是受福禄贝尔的影响（Beatty，1995）。早期幼儿园和各指南详细地列出并具体说明了福禄贝尔的方法——延续和谐、自然的学习传统而不是教学业知识。虽然幼儿园得到了一些公众的关注，但更重要的是，一些有影响力的美国教育工作者努力为照搬福禄贝尔的幼儿园与改建幼儿园以适应美国文化之间的斗争铺平了道路，促进了幼儿园的推广。

伊丽莎白·帕默·皮博迪（Elizabeth Palmer Peabody，1804—1894）便是其中一位。她是幼儿园的拥护者。受到威斯康星州幼儿园的鼓舞，1859年，她在波士顿创办了第一所英语幼儿园（Swiniarski，2005）。她前往德国学习福禄贝尔的方法，并将她学到的新知识带回美国。她坚决反对早期教学业知识和技能，支持儿童通过动手操作物体来学习（Beatty，1995；Peabody，1999）。皮博迪对福禄贝尔关于"孩子的花园"的理想进行了改变，将个性化指导包括在内，调整活动以适合每名儿童的能力。基于她与儿童在一起的丰富经验，她相信儿童的充分发展需要仔细的指导（Swiniarski，2005）。

在苏珊·布洛（Susan Blow，1843—1916）的努力下，福禄贝尔的理论和实践得到了忠实的执行。幼儿园运动使美国开设了大量幼儿园，开展了很多高质量的教师培训（O'Connor，1995）。布洛尤其注意劣质的教师培训项目，因为她相信高质量的教师是福禄贝尔幼儿园运动得以继续的关键（Blow，1999）。皮博迪创办了美国福禄贝尔学会（American Frobel Society）来规范幼儿园，确保幼儿园的高质量和原汁原味。她倡导将非裔美籍女性纳入幼儿园培训项目（Dombrowski，2002）。她夜以继日地工作，努力为美国内战后南方奴隶的孩子和美国土著儿童提供受教育的机会（Lascarides & Hinitz，2000）。

20世纪：进步和发展

20世纪，随着时间的推移，福禄贝尔教育法日趋死板和正式，儿童的活动依赖教师和教学材料的指导以及自身修正。幼儿园的活动仍然包括游戏，但是福禄贝尔认为没有指导的游戏是无聊的、浪费时间的，这导致对儿童活动即使是儿童自发的游戏的指导加强（Lindqvist，1995）。这是课程（文化课）下延的开始，至今仍是争论不休的问题，并且引发了有关发展适宜性实践的立场声明和运动。幼儿园僵化的做法招致新进步人士和儿童研究运动支持者的批评。20世纪，这些进步人士和支持者们开始成为领域领军人物。

教室一瞥

初秋的一天，你正在附近大学的新实验学校观察儿童的生活。教室设有单向玻璃，你可以观察儿童而儿童并不知道你在那里。这是在自然环境中观察儿童的好机会。你选定窗边一个位置，开始观察教室和材料。这个教室最有特点的地方是它里面有一个占很大面积的建筑物，看起来像一个家，不过是缩小版。有一个厨房，里面有小的木制炉灶和冰箱，一张桌子和几把椅子，一个壁炉。也有一个供聚会的地方，有沙发和椅子。儿童正忙着表演典型的家居生活。有的在做饭，有的在桌子前渴望地等待着吃饭，还有两名儿童拿着小扫把在打扫。儿童在表演过程中互相聊天。

你注意到老师一直在观察儿童，在笔记本上记录。她说教室里还有两个成人在访谈一名儿童并做记录。他们在做儿童研究。老师放下笔记本，开始和儿童互动。她谈起了他们的对话，并询问是否应该布置桌子准备晚餐。两名儿童跳起来，跑着去布置。房间热闹了起来，但是你还在思考游戏以及是否老师要开始教知识和技能。事后，当你有机会和老师交流时，她将自己关于教育的看法描述为"进步主义"。

影响人物、背景和理论：儿童研究的兴起

20 世纪是早期教育理论和实践的动态变化时期。随着 21 世纪的到来，关于教育的论述从宗教转向更为科学的方法。查尔斯·达尔文（Charles Darwin）在进化论方面的开创性工作，极大地影响了领导儿童发展与教育领域的新社会科学研究者。

斯坦利·霍尔（G. Stanley Hall，1844—1924），美国第一个心理学博士，整合达尔文的思想和浪漫主义思想，开创了儿童研究运动。他强调根据发展阶段来调整教育课程。他用科学的方法来研究儿童，使教育进入了受人尊敬的科学之列（Null，2004）。霍尔系统研究了儿童的发展，出版了大量论著，并且提出教师的新角色——研究者。他倡导改革福禄贝尔的幼儿园，使之更多地与他的发展理论相结合，如更强调儿童早期大肌肉技能的发展，这与福禄贝尔强调优先发展精细动作正相反（Beatty，1995）。

在研究儿童时，霍尔支持跨学科的研究方法，强调为儿童的健康和教育提供支持和服务（Hall，1999）。根据他对儿童的观察，他表示担忧儿童在教室待太多的时间，牺牲了在新鲜空气中自由游戏的时间（Hulbert，1999）。他担心学校正在让儿童变得紧张并且催着他们快速成长——这一点是今天的我们仍担心的。

阿诺德·格塞尔（Arnold Gesell，1880—1961）是霍尔的学生，他深知儿童早期发展的重要性，强调家长和教师作为研究者的作用（Gesell，1999）。他强调认真观察和记录的重要性，并且使大学实验学校成为儿童研究运动的一个非常流行的特点。本

章开始的"教室一瞥"展示了真实的实验学校。

- 观察者进行自然的观察。
- 教师们记录他们的观察，并且用这些记录来指导儿童的教育。
- 研究者访谈儿童以收集数据，了解儿童发展。

这些环境中收集的很多数据是关于儿童怎样发展以及儿童如何对教育环境做出回应——尽管这里的儿童主要代表的是上层中产阶级。格塞尔就他的研究发现写了很多文章，并且开创性地使用了录像研究。他对婴儿发展阶段的界定，以及对家园联系的支持在今天依然有很大的影响（Lascarides & Hinitz，2000）。儿童研究运动受到行为主义者的质疑，后者认为教育是一种习惯训练，否认教师和家长在研究过程中的作用，并且质疑儿童研究运动的科学完整性。行为主义代表人物，如爱德华·桑代克（Edward Thorndike），寻求更多可量化数据并且设计了最早的标准化学科成就测验（Trotter，Keller，Zehr，Manzo，& Bradley，1999）。教育心理学不同流派之间的紧张关系一直延续到今天（Takanishi，1981）。

进步之光初现

在 20 世纪之初，另一项运动正在酝酿——为了推进教育发展而努力将旧思想和新发现整合起来。约翰·杜威（John Dewey，1859—1952）是最有影响力的当代美国教育家之一，进步主义教育运动的推广者（Henson，2003）。杜威受到先驱者们（包括霍尔）关于教育哲学的论述的影响，也受到达尔文进化论的影响。他重视儿童的心理发展和社会性发展，并且坚信教育应该从儿童自身的发展和兴趣出发，而不是通过教师强加给儿童（Matthews，2003）。他强调教育的 3 个关键因素。

- 体验真实的材料。
- 对儿童个体有意义。
- 基于问题解决活动。（Dewey，1938；Powell，2000）

与之前把早期教育机构视为保护性的花园的观点相反，杜威认为教室环境是社会的反映（Henson，2003）。在他关于教育中民主的作用的著作中，杜威提出一个观点就是社会参与是培养有责任感的公民的核心（Archambault，1964）。杜威坚信环境尤其是社会环境对儿童有巨大的影响（Antler，1987）。此外，学习者的倾向开始成为现代教育者关心的一个领域。

除了关注技能的获得，杜威认为学习者对学习的热爱和渴望应该成为教育环境的首要目标（Dewey，1999）。他认为学习者的智力和兴趣在合作的、批判性的探究中最能得到发展，这需要一个支持学习者与教师共享权威的环境。在他的观点中，学习发生在与同学、教师和材料互动的过程中，发生在解决问题的过程中。教师的一个关键作用是发现儿童的兴趣、想法和情绪感情，并在此基础上设计吸引人的教育活动（Hyun & Marshall，2003）。今天的生成课程，如项目教学法，就是整合了杜威的思想。这种学习环境期待培养独立思考的人，通过批判式的探究、合作和判断来充分认识世界。

在保守的福禄贝尔法和美国化的幼儿园之间存在很激烈的竞争，杜威试图在过多的教师指导和让儿童不受教师指导之间寻找一个平衡（Beatty，1995）。他提倡更加开放的、无拘无束的游戏，并且强调细心指导发展适宜性的活动，例如上文中的角色扮演游戏（Saracho & Spodek，1995）。幼儿园教师，如帕蒂·史密斯·希尔（Patty Smith Hill，1868—1946），设计了新的以儿童为中心、基于儿童兴趣的方法，整合了福禄贝尔的想法、儿童研究运动、行为主义和进步主义教育方法。希尔在 20 世纪 20 年代的努力也为今天的美国幼儿教育协会奠定了基础（Bredekamp，1997）。希尔所提倡的一个影响深远的信念是：普及早期教育，不同社会阶层的儿童都在一个教室中学习。她感叹幼儿园阶段社会福利的消失与公立学校的投入越来越多之间的差异，尽管她对早期严格的福禄贝尔方法的改进感到高兴（Hill，1999）。

杜威希望教育促进社会公平，希尔致力于改善贫困儿童和美国土著儿童的条件，但许多早期教育机构都没有这些目标。与美国土著儿童有关的是，教育的目标是以牺牲他们语言和文化为代价使他们融入美国的主流文化，这种做法在当今遭到强烈的反对（Beatty，1995；Lascarides & Hinitz，2000）。

随着早期教育方法的进步和转变，倡导者们继续推动人们接受并推广幼儿园。随着美国许多州开始慢慢地将幼儿园整合进公立学校，美国社会出现了很多争论，主要包括以下方面。

- 方法和范围——读写教育、游戏和作业单。
- 任务——社会改革、个体发展、学业训练、为一年级做准备。
- 教师的薪酬。
- 半天/全天，双时间制。

因为幼儿园主要针对 5 岁儿童，更多是在公立学校（或许更关注小学教育的目标，而不是广泛的发展目标），一批新的早期儿童机构开始出现：面向 2～4 岁儿童的托儿所。

● 同化美洲的土著儿童

美国移民不断向西移动，相应地，与美国原住民之间的冲突变得频繁而血腥。20世纪之前，英国新教徒和欧洲移民创办印第安学校的目的就是同化美国原住民，包括拉美裔美国人，使其融入新的美国白种人文化。美国化的目标，是拯救所谓的野蛮和蒙昧的当地人，以使他们能在新社会中充分发挥作用。儿童离开家庭，进入寄宿学校或寄养到白人家庭中。他们被要求改变服饰和发型，以适应主流文化。他们被禁止说本民族的语言或认同任何不同于新移民的文化传统。这些"文化灭绝的系统计划"，在那一时期是被普遍接受的、由政府提供资金的一项公共服务（Margolis & Rowe，2004）。

原住民被认为毫无价值，遭受了非人的待遇。普遍的看法认为，有必要消除美国的所有痕迹，打造文明的人。比起杀了他们，对他们进行再安置和再教育更为划算（Margolis & Rowe，2003）。不同州之间的学校教育不同，但是通常包括对男孩的职业培训（农业和木工），对女孩的家务劳动培训（烹饪和编织），以及对所有儿童来说沉重的体力劳动。活动，包括娱乐活动，被严格管制，以确保完全地顺从当局。

然而，到20世纪20年代，将美国土著同化到社会文化中的目标消失了。再教育原住民的目标并不是使其在社会中找到一个平等的、能发挥作用的位置。同化的新目标是使原住民（以及许多新移民）接受这一点，即他们的种族低人一等（Hoxie，1984）。在学校学到的技能将使他们有机会为白人家庭当仆人（Margolis & Rowe，2004）。

慢慢地，从20世纪20年代末开始，印第安学校中的同化文化开始改变。**学校被鼓励**（资金激励）接受美国原住民的孩子。这些学校开始把美国本土文化和艺术当作学科来研究。先前剥夺印第安部落自主权、经济自治权以及土地所有权的做法开始改变。1929年，学校中的体罚行为（虐待）被宣布为不合法，在印第安学校中滥用体罚措施的现象得到改变。

托儿所的出现

第一次世界大战之后，对儿童身心全面发展的关注使不同组织和机构开始团结起来，以满足儿童家庭的需求。这个时期出现的托儿所，主要受到心理动力学研究的影响，力求提供看护、营养以及教育。在那个时期，托儿所为不同的人群提供服务，紧紧抓住社会福利系统来为贫困儿童提供服务。玛格丽特·麦克米伦（Margaret，1860—1931）和雷切尔·麦克米伦（Rachel McMillan，1859—1917）姐妹在伦敦的工作对美国托儿所的发展产生了影响。

在社会福利兴起的背景下，为了缓解贫困儿童所面临的挑战，麦克米伦姐妹创办了一家露天托儿所，提供卫生和保健服务，让儿童在户外游戏、主动动手操作学习是这家托儿所的首要目标（Beatty，1995）。除了强调养育和福利，玛格丽特·麦克米伦还设想托儿所是发展儿童想象力和好奇心的地方。这对姐妹认为这些品质对于作为未来社会领导者的儿童来说是必要的（Spodek，1985）。玛格丽特想让她的托儿所变成一所实验学校，在这里来自不同学科领域的专家可以探索新的理论方法，从而指导她们的实践（Lascarides & Hinitz，2000）。在20世纪一二十年代，许多托儿所和教师培训中心都是根据麦克米伦的思想开办的。在她的著作中，她强调教师对儿童正处于形成期的大脑的发展具有重要影响（McMillan，1999）。在1919年，这些话是非常深刻并且有预见性的，因为关于大脑发展与教育的研究在最近几十年才逐渐变得重要。

随着进步主义运动蓬勃发展以及早期教育受到越来越多的关注，两位活动能力强、有高度影响力的女性开始改变这一领域。卡洛琳·普拉特（Caroline Pratt，1867—1954）坚持不懈地验证游戏是儿童学习的最重要的促进力量，并于1913年在纽约创办了游戏学校（后更名为"城市与乡村学校"）。她最初的目标是创建一个教育系统，能教会儿童如何思考——生成能从学校带到外部世界的知识（Antler，1987）。她的内部动机说和为自身而学的理念像电流一般传遍整个学校。游戏学校没有正式的教学，没有教师主导的和对儿童来说被动的活动，儿童选择自己感兴趣的活动。实际上，儿童都是通过自由选择材料和活动来决定自己的学习的。游戏学校的最终目的是通过教育来改革社会。普拉特最看重的不是获得知识，而是获得知识的过程。让·皮亚杰（Jean Piaget）也同样强调这一点（Lascarides & Hinitz，2000）。

普拉特的游戏学校从成立

主动的、有意义的、社会性的经验有助于培养儿童对学习的热爱。

之初，就开始了与露西·斯普拉格·米切尔（Lucy Sprague Mitchell，1878—1967）长期的、卓有成效的合作。在大学的学术环境中工作了很多年以后，露西·斯普拉格·米切尔成为教育实验局（the Bureau of Education Experimental）的重要开创者。她至今仍然是当代早期教育历史上最有影响力的人物之一。通过米切尔的不懈努力，教育实验局早期强调的理念发展为教育实验方法和原理的探索内容。教育实验局成为研究儿童发展的实验学校（Antler，1987）。

对儿童成长的系统研究常常被用来指导实践，完善以儿童为中心的方法。米切尔自己对于社会重建的兴趣，亦师亦友的约翰·杜威对她的影响，以及她个人对地理的着迷，使她认为历史和地理的教育都应该首先起源于儿童自己的生活经验，比如应该从儿童自己的社区开始。她认为最重要的是，教育就是儿童发现概念、人、事情和地点之间的关系（Antler，1987）。

在游戏学校，米切尔对儿童进行了长期研究。在该研究基础上，米切尔在纽约市银行街新开始了一项工程。在这里，除了有实验学校和研究中心，还新建了教师教育中心，目标是培养这样的教师：善于思考、观察、反思，在自己的工作中积极尝试，并且重视教育的社会环境（Grinberg，2002）。今天，训练有素的、受过教育的教师仍然是影响教育质量和儿童成就的关键因素。事实上，教师的教育和培训水平仍然是预测机构质量的首要因素（Horn，Caruso，& Golas，2003）。

米切尔的实践将教育视为一门科学，同时也是一门艺术。她竭力给她的实习教师传递同样的信念（Lascarides & Hinitz，2000）。到了20世纪40年代中期，银行街的影响已经超越了实验学校，影响了纽约市的公立学校。曾经的激进思想和进步学校的实验逐渐被广泛接受，成为教育的主流思想（Sullivan，1996）。

教育和社会情感发展

早期教育经常会受到各种社会政治活动的很大影响。在第二次世界大战期间，公众对于儿童的关注有所变化，主要有以下几个原因。

- 习惯训练和行为主义向以儿童中心的、仁爱的、育人的理念让步。
- 鼓励儿童表达自己的感受成为教育目标之一。
- 更多的女性开始出去工作，对家庭之外的儿童看护需求加大（母亲应该在家照顾孩子的观念依然存在，导致出现了很多带着内疚感工作的母亲）。
- 随着家庭外的看护的增多，更多的母亲得以外出工作。

持续增长的对早期教育的需求，使得美国联邦政府以立法的形式，向受战争严重影响地区的早期教育中心投入公共资金。当时，平均每天有超过13万的儿童享受公共资金资助项目的服务（Lascarides & Hinitz，2000），但是这些人只占符合项目资格的儿童的很小一部分。战争结束以后，许多投向早期教育的联邦资助也停止了。20 世纪 60 年代，美国"向贫困宣战"的全国性运动使联邦投入的资金再一次增加。提前开端计划就是这个运动的组成部分，至今仍然发挥作用。

对儿童情感需求的独特考虑，特别是在战争或家庭危机等创伤性事件发生以后，影响了 20 世纪中叶的一些研究人员。艾瑞克·埃里克森（Erik Erikson，1902—1994）的社会情感发展理论至今仍然是儿童个性发展理论的基础。埃里克森的理论被用来指导与儿童的交流。他关于生命发展早期阶段的理论，及其对于早期教育理论和实践的启示都被记录下来。儿童很容易受到与生活中的成人的关系——包括与家人和照看者之间的关系的影响。早期教育工作者必须努力与儿童建立亲密关系，时刻牢记儿童的情感特征。

表 2-1　埃里克森的社会情感发展理论

0～1.5岁	信任对不信任	与父母、照看者的早期经验形成了婴儿对自己和他人的信任感、安全感（或不信任感），有回应是根本——给婴儿适当的刺激，对婴儿发出的需要营养、爱、玩和睡觉的信号给予回应
1.5～3岁	自主对羞愧和怀疑	刚会走动的儿童开始维护自己意志，控制自己的行动。支持儿童自己选择，鼓励他们自己做决定是非常重要的。想象有一个学步儿生气地拿着一只鞋子哭着说："我成功了！"他需要建立对自己能力的信心
3～6岁	主动对内疚	儿童变得好奇，想要探索他们的世界。儿童需要成人鼓励他们操作物体，掌握自己的活动

这个时期另外一个有影响力的心理学家是苏姗·艾萨克斯（Susan Isaacs，1885—1948）。艾萨克斯使用细节丰富的质性研究报告（主要是客观的观察报告），阐述儿童的发展（Isaacs，1999）。艾萨克斯重视将不断增长的心理学知识运用到儿童的教育中（Goswatni，2001）。1930 年，她在她工作的伦敦大学创办了儿童发展系，以杜威、弗洛伊德和皮亚杰的思想为基础，旨在促进儿童社会性和认知的发展（Aldrich，2002）。她坚信与周围世界的联系是儿童学习的基础，不强调儿童内部建构的过程（Hall，2000）。在这一点上，她与皮亚杰的观点不同。

以学习者为中心的教育得到了很多教育者的支持，并且也开始获得研究的支持，但世界的大事件改变了教育格局。1957 年，苏联将人造卫星送入太空，成了头条新闻。在这一历史时刻，太空竞赛代表了先进技术、社会进步和民族自豪感。美国在这一太空竞赛中的失败刺激美国人民开始寻找答案。他们开始注意并指责当时的进步主义教育实践，认为其中一些做法是放任的和混乱的（Henson，2003）。大众的信念又开始像钟摆一样摆动。

作为回应，更科学的、以技能为基础的教育方法被接受，其中之一便是在 20 世纪最初的几十年里获得青睐，之后经历了短暂的淡出，在人造卫星上天之后乃至整个 20 世纪后半叶得到普及的玛利亚·蒙台梭利（Maria Montessori，1870—1952）教育法。蒙台梭利教育法以对儿童自发活动的系统观察为基础（Montessori，1966）。她通过实验和反思设计了教育材料，在她的家乡意大利产生了巨大的影响，后来影响了全世界。自从 1907 年她的第一个儿童之家成立后，她的方法影响了早期教育实践。对学业和技能训练的重视"统治"了很多公立学校，直到 20 世纪后半叶，建构主义传入并产生了持续的影响。

● 银行街教育学院：发展—互动法

在创建新课程时，银行街教育学院将心理学和教育学（主要是杜威的理论）整合，将发展和互动放在首位。在这里，动手操作的、以儿童为中心的学习以及各种形式的互动被视为学习的基础，其中儿童的互动有如下几种。

- 与同伴的互动。
- 与成人的互动。
- 与材料的互动。
- 与社会/社区的互动。
- 与思想的互动。

新课程被命名为发展—互动法。

银行街项目的目的是培育一个滋养所有成员而不论年龄大小的新的社会。这意味着观察社会，参与社会的志愿工作，注重社会学习，即跨学科的人类生活的经验。对儿童、实践、理论和社会的研究（不同于将学校视为一个孤立的整体），将儿童教育和教师教育贯穿了起来。银行街的研究成果和创新理论，对理论在实践中的应用产生了重要意义（Grinberg，2002）。

● 实验学校

为了进行创新和实验，银行街整合了托儿所的项目。实验学校成为一个研究儿童、教师和学习环境的场所，同时也是教师获得有价值的实践经验的地方。课程的本质是开放性的，儿童通过游戏和操作各种材料来学习。

教师教育

当政治和教育的讨论到达一个顶点的时候，银行街的教师教育领域获得了发展。银行街在创新理论和探究国际做法及其影响方面做出了很多努力，最终成为实践的领导者。在这里，通过亲身经历，教师被引入一个学习的文化环境中，被鼓励像艺术家一样开展教学，但是要采用科学的方法去探究、行动和反思。最重要的是，银行街的进步主义教育法试图打开教师的视野，探究儿童在复杂的社会背景生活的可能性。银行街教育学院的员工是实践工作者和实习教师的榜样。实习教师可以通过与他们讨论学习，也可以通过观摩他们的行动进行学习。实习教师修读各种关于儿童发展的课程，包括艺术和个性发展的课程。

教育和智力开发

建构主义理论对当今实践的影响实际上归功于 20 世纪的瑞士心理学家皮亚杰（1896—1980）和俄罗斯心理学家维果茨基（Lev Vygotsky，1896—1934）的极具影响力的著作。

让·皮亚杰毕生研究儿童的认知发展，他主要是通过观察和分析儿童解决问题。皮亚杰发现儿童在不同年龄阶段的思维方式有质的不同，由此提出儿童阶段发展理论。皮亚杰有大量关于认知、语言、智力和儿童发展的著述（Piaget，1929，1954，1969，1975）。他的理论成为很多课程如高瞻课程的基础，并且启发了无数的教育家和心理学家。他认为儿童寻求信念和经验的平衡或均衡。新的信息有待同化和顺应，这涉及将新信息融入既有图式中或通过改变自己的想法来接受新的信息。皮亚杰将这些看作进行中的认知过程，比如某一点上的平衡和均衡可能因新的经验挑战而变得不平衡。

你可以从这个简短的概要中看到，皮亚杰看重经验的作用，以及儿童探究世界时的内部过程。他观点中一个重要方面是，天性（生理上的成长）和培养（人、经验、事件）都会影响发展（Piaget，1975）。这种两者均考虑的思维，而不是非此即彼的思维，已成为当前理论和实践的一个重要特征。

皮亚杰的理论在某些领域受到了挑战。许多评论家认为，思维的变化更是一种趋势，而不是阶段性的。也有人认为，儿童的认知发展可能会比皮亚杰提出的更早（Sameroff & McDonough，1994）。生成课程比如以兴趣为基础的课程的支持者，也不支持皮亚杰关于儿童没有高级思维能力因而不能产生假设和主张的观点（Hall，2000）。新的研究表明，在成人的指导下，儿童在比皮亚杰预期的年龄更小的时候就能表现出更高水平的思维能力（Vander Zanden，2003）。维果茨基和皮亚杰是同时代的人物，但维果茨基的理论与皮亚杰的理论有所不同。

表 2-2　皮亚杰的认知发展阶段理论

0～2岁	感知运动阶段	婴儿意识到感觉和动作之间的关系。婴儿伸手去抓他们看到的东西，把物体放在嘴里，移动自己的身体来使物体移动。大约9个月大时，婴儿知道即使他们不能看到某个物体，该物体还是存在的——称为客体永久性
2～7岁	前运算阶段	儿童开始象征性思维。他们开始使用和掌握语言——一种符号系统。象征性的戏剧表演也出现了。在这种游戏中，儿童产生了用一个物体来表示另一个物体的行为，比如用一块积木代表汽车
7～11岁	具体运算阶段	儿童开始理性地思考，开始理解守恒的概念。当一个物体的形状改变时，它的质量、数量或体积不变。例如，稍小的儿童看到一个橡皮泥球被弄扁以后，会认为它变重了，因为它变长了。但在这个阶段的儿童明白，橡皮泥可能更长，但重量不变。皮亚杰认为之所以会这样，是因为较大年龄的儿童可以在自己的头脑中撤销把球变扁的行为，把扁平块又一次想象成一个球
11岁以后	形式运算阶段	抽象思维发展。这个阶段的儿童可以基于假设和建议，而不仅仅是基于具体的对象思考。思维的可逆性和互惠性，使儿童掌握更复杂的科学和数学运算

注：改编自 Vander Zanden，2003.

维果茨基的一生相对较短暂，又因为需要翻译成英文才能在西方国家流传等原因，他的作品很多年后才流传到西方。与皮亚杰的思想不同，维果茨基强调语言是促进和组织认知发展的工具。根据维果茨基的说法，语言是儿童组织他们思维的主要手段，而不仅仅是人们之间交流的主要载体（1978）。随着儿童开始形成连贯的语言，他们开始注意到人们是如何用言语来分享想法、解决问题或者大声表达自己的想法，乃至后来如何无声地思考。

这种自我交谈（self-talk）——维果茨基称为自我言语（private speech），往往来自成人的直观示范，然后再被儿童使用。由于成人提供了口头线索、指导和策略，当儿童独立解决问题时，他们经常自己重复类似的言语。通过这种方式，他们把语言当作一种组织自己思维的方法，而不是一种与他人交流的方式。维果茨基认为自我言语是一个强有力的思维组织工具，虽然随着儿童慢慢长大变得无声、内部化，但是继续影响儿童的思维（Berk & Winsler，1995；Vygotsky，1978）。

付诸实践

语 言 示 范

在童年早期阶段，儿童的语言，包括听、说、读、写以及思维等各个方面爆炸式发展。你可以与儿童对话，重复和扩展他们的想法，扩大其词汇，示范将语言当作交流和思考工具，从而帮助他们。谈论你的想法，在工作中自言自语，解释你在做什么。向儿童展示一天中你如何用多种形式来阅读和书写。创设丰富的语言环境。

维果茨基反对教师主导、习惯训练的教育模式，认为对教师的引导进行适度的限制，能够使得教育更具潜力。他的最近发展区理论指出，每个儿童都有一个发展的空间，即在外部的帮助下，完成比他独自所能完成的稍微高一点水平的任务。这一理论包括：儿童能独立实现的水平，更高的水平，教师的指导和提示即鹰架（根据儿童的需求和当前认知水平而变化）。鹰架介于提供太多的帮助（对儿童来说太容易）与提供的帮助不足（对儿童来说太有挑战性）之间（Vygotsky，1999）。

维果茨基的理论还强调社会和文化在儿童发展中的作用，强调教育的社会集体性。这一理论能让你理解为什么在英国长大的儿童学会了说英语，而在意大利长大的儿童学会了讲意大利语。儿童的家庭和社区文化会以很多更微妙的方式影响他们成长、思维和发展。有些文化强调集体相互依存，另一些文化强调个体独立。这些准则和价值观极大地影响儿童各个领域，尤其是社会和认知领域的发展。这反映了一个相互依存的发展观，对父母和教师有很多启示。建构主义理论家，包括杰罗姆·布鲁纳（Jerome Bruner），进一步发展和完善关于儿童如何加工和存储信息以及如何学习的观点（Bruner，1991）。布鲁纳强调自我发现是学习的最重要的过程，强调应该允许儿童自由和自主地探索自己的兴趣（James，2008）。

维果茨基的最近（或潜在的）发展区

最近发展区的较低水平是儿童能独立实现的水平，较高水平是儿童接受帮助后得以实现的水平（超出他们现有的能力），二者之间即儿童在更多有能力的合作伙伴的帮助下能够参与的、具有挑战性的活动（Vygotsky，1978）。学习和知识建构是在这个中心区域发生的。

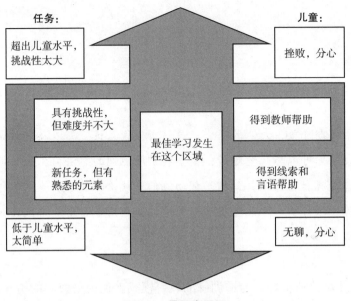

图2-2　最近发展区

　　另一个强调儿童文化背景的重要理论，是尤里·布朗芬布伦纳（Urie Bronfenbrenner，1917—2005）的生态系统理论。布朗芬布伦纳认为儿童生活在多层影响因素的系统中。儿童、家庭成员、社区、学校和同伴之间的相互关系，直接、深刻地影响着儿童的成长。他还认为，更大的系统，比如政府、教育体制、媒体和社会文化观念也影响儿童，尽管可能通过不那么直接的方式（Bronfenbrenner，1986）。布朗芬布伦纳的观点强调儿童的发展受动态的、复杂的因素影响，这些因素或多或少直接取决于儿童的家庭和社区背景。从前文可知，家庭和儿童也影响社会和政策，如提前开端计划立法（布朗芬布伦纳是起草者之一）、废除种族隔离和有关残疾人教育的立法。

早期教育和保育的现代趋势：注重公平和多样性

　　家庭、儿童和社会的多重影响从最近的某些事件看来是显而易见的。教育历史上充满不平等，如针对不同的社会阶层、种族和能力设置的不同班级甚至不同学校。然而，目前的法律和理论呼吁综合的、有呼应的教育，满足每名儿童的需要，尊重所有的儿童及其家庭。法律来之不易，背后是很多牺牲、坚持、勇气以及父母和孩子们的血泪。

过去 60 年间政治、法律和实践的变化

在 20 世纪 50 年代日益高涨的民权运动背景下，非裔美国家庭呼吁支持所有儿童的权利，不分种族，建立平等的学校。1954 年美国最高法院对布朗诉堪萨斯州托皮卡教育委员会案（*Brown v. The Board of Education of Topeke，Kansas*）的判决可以看作一个里程碑，为美国学校废除种族隔离铺平了道路。在 20 世纪追求平等的运动中，公共政策的制定者、家庭和教育工作者等都试图消除贫困儿童的不平等现象。

早期教育历来被看作社会改革的工具。1964 年，关于提前开端计划的立法实施，通过全面的早期教育及家长参与，消除贫困，满足儿童的多样化需求。其他早期干预计划，比如芝加哥亲子中心（the Chicago Parent Child Centers）在 1966 年推出，由芝加哥公立学校运营，是对儿童及其家庭产生积极影响的高质量学前项目的成功案例（Reynolds，Miedel，& Mann，2000）。人们把提供高质量的早期教育与减小学业成就的差异联系在一起。这些差异不仅表现在不同社会经济背景之间，也表现在不同语言背景之间（Castro，Paez，Dickinson，& Frede，2011）。

许多双语学习者（家庭语言不是英语）不能接受平等的教育，而他们的家庭面临社会和法律层面的挑战已经几十年了。1974 年美国最高法院的劳诉尼科尔思案（*Lau v. Nicholes*），代表了旧金山学校中近 3000 名接受英语单一语言授课的汉语学生的利益。学校为西班牙语学生提供了一些帮助，但没有为其他语言学生提供帮助。案件的前提是，学校的学生具有多种语言的背景，但因为缺乏相应的语言支持，使他们难以享受民事权利法保护下的平等的公立教育。最高法院最终认为，仅用英语授课是对母语非英语的学生的歧视——即使是无意的（Moran，2005）。

家庭和社会影响儿童的生活，反过来，儿童也影响着家庭和社区。

在打破教育平等壁垒的进程中，家庭在改变残疾儿童的教育上功不可没。残疾儿童一度被置于质量不佳甚至是监狱般的机构中。经过了大量的游说，《残疾人教育法》对今天的实践产生了强大的影响。该项法律包括为残疾儿童提供平等的受教育机会，

后来进行了修订，以为特殊需要儿童进一步提供在受最少限制的环境中接受教育、充分参与的机会（Turnbull & Cilley，1999）。这意味着让残疾儿童尽可能地融入正常的课堂，与正常发展的同龄人在一起，发挥他们的最大潜能。他们可能被安排在普通教室接受帮助，或根据自己需要不时参加特殊的课程。

我们当前的教育环境受到政治的影响，越来越强调学校和课程要对儿童的表现负责，并且认为如果学校和教师都坚持高标准，为儿童的成功负责，那么教学质量就会提高。该理念的核心是责任和标准，以确保所有儿童都能获得最佳的教育经验。虽然理想可能很伟大，但是相关的行动并没有体现儿童的最佳利益。

自从 1965 年通过《初等和中等教育法案》（the Elementary and Secondary Education Act，ESEA）以来，"教育质量"一直位于政治议程和公共财政责任的最前面。2001 年小布什总统将《不让一个孩子掉队法》（the No Child Left Behind Act，NCLB Act）列入《初等和中等教育法案》修订版（2002 年通过）。《不让一个孩子掉队法》旨在通过提高教师质量，加大对于成绩的问责力度，提高教育质量，提高所有学生，尤其是低收入家庭学生的学习成绩。《不让一个孩子掉队法》要求所有的教师都是高质量的，这意味着所有的教师都拥有学士学位和州教学许可证，并证明有能力进行学科教学（U.S. Department of Education，2004a）。该法案试图将财政拨款与学生在测试中的分数联系起来，以此激励教育改革（U.S. Department of Education，2004b）。这种问责制带来了高风险的测试，学生的考试成绩被用来判断学校的效能。

在具有文化适宜性的实践中，教师重视儿童多元的家庭背景和独特的能力，促进儿童之间积极的交往。

由此而来的不切实际的期望，以及失去资助的压力，增加了学生为狭隘的考试做准备的时间，增加了学生的焦虑，增加了教师和管理人员报告作假、歪曲数据，或者给低分学生施压使其退学以提高学校整体水平的概率（Desimone，2013；Verbruggen，2012）。然而，单凭测试成绩并不能准确体现儿童的学习情况，教育实践中的矛盾渐渐产生（Jones，2004）。好的教师知道，公正和准确的学生评估，尤其是对儿童的评估，应该包括各种各样的真实性评估的措施（如观察），并且应该是一个持续的过程（Geist & Baum，2005）。早期教育中的最佳评估应当是：综合的、真实的、与发展预期一致的（Bredekamp & Copple，2009）。随着政治和实践的再次转向，教育领域生发了新的话题。

当今政治：早期教育得到关注

2009 年，奥巴马政府公布了争优计划（Race to the Top，RTTT），这个基金是由美国教育部管理的。该基金是一个竞争性拨款项目，强调学校在改善历史上表现较差的学生的成绩上的改进和变革。争优计划基金的关键条款如下。

- 运用标准和评估，为学生在大学以及就业中获得成功做准备。
- 建立数据采集和跟踪系统，用来评估和指导实践。
- 招募、聘请专业人士（特别是在高需求的学校中）。
- 改善目前低成就学校的成绩。

在 2011 年，争优计划基金的一个新的焦点是提高早期教育质量和入学机会。该基金的早期学习挑战拨款计划（Early learning challenge grant program）是美国教育部、美国卫生与公众服务部的联合倡议，提供了 5 亿美元的联邦基金来改善各州早期保育和教育，尤其是面向低社会经济水平的儿童和双语言学习者的早期保育和教育（Kelleher，2011）。评估和跟踪儿童的进步又一次成为政策的关键特征，不过这一次各州提出了更多合适的办法。许多州的重点是创造更一致的系统和结构来支持专业化、提高质量。早期教育机构质量评估系统的研发和实施是当前早期教育的首要焦点，重点如下。

- 家庭参与的政策和实践。
- 早期学习经验（出生到小学三年级）。
- 各发展和学习领域标准（包括双语言学习者）。
- 根据观察确定早期教育机构的有效性以及儿童的入学准备程度。（Maxwell，2012）

当今多元世界中的文化呼应性教学

今天的早期教育实践需要我们不断努力创设学习环境，以符合不断变化的法律和政策，同时坚持专业组织所倡导的、当前研究所支持的发展适宜性的和高质量的要求。这不容易，但对儿童非常重要。作为教师和早期教育拥护者，我们的任务是要在以下方面找到一个平衡点。

- 早期学习标准问责和儿童整体发展。
- 真实的评估和标准化测试。
- 个人兴趣和需求。
- 发展需要和发展适宜性。
- 社会、情感、认知和身体的全面学习与发展。
- 不同理论和信念。
- 专家建议和我们自己的直觉知识。
- 我们自己、我们的儿童、我们的家庭和社会的优势与需要。

很少有国家像美国这般多样化。虽然我们已经在实现社会公平和平等的道路上取得了巨大成就，但仍然前途漫漫。理解和尊重多样性是目前所有早期教育工作者应该优先考虑的，因为我们最终要接受更多的文化呼应性实践（culturally responsive practices）。

文化呼应性实践承认和尊重多样性，支持所有儿童的独特家庭文化。家庭文化背景因语言、民族、种族、家庭经济状况、宗教、家庭结构、家庭的价值观和传统而不同。目前的质量指南在文化呼应性教学方面依据研究建议提出如下要求。

- 保持儿童的家庭语言（家庭语言有助于而不是阻碍儿童学习英语）。
- 尽可能在班级中体现儿童的家庭语言。
- 使用视觉化工具和手势，鼓励语言学习者理解。
- 尽可能邀请家庭参加班级活动。
- 在需要时使用相关翻译软件或社区服务，促进家园联系。
- 寻求资源和信息，以理解和重视个体文化。
- 课堂活动呼应每名儿童独特的家庭经历和背景以及独特的优势和需求。
- 允许所有儿童用各种不同的（语言的、视觉的、肢体的）方式表达他们的知识和经验。
- 保持有一定预测性的班级常规，但在需要时可以灵活调整。（Castro, Paez, Dickinson, & Frede, 2011；NAEYC, 1995）

结论

在漫长的早期教育发展史上，有许多杰出的人都为最佳实践理念，特别是以学习者为中心的早期教育方法做出了贡献。我们已经走了很长的路，然而前路漫漫，仍会有坎坷，也会有少有人涉足之地，但我们的事业就是创新和冒险，注定要为了更好的实践而努力。我们已有几百年的积累，但我们仍然是一个开拓者，致力于改善儿童的实践和生活。早期教育实践的核心是重视所有儿童，重视游戏为学习途径之一，重视提高早期教育质量，重视改善儿童及其家庭的生活。作为教育工作者，我们的任务是继续反思我们的信念，挑战自我，改善实践，为确保每一名儿童成功而努力。

总结

- 美国早期教育漫长而复杂的历史可分为几个不同阶段，各有标志性的阶段特征。
- 在 18 世纪的殖民地时期，通过让儿童在学校读《圣经》、在家中接受父亲教导来灌输道德和宗教价值观。
- 19 世纪，母亲作为孩子主要照看者的角色得到公众注意。
- 随着更多的女性进入职场，家庭以外的早期教育需求增加，早期教育成为一个重要专业。
- 19 世纪欧美的教育工作者呼吁教育成为社会改革的关键，指出教育是缓解贫困带来的消极影响的方法。今天，这个目标仍然重要。
- 20 世纪科学的儿童和童年研究，扩大了早期教育的知识基础。
- 20 世纪的进步主义时期形成了很多经典的实践与理念，如以学习者为中心的课程、基于兴趣的项目、实验学校，以及教师成为研究者。
- 在 20 世纪中后期科学革命中，教育持续上升为一门值得研究的科学和一个重要的专业。
- 因为以满足贫困儿童或残疾儿童需要为目的的联邦立法的实施，早期教育成为公众关注的话题。
- 在 21 世纪，问责和标准逐渐占据中心位置，成为早期教育实践的主要方面。

- 在世界日益多元化的今天，教师必须运用文化呼应性实践，重视每个家庭独特的文化和背景。

本章自评

请在表中写下你所学到的，每个学习目标写3~5个关键点	
认识早期保育与教育历史的主旋律	
讨论17~18世纪对早期教育产生重要影响的因素	
考察19世纪的儿童观和教育观	
比较20世纪的理论与实践，并与今天的实践相联系	
探索当今多元世界中最佳的早期教育实践	

应用活动

讨论提示

1. 你对儿童的先天本性怎么看？儿童应该怎么学，应该如何教育他们？
2. 你认为父母或教育机构在照看和教育婴儿、幼儿和学龄儿童上做到最好了吗？
3. 你认为早期教育机构的首要目标和功能应当是什么？

在课堂上

以小组为单位，创建事件、理念、人物的时间线，以呈现早期教育发展的历史脉络。你可以选择本章的一部分，即体现变化与发展趋势的关键人物和理论。不需要包括每一个人和详细时间。运用你能找到的任何材料。这能让历史书变得更加生动和丰富多彩。

在实践中

参观一所幼儿园或学校，或访问他们的网站。访谈他们的负责人或管理人员，或在网站上了解其目标。请管理人员解释幼儿园或学校的理念、目标和对儿童及其家庭的看法。记录你所观察到的环境是如何支持管理人员的回答的。例如，强调家庭参与在早期教育中的重要性的幼儿园，可能有家长公告牌、家庭资源室和家庭空间等。关于其理念、目标和儿童观，有什么明显的标志？写一篇简短的反思文章，以总结访谈结果，要包括机构的目标，并提出你的观点和印象。针对本章提出的关于早期教育机构的开放性和封闭性问题，梳理你的想法。可以附上你在参观和访问网站时得到的小册子或文献。

你的档案袋

本活动可以放在你档案袋的"领域知识"或"发展知识"栏目。纵观历史，与以下问题相关的理论和实践如钟摆一般摆动。对于每一个问题，简要写一个陈述，说明你的观点，包括影响你观点的因素。

- 儿童如何发展和学习。
- 家庭的作用，特别是妇女在家庭和社会中的作用。
- 影响美国早期教育发展的世界教育家或哲学家。
- 社会经济分层对早期教育的影响。
- 早期教育应提供看护还是教育。
- 早期教育的目标和目的。

相关网站链接

美国教育史网络项目（History of American Education Web Project）
www.ux1.eiu.edu/~cfrnb/index.html

吉尔德·莱尔曼美国史研究所（The Gilder Lehrman Institute of American History）
www.gilderlehrman.org/teachers/modules.htlm

信息美国（info USA）
Usinfo.org/enus/education/index.html

第三章
早期教育的专业化：最佳实践

CHAPTER 3

本章学习目标

⊙ 明确专业协会的角色和目的。

⊙ 明确美国幼儿教育协会的工作范围和指导思想。

⊙ 把专业指南与最佳实践联系起来。

⊙ 讨论循证决策的主要特征。

⊙ 考察专业质量等级量表的特点和结果。

早期教育领域一直在反思自己的发展历程。在历史发展进程中，早期适宜的学习经验对儿童健康发展的重要性逐渐呈现。由于进入早期教育机构的儿童数量不断增加，并且越来越多的儿童的家庭语言不是英语，对明确专业标准的需求成为早期教育服务提供者的基本需求。大量专业协会在课程计划、教师教育、学习标准、融合教育、伦理和机构质量评价等多方面提供引导。

美国幼儿教育协会便是其中之一。它是一个生产和传播信息的渠道，即为服务于 0～8 岁儿童及其家庭的机构提供指导。美国幼儿教育协会与其他各专业协会合作紧密，发布了很多立场声明，确保使用整合、合作的方式对待儿童和家庭。约 20 年前，美国幼儿教育协会通过发布关于发展适宜性实践（Developmentally Appropriate Practice，DAP）的立场声明和《道德行为准则》（Code of Ethical Conduct），满足了实践的需要。这些声明分别呈现了最佳实践和专业行为标准。同时，立场声明的定期修订为实践中的良好决策提供了坚实基础。

今天，各专业协会仍然通过研究、出版、召开会议、提供早期教育质量认证或研发质量评估体系为早期教育提供支持。本章不但呈现了关于专业协会的工作范围的信息，而且强调了实践中的两个重点：循证决策和质量评估体系。

教室一瞥

主管访谈：实践中的道德行为

这是 5 月一个阳光明媚的早晨，你准备参观郊区的一个中等规模的早期教育中心。这个中心能容纳 125 名幼儿，主管丽萨信奉"儿童中心"。她从建构主义理论、学习风格理论和自己做老师的经验中找到了灵感。

这个中心完全遵循美国幼儿教育协会的发展适宜性实践和认证指南——这些比州的规定更严格。丽萨描述她怎样在大学里学习发展适宜性实践，怎样在不同机构观察以理解发展适宜性实践在实践中的真正意义。刚当老师时，她所在的中心强调教师主导和集体活动，一天中她不得不无数次要求孩子"坐好""看老师"，为此她感到很沮丧。

数年以后，她离开了她工作的第一个中心。她知道她需要做一些不同的事情。她在另一个中心找到工作。这个中心完全鼓励儿童自发的活动。老师为儿童准备环境和材料，退后一步观察儿童怎样与材料互动。在这个中心，丽萨学习如何为儿童的探索设计空间，如何有效地运用观察去评估和计划。

多年以后，她意识到需要为儿童提供一些指导和支持，以更好地促使儿童主动探索。她开了一家早期教育中心，主张用平衡和全面的方法开展早期保育和教育。首先，她描述了平衡下列关键因素的重要性。

- 教师主导的活动和儿童自发的探索之间的平衡。
- 集体活动、小组活动和个人活动之间的平衡。
- 基于技能的教学和基于兴趣的方案之间的平衡。
- 教师和儿童分享控制。
- 整合儿童发展规律。

丽萨邀请你穿过门厅去学步儿的活动室，观察活生生的现实。

学步儿的活动室：实践中的发展适宜性实践

今天早晨，这里有 8 名学步儿和 3 位教师。有时候这里有 12 名学步儿和 3 位教师。其中一位教师劳伦解释道，他们实行主要看护人制度，即每一位教师负责照顾 4 名学步儿。虽然所有教师和全部学步儿一起活动，但是每位主要照看者必须负责撰写 4 名学步儿的观察和评估报告，与家长交流，并照看他们的日常活动。他们好比是 4 名学步儿的官方信息拥有者，也是家长的主要沟通对象。

　　主要看护人制度的目的是促进教师、儿童、家长三者的紧密联系。"尽管所有教师都会分享有关儿童的信息，回答任何家长的问题，但是主要照看4个孩子，让我在某种程度上更关注一小部分儿童。我也很高兴能做更深层次的观察报告和评估。通过分享我们所做的工作，我们每个人都能为儿童做更多事情。相比之前要面向所有儿童，我现在更加深刻了解我的首要工作是什么。这种责任分担使我们感到平等，我们确实是作为一个团队在工作。"

　　当你继续在教室观察时，你可以看到最后几个吃完点心的学步儿正要去洗手。学步儿喜欢在水槽里嬉戏，教师会告诉他们用香皂和温水洗手。另一位教师正鼓励一小拨学步儿自己穿衣服。他们正专心地将胳膊往袖子里塞，此时教师耐心地看着，表扬他们的努力。你可以看到教师是如何回应儿童的。即使是像洗手和穿衣服这样普通的任务，也可以看到教师与儿童温暖和个性化的互动。教师不会高高地站在那里跟儿童讲话。教师真心喜欢和儿童在一起，一起探索神奇的世界。他们似乎与儿童同在。儿童好奇、自信和快乐地发现和探索。你可以感到整个教室有一种快乐与幸福，让你想起为什么要做教师。

　　学步儿们和教师们准备去户外了。他们兴奋地谈起他们认为将在花园看到的东西。一些学步儿将手举过头顶，展开手指。一位教师解释这个动作："是的，我想我们可能会看到花开。花每天都在生长，就像你们一样。"三位教师和大部分学步儿一边唱着关于花生长的歌曲，一边走向户外。随后，劳伦说起了学步儿们在花园中的兴趣点。

大多数学步儿都很喜欢感官体验，即使是一日常规活动——洗手。

专业引领：为最佳实践提供指导和支持的协会

丽萨关于冲突、问题解决以及走向专业化的回忆，正是专业协会努力推动的核心，即设定专业和实践的高标准，直面作为社区合作者的挑战，在解决实践中遇到的问题的过程中维持个人的尊严和体面。达成这一目标需要一个过程，需要我们不断反思、自我评估、合作并有所超越。在早期保育和教育中，以下4个方面是专业化的重要内容。

- 儿童发展的专业知识。
- 家园合作。
- 观察与评估。
- 道德行为。

将这4个方面有意义地整合起来，需要教师在专业上有良好的准备，全身心投入事业，对事业保持兴趣和激情（Moyles，2001）。考虑到目前越来越多的关于教师资格相对有效性的研究成果，早期教育领域支持专业化的必要政策需包括以下几点。

- 强化教师的准备（专门的大学学位课程）。
- 基于高标准的教师认证和评估。
- 持续的专业发展。
- 与面向其他年龄段学生的教师有可比性的工资和福利。（Bartin，2004；Martin, Jones, Nelson & Ting, 2010）

除了促进高质量教师教育和专业发展，与早期教育相关的协会与组织可以同时支持新手教师和有经验的教师。有大量的协会和机构为加强早期保育和教育工作而努力，除了美国幼儿教育协会，本章还将提到一小部分的机构和协会。更多信息，可以访问专业认证委员会的网站（www.cdacouncil.org）。先点击页面顶部的"资源中心"，再点击左侧的"早期教育组织"，其中列出的都是我们精心选择的组织，可以帮助你度过新手教师阶段，也能为你自身专业发展提供选择。

国际早期教育协会（Association for Childhood Education International，ACEI）成立于1892年，它以福禄贝尔的工作为基础，寻求促进幼儿园教师的专业准备。如今，国际早期教育协会的职责范围已经扩大到促进全世界人口从婴儿期到儿童中期的发展，并且为早期教育工作者专业化提供支持。从全球化视角出发，国际早期教育协会为了促进实践公平，推出《21世纪早期保育和教育的全球指南》（ *the Global*

Guidelines for Early Childhood Education and Care in the 21st century，Sandell Hardin & Wortham，2010），从以下几个方面引导早期教育实践。

- 为儿童创设环境和物质空间。
- 课程内容和教学法。
- 早期保育和教育工作者。
- 与家庭和社区合作。
- 为特殊需要的儿童服务。
- 问责、监督和管理。

该指南提供了强调儿童生活大背景的综合性早期教育机构的合乎伦理的、明确且具体的质量指标。这些指标还对应着一个评估工具，已被翻译为多种语言，可以免费使用。评估工具为教师和行政人员提供了自我评估以及反思实践与关键质量指标差距的机会。同时该协会也出版指导将理论应用于实践的杂志，旨在评估或公布有关政策和最佳实践。

国际早期教育协会和美国幼儿教育协会这样的组织是从全面的、全球化的视角出发，还有些组织关注部分人群，如婴儿和学步儿、家庭托儿服务提供者、超常儿童。特殊儿童委员会早期教育部门（The Division for Early Childhood of the Council for Exceptional Children）是代表特殊儿童及其家庭的最大的组织。为了推动政策和最佳实践，它发布立场声明、工具和建议，出版期刊，并为全国各地管理者、教师、父母提供培训机会。该网站上有一栏为"你可以使用的工具"，内有免费核查表和工作手册，可以帮助服务提供者整合所有成功的融合教育策略，帮助家长评估早期教育机构的全纳性。

正如全纳教育与重视儿童、家庭的多元文化已经成为早期保育和教育质量的指标一样，在过去的几十年里，有大量研究强调出生前 3 年的重要性。从 1977 年起，0～3 岁教育项目（ZERO TO THREE）使用了多学科法，通过向家庭和专业人士提供实用工具、开展研究以及各种宣传和出版来支持和促进婴幼儿的健康和发展。该项目通过整合相关领域当前基于研究的建议，展示了一个真正全面的、多学科的方法，涉及以下方面。

- 心理健康。
- 营养。
- 灾后康复。
- 儿童福利。
- 语言和识字。

- 虐待与忽视。
- 发育筛查。
- 早期教育、大脑发育、游戏。
- 行为与气质。

运用多种方法解决专业人员、家长和公共政策的问题是专业协会的标志，反映了用系统方法优化发展结果的重要性。你可能已经注意到各协会对政策宣传的重视，尤其强调将家庭纳入专业化发展范畴，这是所有协会的共同点，美国幼儿教育协会也如此。

付诸实践

访问特殊儿童委员会早期教育部门网页（www.dec-sped.org），点击"关于早期教育部门"。在"你可以使用的工具"下，你将发现有关信息和列表，可以帮助专业人员和家庭去理解和支持高质量的全纳教育。打开"父母"一栏，浏览质量指标一览表。把这些指标与你的实践、你访问过的机构或者是你自己未来的实践联系起来。打印一份，放到你的档案袋作为参考资源，以便与家长分享。

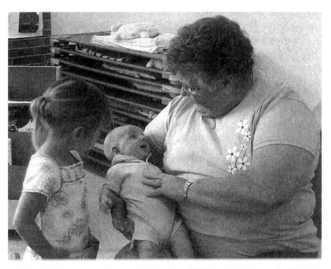

支持照看者为促进婴幼儿健康发展所做出的努力，也是早期教育的重要内涵。

美国幼儿教育协会的创立及其职能范围

作为进步主义时期的产物，在帕蒂·史密斯·希尔（Patty Smith Hill）创办的美国幼儿园教育协会（National Association for Nursery Education）的基础上，1927 年，美国幼儿教育协会正式成立（Bredekamp，1997；NAEYC，2004）。尽管是刚成立的组织，但其目标包括促成高质量的、达到某些公认标准的项目，对领域内的创新保持敏感和理解。

20 世纪 60 年代以来，人们越来越关注早期教育的持续影响。早期教育的影响是消极的还是积极的，取决于机构的质量和适宜性。70 年代和 80 年代，越来越多的儿童进入早期教育机构，开始有人研究早期教育机构对儿童所产生的影响。这一研究引发了将指南具体化的需要，以帮助早期教育工作者把教学同相关的建议结合起来（Dunn & Kontos，1997）。为了回应长久以来对教育质量的关注，美国幼儿教育协会分别在 1985 年、1987 年形成了评估和认证体系以及第一个发展适宜性实践指南。两者都是基于高标准的、经过验证的实践，以及关于成长、学习和教学的发展理论（包括后来的社会文化理论和生态系统理论）。在 1989 年，《道德行为准则》被采用（Baptiste & Reyes，2002）。

这些声明的核心是以下系列价值观（也是发展适宜性实践和《道德行为准则》的基础）。

- 重视童年这一独特阶段的当前价值——不是为未来做准备。
- 利用关于儿童发展的知识作为儿童工作的基础。
- 重视并促进儿童和家庭之间的连接。
- 将儿童视为特定家庭、文化及集体中的儿童。
- 尊重所有个体。
- 努力确保所有儿童和成人都发挥所有潜力。（Bredekamp & Copple，1997）

发展适宜性实践和《道德行为准则》已经成为定义理想的早期保育和教育实践的基础。

发展适宜性实践指南：背景和价值观

发展适宜性实践指南的出台以及修订，是为了应对不适宜地将小学阶段的学业要求向下延伸的趋势，也是为了满足实践工作者对于最佳实践的指导需求（Bredekamp &

Copple，1997；Bredekamp & Copple，2009）。与不断发展变化的家庭文化背景和有关研究基础相呼应，美国幼儿教育协会每隔10年左右，会召集来自不同群体的人参与修订发展适宜性实践立场声明。

发展适宜性实践立场声明以几十年的研究理论（包括发展心理学、社会文化建构理论、生态系统理论等）为基础，确认儿童是积极主动的学习者，充满好奇心并有能力去探索周围的环境。在发展适宜性实践指南中，优秀教师以儿童为中心设计学习，基于儿童的游戏和兴趣来整合活动，将儿童主导和教师主导的经验都包括在内。最重要的是这些经验和背景反映了年龄和个体适宜性，体现了独特的家庭和社群文化背景。年龄适宜性被定义为知道所有儿童在每一个领域的典型发展（发展里程碑）。美国幼儿教育协会认识到，并不是所有的儿童以完全一样的方式发展或同一时间达到一样的发展程度（Bredekamp & Copple，2009），因此，呼吁教师将儿童个体差异的知识应用到环境设计和个性化指导中，以确保每名儿童的适宜性发展。

发展适宜性实践有几大主题。

- 卓越和公平：致力于为每一名儿童提供机会，使其获得高质量的、具有丰富刺激的、支持性的、有挑战性的学习经验。
- 目的性和有效性：优秀教师在为儿童做决定时经过深思熟虑，以研究证据和个性化评估数据为依据。
- 连续性和变化性：认识到教学是不断发展和变化的，因为整个知识库在不断发展和变化，同时也紧紧抓住核心价值（如游戏的价值）和全人教育观（完整的人或系统的教育），为家庭做出有意义的贡献。
- 快乐和学习：认真关注儿童的快乐和愉悦与适宜挑战、复杂问题任务之间的平衡，确保儿童将来能在社会立足。

所有儿童在感知和操作中学得最好。

付诸实践

　　准确评估有时候对教师来说是一个挑战，但却是这个标准驱动和证据依赖的时代越来越重视的。最佳实践指导教师参与系统的真实评估，为课程决策和儿童发展评估服务（Bredekamp & Copple，2009）。适宜的评估法包括观察法、工作取样系统法、真实任务评估法，比如较小年龄儿童搭积木、向杯子里倒水，或者年龄较大儿童口头陈述一次活动。评估也是一个与家庭培养互惠关系的重要过程。家庭能够提供儿童在更大范围内的丰富信息。一旦与来自教室的信息进行对比时，能够呈现关于儿童更精确的画像（Moore，2000）。认可家庭对于提高儿童学习和发展所做的贡献，是贯穿发展适宜性实践立场声明的关键线索之一。

　　也许发展适宜性实践最重要的主题是避免非黑即白的思维（例如将教师指导与儿童自发活动对立起来），认同二者皆可。例如，最初人们强烈反对直接教学业知识，但这一观念逐渐有所转变，因为人们意识到一定的成人指导对儿童的学习来讲更有益，是发展适宜性的。社会情感的发展，尤其是自我调节能力的发展能够推断儿童在学校的成就。在教学策略方面，教师被鼓励达到以下几个基本目标。

- 有技巧地平衡儿童发起的活动和有教师指导的教学。
- 认同儿童发展存在普遍性和特殊性。
- 珍视每名儿童的家庭文化背景。
- 制定一日常规，确定行为界限，允许儿童做出选择。
- 支持儿童对小组活动和个人活动的需求。
- 搭建学前教育和小学低年级经验之间的桥梁，促进儿童在学校取得成功和进步（尤其是读写和数学）。（Dickinson，2002；Bredekamp & Copple，2009）

　　在本章一开始对丽萨的采访中可以发现一些变化。丽萨首先任职于一个完全由教师主导的机构，之后她换到了一个严格遵循由儿童发起活动的中心。当她平衡这两种方法以使之更有效地满足儿童的需要时，她感觉自己找对了方向。

● 变化的人口结构

根据美国国家教育统计中心（the National Center of Educational Statistics, USDOE, 2009a）报告，美国各地学校学生的多样性加剧，黑人 / 非裔美国人、拉美裔美国人、亚洲 / 太平洋岛民和阿拉斯加原住民学生增加。2008 年美国公立学校招生的种族 / 民族分布如下。

- 56% 白人。
- 21% 拉美裔美国人。
- 17% 黑人 / 非裔美国人。
- 5% 亚洲 / 太平洋岛民。
- 1% 阿拉斯加 / 美国土著。

2000—2009 年，拉美裔学生入学率占比增加最大（5.5%），而白人学生比例从 61% 下降到 56%（是唯一减少的种族 / 民族）。虽然从全国平均水平看，变化似乎相对较小，但某些州和地区（城市、农村或城市边缘）变化巨大。到 2008 年，公立学校中，有将一半的有色人种进的是城市里的学校。州与州之间的比较证明了种族分布非常广泛：2008 年哥伦比亚特区报告 95% 入学学生不是白人（黑人 / 非裔美国学生占 83%），缅因州和佛蒙特州报告白人学生占 95%。同年，新墨西哥州报告拉美裔学生占了学生人口的绝大部分（56%）。

学生人口的变化和多样性，以及地区之间的差异，需要教师做好准备，敏感应对所有独特的家庭文化和背景，并有效开展工作。

发展适宜性实践指南的核心信息

所有为儿童工作的专业工作者必须不断地决定如何更好地满足儿童的需求并促进他们的发展。以下几方面信息应该指导专业工作者做出有效的教学决策。

- 有关儿童发展和学习常模的知识（典型时刻、发展步骤、顺序）。
- 有关儿童个体发展状况的知识。
- 有关每名儿童独特社会和文化背景的知识。（Bredekamp & Copple，2009）

因为每一个因素都是不断变化的，教师必须了解，向同事、儿童和家庭学习。教师被定位为知识渊博的反思性实践者、深思熟虑的决策者和学习者，这决定了教师的专业性（Bredekamp & Copple，2009）。坚定不移地重视儿童家庭、社区和文化背景的价值，已成为当前教师文化胜任力的首要主题。表 3–1 列出了发展适宜性实践中，教师在做专业决策时要考虑的关键因素。

表 3-1　发展适宜性实践中的决策基础

有关儿童发展的知识	有关儿童个体发展状况的知识	有关儿童个体独特社会和文化背景的知识
• 全面地看待儿童，创造环境，提供多种经验，促进儿童各个领域发展	• 观察每一名儿童，识别不同个体的发展速度与路径	• 每名儿童独特的家庭和文化背景对他们的学习和发展具有重大的影响
• 理解不同领域（认知、社会性、情感、身体）具有里程碑意义的发展标志和目标	• 为每名儿童提供个性化的材料或经验，以支持不同的学习能力和学习风格	• 邀请家庭成员真正地参与进来，以将儿童的家庭生活与幼儿园的学习有机整合
• 识别不同领域之间的联系	• 重视和支持儿童思考、探索、沟通、理解和表达想法的不同方式	• 理解并重视不同家庭对儿童的不同期望以及各自优势和需求
• 通过提供整合不同发展领域、包含不同主题的学习经验，支持各领域的发展和学习		• 将游戏作为促进儿童学习的真实情境，为儿童提供挑战他们最高发展水平的经验

教师通过日常活动了解儿童，并加强与儿童的联系。

付诸实践

整合性学习经验举例

随着认知能力的发展，儿童能将声音和文字结合起来。他们的社会性发展开始受到与周围人互动能力的影响。

婴儿一天天长大，精细动作发展，能有目的地抓握物体。他们的认知发展能力因有机会探索手中的物体而提高。

学步儿在花园中体会到了挖土和浇水的物理感觉。他们谈论泥土摸起来如何，看起来、闻起来如何。他们乐于用歌声配合动作来表现植物的生长。他们与稍大的儿童一道，倾听关于花园的故事。每一天他们都在花园里寻找变化。很多学步儿喜欢看园艺书上植物和花的图片。一些学步儿也像他们在书上看到的那样，在画架上画花。

教室一瞥：《道德行为准则》的核心内容

员 工 会 议

丽萨描述了一个在实践中运用《道德行为准则》的例子。"全体员工一个月聚两次，一起开会制订计划。这种相互尊重、公开分享知识的氛围，让教师感到非常愿意在此工作下去。许多中心认为教师的流动是一个麻烦，儿童，尤其是婴儿和学步儿会觉得很难适应。所有的儿童一般都需要稳定的教师，从而形成密切的依恋关系。没有强有力的、安全的情感基础，他们在中心的学习和发展会受到损害。我利用所有我能用的机会让教师知道自己对儿童有多么重要的影响，他们的工作是多么重要。"她接着谈论教师们之前是如何工作的。

那时教师中有普遍的疏离感，只关心自己的班级，并不与其他教师合作。丽萨知道这样的情形不会改变——除非她改变。于是，她开了全体会议，说了自己的担忧。会议很快成为一次牢骚会，教师们和丽萨还有其他教师分享各种问题。他们让丽萨来解决他们的问题。丽萨发现了一个运用《道德行为准则》来解决员工冲突的机会，她把握住了。

她聚焦于中心的教学团队。丽萨促成了一次简短的冲突—解决对话，教师们公开分享自己的问题并互相倾听。每位教师分享了几件他们认为自己做得好的事情和几件不满意的事情。然后丽萨告诉他们，与人合作，互相尊重，互相支持，共同解决问题，是他们的责任，她支持这种直接解决问题的方法。她提醒教师，这是他们每个人的幼儿园，也是孩子们的幼儿园。而且孩子们依赖每一位教师，他们是一个团队。丽萨回忆说她当时说话是多么紧张。"你们是专业工作者。你们之所以在这里，是因为你选择在孩子的生命中成为一个积极的影响者。你自己决定在所有大小事情中投入多少。这可能意味着一天中要多整理或多待几分钟，意味着尊重家庭的需要和教师间的合作。是否为自己的工作感到自豪，这取决于你自己。"

正如她所说的，她看到了他们行为的改变。她看到他们坐直了身子点头。事实上，所有的员工似乎变得更开放了。一位教师说："我很高兴你这样说。"教师们一致指出，他们不喜欢教室脏兮兮的，愿意排值班表。他们经常感到与家长缺乏联系，因为家长总是来去匆匆。他们同意建"你来我往"记录，给家长留便条分享信息。其他教师开始分享可用的策略和一些打算尝试的策略。他们决定组织家长们来参加小组活动。他们重新安排早上和晚上的活动，以便能有更多的时间和家长交流。

"第一次会议结束时，老师们似乎精神抖擞，很兴奋。这对我来说是新景象！经过一天的工作，他们通常累得恨不得马上下班，但现在他们留在这里，交谈，互相赞扬对方的想法。我告诉他们，和这样有献身精神又热情的团队一起工作是多么自豪。幼儿园的风气开始变得合作，既个性化又专业化，大家都牢记要为我们的孩子提供最有潜力的环境。记住我们为什么选择这个工作——首要原因是这里使我们保持谦卑，因为共同的使命而欣赏自己和对方。"

丽萨反思这一过程："我们一路走到今天，真的是很艰难，但我们的员工、家长和社区毫不怀疑这样做的回报。看到我们的孩子越来越能干、健康、好奇，并勇于接受挑战、共同解决问题，我们觉得没有比这更重要的工作。"

付诸实践

个性化发展

研究会给你提供有关发展的理论，但是要真正看到个体多样性，唯一的方法是仔细观察每名儿童。观察和做笔记必须成为你每天的常规工作。你可以制定轮流表，每一个星期或两个星期里观察一名儿童。然后你可以依据你的笔记调整个性化发展计划，促进每名儿童得到最大的发展。当你用这种方式开展个性化教学时，要确定你首先观察儿童喜欢什么，对什么感兴趣，然后是擅长什么或在哪方面做得好，最后是正在学习做什么，或此刻发展目标是什么。根据你所了解的儿童的喜好与能力开展活动。

作为一名专业的教育工作者，反思并重新思考自己的信念，同时接受并验证多种不同的观点的过程是必不可少的。这就是你需要常写反思报告，提炼个人观点，发现许多不同的教学方法和信念的原因。这些反思的习惯会贯穿于你的职业生涯。在专业领域追求高标准，做出公平公正的决定，这是职业道德。

随着早期教育的发展，以及实践中报告的广泛差异，对早期教育实践专业化的需求变得明确。20 世纪 70 年代末，关于专业化和道德准则的对话结集成书出版。丽莲·凯茨和艾沃格林·华德（Lillian Katz & Evangeline Ward）的《早期教育中的道德行为》（*Ethical Behavior in Early Childhood Education*，1978）是其中之一。1988 年，美国幼儿教育协会的工作小组起草了一份官方的《道德行为准则》，1989 年正式使用。美国幼儿教育协会一直设有道德小组，它的责任是每 5 年重新审核和修订该准则。

道德困境（Ethical dilemmas）非常复杂，不能靠研究或法律去解决。它也可能有多种行动路径，无论采取何一种，都有积极和消极的暗示（NAEYC，2011）。教师和儿童之间权力和权威的差异，又对道德实践标准提出了需求。从定义看，教师是位于儿童之上的权威，如果没有明确界定会引发矛盾。教学的现实推动美国幼儿教育协会去回应教师的需求，指导教师应对模棱两可的情景，避免冲突。

举一个教师可能遭遇的道德困境的例子，比如有 3 岁儿童的家长要求取消点心或午睡时间，即使他想要吃东西或是真累了。家长解释说他们需要小孩在晚上早点吃饭和睡觉，这样母亲就可以早点休息，然后晚上去上班。尊重父母为他们的孩子做出的选择，尊重家庭的需求，和儿童在幼儿园的需求之间存在矛盾，对教师来说是一种挑战。另一个例子，一位教师看到老教师的某些做法值得商榷，与幼儿园的宗旨不符。教师有责任推动幼儿园目标的实现，有责任和同事互相尊重、互相支持，有责任为儿童创建最好的学习环境。这 3 种责任之间的冲突，使教师无所适从。

你的看法

你是否也曾面临一个道德困境，或是有时不确定怎么做才是正确的？你有什么感受？你又是怎么回应的呢？事后来看，你当时在处理这种情况时可以做哪些改变？你能想出其他可能的道德困境吗？你会如何处理？

付诸实践

知道什么时候介入

在员工会议上，丽萨决定不解决教师们想让她去解决的问题。她意识到促进教师之间解决问题非常重要，这样他们最终能共同努力。对儿童来说也是如此。教师经常介入儿童的矛盾，使用教师自己的解决方式去解决矛盾，比如拿走玩具，把儿童分开，或者是把一名儿童带到一个专门平静情绪的区域。虽然通过这些策略可能会立即解决问题，但是仅仅靠这些不能教会儿童自己解决问题。教师有必要细心观察矛盾，然后再判断儿童是否能自己解决矛盾。如果事情不断恶化，教师可以帮助调停，让每个人陈述情况，一个人在说的时候另一个人听，然后让他们想想办法如何解决。问问儿童的意见，并让他们共同认可一个选择并一起去落实。当解决方案是来自自己的想法时，他们会对结果更满意，并学会自己解决问题。通过这一过程，我们可以帮助儿童发展问题解决的能力和协商谈判的技巧。

核心理念和原则

美国幼儿教育协会的《道德行为准则》是针对教师专业行为的一系列核心理念和原则，涉及儿童、家庭、同事、社区和社会几个方面。

《道德行为准则》并不是提供标准答案，直接告诉教师如何解决各种问题。美国幼儿教育协会的政策制定者认为教师面临的情况千变万化，因为每一名儿童都是独特而复杂的（Feeney & Freeman，1999；NAEYC，2011）。然而，这些准则确实提供了一些指导，至少说明了哪些行为是道德的，哪些行为是不道德的，正如发展适宜性实践指南列出哪些行为是适宜的，哪些行为是不适宜的。你可以在美国幼儿教育协会网站看到全部准则。影响决策和实践的一些关键要素见表 3—2。

表 3—2　道德行为准则的核心理论基础

对儿童的道德责任	对家庭的道德责任	对同事和集体的道德责任
• 意识到成人比儿童更高大、强壮，更有权威，更有说服力 • 不伤害儿童这一责任高于一切 • 确保每名儿童拥有安全、健康的环境的权利 • 尊重儿童，支持儿童发挥最大的潜力 • 依靠有证据的方法去为每名儿童的学习和发展做出最好的决定	• 尊重每个家庭的价值观和文化 • 用有意义的方式分享儿童发展的普遍规律和具体情况 • 帮助家庭建立有价值的支持网络 • 制定并落实保密政策 • 让家庭参与幼儿园和班级决策	• 建立学习共同体，分享最新的与教师工作相关的研究 • 对不同观点持尊重和开放的态度 • 根据一定的冲突解决策略合作解决问题 • 制定员工福利政策 • 与合作机构敞开合作 • 坚信为所有的儿童及其家庭提供最高质量的教育

有意义的应用：实践中的专业指引

　　教师要让自己的教学符合美国幼儿教育协会的质量标准，首先必须熟悉其内容和目标。教学日益成为一门复杂的专业。教师每天面对着不同的挑战，需要深入思考和精心决策。作为早期教育工作者，你能有力地影响儿童的发展，并为他们以后的学校生活乃至人生奠定基础。所有教师必须认同并且坚持高标准，做出教学决策时依据有关有效教学的证据和评估数据。

　　专业标准要求教师掌握关于发展和学习的理论基础，关注最新的研究发现。因此，了解最新研究成果，了解影响儿童和家庭的事件，能让你做出对儿童最为有利的决策。除了研究文献，教师必须发展自身作为研究者的技能。定期观察、认真记录并允许儿童做出解释，是反思性实践者的重要特征，也是了解儿童的最重要的信息源。

　　观察是教师教育课程的一部分，你毫无疑问会被要求完成许多观察任务。虽然这看上去在不断重复，但观察和记录是好教师的基本技能。当教师在发展观察和分析技巧时，他们是在发展整合相关资料信息的能力，这种能力可以指导他们的实践。发展适宜性实践的要点之一，是敏锐地认识到每名儿童的兴趣、能力、习惯和风格。要想实现这一点，就必须仔细观察和倾听儿童，与儿童、与周围世界互动。观察和分析可能是教师创设环境、设计课程乃至评估儿童的最好的工具。你在完成教师教育课程中的观察任务时，要牢记这一点。

成为专业的教育者的第一步就是尊重家长，视家长为儿童的首任教师。

付诸实践

了解你的资源

道德准则的首要原则，是不伤害儿童。这一看起来很简单的原则，包括教师有责任发现虐待、忽视和家庭面临压力的线索，知道记录和报告的程序；为需要社会福利资源的儿童及其家庭提供有关信息。你要花时间找到当地服务网页，记下链接。同时记下你可以拨打的免费电话号码。一旦你想报告涉嫌虐待、忽视儿童的事件，或是为一些需要食物、衣服或住处的家庭寻找资源，你就可以打电话去寻求帮助。

劳伦曾谈到她的相关经验。劳伦说："丽萨给了我们每人一份完整版《道德行为准则》，这是我的第一次知道这一文件。"她分享她经历的一件事：有名儿童总是多拿小吃，他还从其他儿童要扔掉的盘子里拿他们剩下的食物。"我们提醒他在小吃时间可以拿2块饼干或5块卷饼，我们也阻止他从垃圾里拿食物。"我们开始因为儿童的行为变得沮丧，也非常讨厌他从垃圾里找东西吃。在一次员工会议上，我们询问有什么方法可以解决儿童的这种行为。有教师询问他的午餐盒装了什么，他的着装经常怎样，父母对此种行为有何反应。当我们做出更多解释时，我们意识到他的衣服有时候很脏，他的午餐通常是意大利面，我们和接送他的十几岁的姐姐少有互动，和他的父母接触则更少。一些教师想知道是否有忽视儿童的问题。我们意识到要更多了解该儿童的家庭，以了解他在幼儿园的行为。劳伦沉思片刻说："我为自己对这个孩子的看法而感到羞愧。事实上，他的家庭可能并没有足够的食物和适合他穿的衣服。"

第二天我晚下班了一会儿，和他姐姐进行了交谈。她解释说妈妈已经离开他们 6 个月，爸爸正为抚养他们而苦苦打拼。我马上找丽萨，商量可以为这个家庭找到什么资源。我们一起联系上了他们的父亲，让他和一些机构联系，这些机构能提供衣服、家庭支持、学习材料和食物兑换券。我们还在冬天举办派对，帮助这一家人乃至社区里的其他家庭。自从这个男孩开始拥有平衡的早餐和午餐，他就停止了在垃圾里找食物的行为。他真的整个外表都变了。他做得很好！他的父亲甚至能来参与"父母之夜"活动和一些班级活动。我觉得我们现在是一个团队，一起帮助和支持孩子的发展。

劳伦的故事说明了教师在家庭生活中的重要位置。责骂儿童的错误行为只会增加儿童的问题。有经验的教师能立即判断出家庭是否缺衣少食，意识到需要更多了解儿童家庭生活。当教师在一起了解到儿童的生活背景时，他们就能采取一系列的行动支持这个男孩和他的家庭。

儿童做出的选择

高瞻课程的计划—工作—回顾就是一个将儿童的选择整合到课程中的积极的例子。在小组讨论时间，儿童被鼓励选择他们要在自由选择/区域活动时间进行的活动。这推动了自主性、责任、自我指导的发展。儿童接下来四散到各区域开展计划。工作时间之后，他们再次围在一起，反思他们的工作。回顾环节给了儿童一种成就感，他们反思自己选择和工作的结果，证明自己有能力指导自己的行动。教师推动儿童自我指导，支持他们的活动，但是他们尊重儿童发展自我调节的能力。在这种模式下，教师培养和儿童之间彼此信任、尊重的关系，相信儿童能主动指导自己的学习。在新的发展适宜性实践立场声明中，自我调节被视为之后在学校获得成功的一个关键基础。

将发展适宜性实践和《道德行为准则》一起纳入教室中

了解确定目标的理论基础，也知道个体存在差异，教师就能相应做出计划和决定，准备最佳的环境、时间表、活动和材料。发展适宜性实践指南建议，最佳的学习环境是那些挑战儿童现有能力的环境。儿童投入复杂、有意义的课堂活动，靠的是可供选择的有趣的材料、体现个人和集体兴趣的有价值的项目。当学习经验与他们的生活环境相一致，并且有多种选择时，儿童就能发现其意义和价值，就会更投入（Bredekamp & Copple，2009）。你对儿童游戏和交谈的观察就是了解这一切的途径。

劳伦学步儿班的花园项目提供了一个例子，从中可以看出教师如何通过观察最大限度地提高学步儿的兴趣。在初春的日常户外活动时间，院子里出现的小郁金香芽引起了学步儿的注意。他们在上一年秋天种下的郁金香球茎，现在就要破土而出了。学步儿对此很感兴趣，每天都去看长大了没有。学步儿口述他们的观察，教师负责记录。他们拍照片，画草图。他们听描述种子成长的故事，听他们的父母分享有关园艺的故事，计划如何"经营"自己的花园。教师设计了一次活动，学步儿像沉睡的郁金香球茎一样蜷缩着，慢慢伸展四肢，逐渐变成植物（记得他们外出前排队时把胳膊举过头顶的情景吗？他们是在告诉老师，他们在想象种子的生长）。他们学习种植物，并学会了如何照顾植物。教师收集有关种植、植物和花园的书，在故事时间与他们分享。

学步儿对园艺和植物的兴趣持续了4个星期，制作了一份有关郁金香生长的时间表，在操场边上建起了一个新的小花园。儿童的兴趣引导了课堂活动，教师指导儿童参与读写和科学活动，获得有关技能。劳伦解释道，这个项目中出现了一些问题，是有关道德准则的。当我们拿出土和小铲子时，一名学步儿明显变得沮丧起来，她变得不安。她也想种，但父母因为怕脏而不让她种。我们尊重她父母的愿望，但遗憾她不能参与这次活动。看着她哭了一上午后，我们决定和家长谈谈我们看似"脏乱"的活动的价值。劳伦解释说，一开始很难，因为父母感觉被批评了。教师分享有关儿童发展目标以及主动学习的知识，同时也考虑到家长对孩子着装的关切。家长解释说，让孩子穿最好的衣服上学，这是他们的文化习俗，但是这样的衣服没有几套。经过一段时间讨论，家长同意教师在孩子参与"脏乱"活动时给孩子换衣服。劳伦解释说，教师之所以欢迎这个项目，是因为他们知道，儿童生来是主动学习者，喜欢感知和操作活动，如在花园里玩泥。但当他们了解了一些家长的担忧后，才意识到倾听家长的意见、解释自己的行为是多么重要。

专业决策模型

如今的专业人士被要求在决策时理性利用研究结论，整合专业智慧，了解家庭的价值观和背景，三者合而为一，称为基于证据的实践。图3-1以举例的形式说明教师用流程图循证决策的过程。教师查雷兹想针对欧文的读写能力提供一些个性化支持。她依据幼儿园的专业资源、儿童的家庭情况和自己的经历。在《为读写能力开道》（*Make Way for Literacy*）一书中，查雷兹发现很多研究指出诗歌能够促进韵律和节奏感的发展。教师备课室也有空白流程图，可以用来制订计划，并为教学提供理论基础。查雷兹把欧文的情况和她的教学表放入欧文的档案袋中。

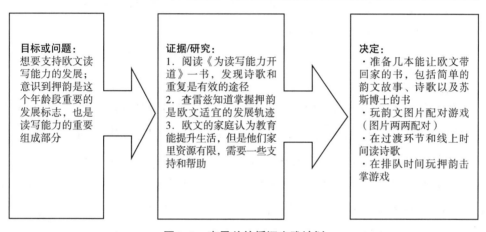

情况说明：欧文4岁3个月大。查雷兹已经与他相处了两年。欧文各个领域的发展都处在正常范围内，不过查雷兹注意到欧文没有参与任何押韵活动。欧文喜欢听故事，也能够自己阅读。他能认识自己名字的前两个字母，也能在周围环境中发现这两个字母。当你问欧文能不能说一个听起来与猫（cat）押韵的单词的时候，欧文不会用简单的字母回应，也不会说他熟悉的词。

目标或问题：
想要支持欧文读写能力的发展；意识到押韵是这个年龄段重要的发展标志，也是读写能力的重要组成部分

证据/研究：
1. 阅读《为读写能力开道》一书，发现诗歌和重复是有效的途径
2. 查雷兹知道掌握押韵是欧文适宜的发展轨迹
3. 欧文的家庭认为教育能提升生活，但是他们家里资源有限，需要一些支持和帮助

决定：
· 准备几本能让欧文带回家的书，包括简单的韵文故事、诗歌以及苏斯博士的书
· 玩韵文图片配对游戏（图片两两配对）
· 在过渡环节和线上时间读诗歌
· 在排队时间玩押韵击掌游戏

图3-1　查雷兹的循证实践计划

高质量早期教育的问责

有压倒性的证据表明，高质量的早期保育和教育对儿童，特别是对来自资源有限和双语家庭的儿童的学习和发展具有巨大的潜力（Bredekamp & Copple，2009；Downer，et al.，2012）。随好消息一同而来的是对教育质量评估和问责制度的强调。随着业界和社会越来越关注证据和问责，越来越多的早期教育机构和学校采用课堂和教师评估系统。这些质量评估系统用来评估教师和机构，但更用来不断改进教学。不同的评估系统有不同的重点。

· 国际评估系统，评估环境、材料、政策和空间、教学过程、教师和儿童互动、家长参与。
· 聚焦性评估系统，评估教师和儿童对话、质量和适宜性。
· 聚焦特定领域（如识字）的评估系统。

- 环境评估量表，如评估外部空间的安全程度和学习机会的丰富程度。
- 健康与安全评估系统。

一个日益流行和广泛使用的评估系统是《课堂评估评分系统》（Classroom Assessment Scoring System，CLASS）。该系统是弗吉尼亚大学克里教育学院（Curry School of Education，the University of Virginia）教与学高级研究中心（the Center for Advanced Study of Teaching and Learning）开发的，有强大的研究基础。《课堂评估评分系统》围绕3个核心领域衡量课堂互动的过程、教师对环境和材料的利用（Hamre，Goffin & Kraft-Sayre，2009a，2009b）。

- 情感支持：课堂气氛如何，教师是否敏感，以及是否考虑学生的视角。
- 课堂组织：是否有指导和管理，是否有效、有计划。
- 教学支持：是否有概念生成的过程和反馈，是否使用语言并提供示范，是否聚焦读写。

该系统分别为从幼儿园到中学的各级教育机构专门设计36个工具。在上述3个核心领域中，有几个维度因目标年龄不同而不同，每个维度使用7分量表。与一些评估工具针对特定领域一样，该系统专门用来评估教师与儿童互动（教学支持）对于提高质量的影响。该系统可用来衡量教学质量，同时也是提升专业性的关键资源。实施评估的过程也是教师发现自己的优势和不足的过程，是对教师效能的重要记录。

另一个广泛使用的评价机构质量的工具是分年龄的环境评量表（Environment Rating Scales），这是北卡罗来纳大学的弗兰克·波特·格雷厄姆儿童发展研究所（Frank Porter Graham Child Development Institute，the University of North Carolina）开发的。该系列量表包括4个独立的工具。

- 《幼儿环境评量表》（Early Childhood Environment Rating Scale, ECERS, 2005 年更新）；
- 《婴儿学步儿环境评量表》（Infant Toddler Environment Rating Scale, ITERS, 2006 年更新）；
- 《家庭看护环境评量表》（Family Child Care Enviroment Rating Scale, FCCERS, 2007 年更新）；
- 《学龄儿童看护环境评量表》（School Age Care Enviroment Rating Scale, ECERS, 1995）。

这些量表可用于评估儿童与成人、儿童与儿童、儿童与家庭之间互动的质量，评估材料及其利用程度，评估机构结构，如日程安排、制度和一日常规。这些量表包括 38 ～ 49 个质量指标。

这些量表，特别是《幼儿环境评量表》，已有效地用于许多研究项目，不仅用于评估量表本身的质量，也用于评估机构的质量。机构的管理人员也广泛使用评估量表作为一种质量改进的手段，连续评估以追踪变化。美国许多州要求使用《幼儿环境评量表》进行评估并申报公共资助或参与州级评估（Cassidy，Hestenes，Hegde，Hestenes，& Mims，2005；Warash，Ward，& Rotilie，2008）。不过最有成效、最有前途的量表，是儿童保育和教育机构自己不断自我评估、反思求证和改进。

如今的早期教育实践呼吁大家为了儿童的发展和学习，在决策时依据有效的证据对质量进行问责。毫无疑问，早期的生活奠定所有儿童以后学习和发展的基础。儿童获得积极成果是每一位专业人士的责任。我们不能同意任何低于最高品质的做法！专业准则为我们提供路线图和方向，评估工具提供实践依据和数据，能更清晰地指导我们前进。

对高质量的早期保育和教育的问责是由于人们开始意识到人生头几年是积极的学习和发展成果的基础。

结论

美国幼儿教育协会的发展适宜性实践立场声明和《道德行为准则》珠联璧合，共同致力于为所有儿童提供高质量的教育。然而，最重要的，是人尽其责，在自己的生活和工作中落实有关理念和原则。因为这将会改善无数儿童的生活，这将是最大的回报。

接受高的质量标准和伦理道德也要求教师发展专业认同。不同于其他层级的教育，早期教育工作者没有获得相应的尊重，公众并不像对其他教师那样尊他们为专业人士（例如，教室简称为"日托"，教师被称为"保姆"）。作为一位新教师，你需要做好充分准备，做一个有能力、有知识的专业人士。这是我们可以努力更新和提升对早期教育的陈旧看法的唯一途径——早期教育是一个重要的专业，为儿童以后的健康发展奠定基础。相应地，教师是反思性的、深思熟虑的决策者，应当依据有关发展和学习的基本理念和最新研究，做出适宜的教学决定。发展适宜性实践立场声明及《道德行为准则》旨在提供明确、清晰的目标和策略，帮你成为一个有准备、有自信的专业工作者，为每一名儿童的利益而努力。

专业实践的最后一个关键因素，是系统地使用基于研究的教学有效性评估。等级评定量表，如《课堂评估评分系统》和《幼儿环境评量表》能揭示产生效果的因素以及改进策略。同时，专业的指导策略和实际的评估提供了方向和证据，确保教师做出明智的决定，让每名儿童都获得高质量的早期教育。将工作建立在证据、知识、经验和家庭投入的基础上，你的陈述将掷地有声。

总结

- 美国幼儿教育协会通过出台指南和立场声明促进高质量的早期教育。
- 发展适宜性实践立场声明指出了儿童发展规律、儿童的多样性和对儿童的期待，提出了教师的工作原则。
- 家庭和社区文化的重要性以及与小学的合作是发展适宜性实践立场声明中的新话题，反映了早期教育研究和实践的变化。
- 发展适宜性实践立场声明的总原则是，游戏是学习的工具，是平衡基于兴趣的、儿童发起的经验与基于技能的、教师指导的经验的工具。
- 《道德行为准则》提出了教师对儿童、家庭、同事和社区的责任，也对一些有可能出现冲突的情形提供了指导。
- 在实践中按一个明确的流程做出基于证据的决定，能让我们的工作更加专业化，并确保儿童及其家庭得到最好的结果。
- 适当使用质量指标、指南和评估工具，支持问责，不断改进质量。

本章自评

请在表中写下你所学到的，每一个学习目标写3～5个关键点	
明确专业协会的角色和目的	
确定美国幼儿教育协会的工作范围和指导思想	
把专业指南与最佳实践联系起来	
探讨循证决策的主要特征	
考察专业质量等级量表的特点和结果	

应用活动

讨论提示

1. 你认为什么是儿童、父母和教师最重要的权利？

2. 你认为发展适宜性实践立场声明或者《道德行为准则》中哪些原则实施起来最具有挑战性？你能做些什么来降低难度？

在课堂上

分小组分析下面的情景。基于你对儿童发展、发展适宜性实践、道德准则的了解，研究这些情况，做出你的决定，并指出为什么这么做。从《道德行为标准》中找到指导你做出决定的具体原则。

节 日 游 戏

5岁班的一位教师正在为每年一度的节日做准备。她写了一个多角色剧本，需要背台词和合唱。孩子们每天花90分钟练习。你路过时看到有的孩子在地上打滚，有的站在老师面前面无表情地重复台词。两个孩子站在窗口，看着操场。你注意到，依据老师张贴的时间表，现在是孩子们的户外时间。但离演出只剩一周的时间，孩子们不得不集中排练。

手 工 计 划

4 岁班的助教花了 15 分钟给孩子们讲故事，然后让孩子们来到放有事先裁剪好形状的彩纸的桌子边。孩子们坐在桌子旁，看老师教他们如何把裁剪好的彩纸组装成老鼠。虽然有些孩子似乎想要使用胶水去固定小纸片，但老师要求所有的孩子以同样的方式来完成，要求孩子们模仿老师，说其他孩子可以毫无困难地完成任务。老师最后提醒那些有困难的孩子们，说他们是大孩子，应努力完成任务。最后，老师自己完成了所有任务，以便每个孩子都能在一天结束时带东西回家。

实   习

你是一所幼儿园的实习教师，班上的老师让你上一次关于木乃伊的课，你觉得不适合孩子。但是作为实习老师，你开始上课。几分钟后，几个孩子表示他们害怕活动，不想继续。班上老师告诉他们说，"你们没问题的"，然后告诉你继续讲。

在实践中

利用互联网或当地电话簿，找到一个你附近的家庭服务机构，可能标记为儿童福利、母亲和健康、家庭援助、健康社区或资源和转诊机构。查找联系方式，并预约一次访谈。请询问服务内容以及家庭可以如何获得服务，收集纸质材料（小册子）。写一个简短的总结，记录你们的谈话、对方的服务范围以及你收集的材料。这些资源将会在你成为老师后很有用，也可以放在你的档案袋里，以表明你的专业性和对社区资源的了解。

你的档案袋

登录美国幼儿教育协会的网站，找到他们的立场声明列表，记录其所反映的各种主题。查找发展适宜性实践立场声明和《道德行为准则》。阅读并记下总结性的观点，以及个人的思考，说明其中的观点是如何影响你的实践的。创建一个信息手册，突出文件中着重强调的理念，就像你在做广告一般。这项活动可以补充在你档案袋"专业化"一栏中。

相关网站链接

美国儿童看护信息中心（National Child Care Information Center）
www.csrees.usda.gov/nea/family/part/childcare-part_nccic.html

美国家庭育儿协会（National Association for Family Child Care）
www.nafcc.org

国际早期教育协会（Association for Childhood Education International）
www.acei.org

0～3岁教育项目（ZERO TO THREE）
www.zerotothree.org

第四章
具有影响力的理论：
生物生态学模型和建构主义

CHAPTER 4

⊙ 探索生态系统理论的关键内容。

⊙ 掌握建构主义学习理论。

⊙ 比较建构主义的分支。

⊙ 发现理论在实践中的应用机会。

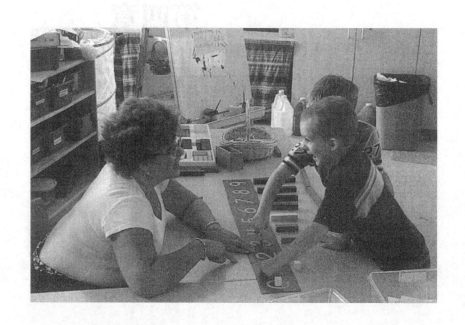

教育是一个理论和实践不断发展的领域——通过对话、反思、分析和实验。几个世纪以来，教育学家尝试去创造一种学习环境，这种学习环境能最大地发展儿童在技能、知识、态度和习惯的潜能。

聚焦家庭和以学习者为中心的教育理论强有力地影响了实践。

在最近 20 年，早期教育受到几大发展和学习理论的影响，特别是生态系统理论和建构主义的影响。本章对建构主义进行了概述，分析了将建构主义应用到教育实践的可能性和挑战。本章提出从理论到实践所需的策略，作为开展建构主义教学和评估的出发点及指导原则。

布朗芬布伦纳的生物生态学模型

对于早期教育工作者来说，理论的一项重要职能是提供思考和实践的方法。发展心理学家尤里·布朗芬布伦纳贡献了思考儿童成长环境的最具影响力、最强大的框架之一。该理论起源于 20 世纪 70 年代，其最初的框架扩大了当时的儿童发展研究，使相关研究更真实地反映儿童生活的多种环境和影响因素（Bronfenbrenner，2005a）。他形容这就像人类发展的生态学模型，儿童在一个层层叠叠的环境、关系、影响中发展。所有这些直接和间接环境因素经常以洋葱横切面出现，附带箭头标志相互关系（图4—1）。

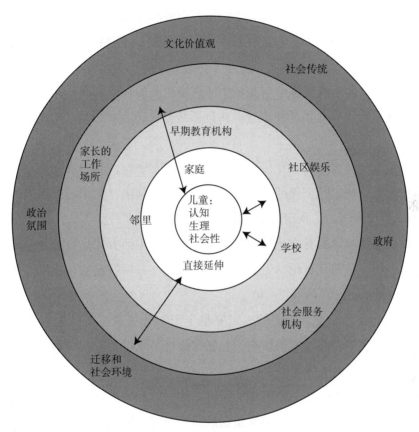

图4—1　环境、关系和影响因素的嵌套模型

布朗芬布伦纳不时更新他对生物生态学模型发展的看法，他整合了儿童发展的以下关键方面。

- 发展成熟（生物过程）。
- 环境影响。
- 儿童生活所有方面的动态关系。
- 儿童对各影响因素的感知和体验。
- 随时间不变或变化的影响。
- 儿童影响世界，也受世界影响。（Bronfenbrenner，2005b）

布朗芬布伦纳的工作对早期教育实践特别有意义，因为家庭以及其他影响儿童的系统非常重要。他为儿童发展的复杂环境提炼了一个结构。这个模型囊括了许多直接和间接影响儿童生活的因素（如家庭、社会政策、学校和文化），并且把它们组织成一个灵活、双向的5结构系统。他实际上提供了一幅影响儿童发展的家庭、社会、发展和文化环境的画卷，强调了识别影响儿童生活因素的重要性。

儿童生活中动态的相互联系的影响因素可概括为5个系统。

1. 微观系统：家庭、学校、社会（物质环境和心理环境）中的联系和活动，是发展、学习和社会交流的基础，并且对发展的影响最大。微观系统是与儿童有直接交互关系的环境。

2. 中间系统：两个或者多个与儿童生活直接相关的环境的联系和相互影响，如家庭和教师的联系会影响儿童学业成就。中间系统是儿童直接环境/微观系统中的人之间的联系。

3. 外部系统：直接环境和间接环境的联系和相互影响，其中有儿童直接接触的环境，例如在家感受到家长工作的压力。即使儿童不在其中，但亲密关系间的心理连接（微观系统）会受到影响，从而影响儿童。

4. 宏观系统：包含所有文化模式、价值、信念、生活方式、资源和期望等影响儿童和家庭的一切。布朗芬布伦纳更喜欢把这个称作"一幅特定文化或亚文化的社会的画像"（Bronfenbrenner，1994，p.40）。

5. 时间系统：影响发展效果的、贯穿整个童年的变和不变的生物发展过程和经历。时间系统代表生命和时间的影响，包括家庭经济状况、家庭关系、生理成熟、家庭和学校环境以及历史事件等。

生物生态学模型不仅是一个简单的层级结构，其独特性在于其中的过程和背景的影响是动态的和变化的，在儿童不同生命阶段乃至对不同儿童的影响都是不同的。这个模型关乎人、环境和经历的相对关系。图4-2表现了这些关系的相对强度以及对儿童的影响的差异性和复杂性。

你的看法：你自己的环境

试着把你的生活与布朗芬布伦纳的工作联系起来。在小贴纸上写下影响你生命历程中的每个人、机构、学校和环境。写完后，按照影响力的大小排列。尽力去构建你的结构和层次，或者用映射的方法去表达这些动态、互相依赖的影响是如何造就了现在的你。你会像记流水账一样，还是会使用螺旋结构、网络结构、流程图或者其他结构呢？

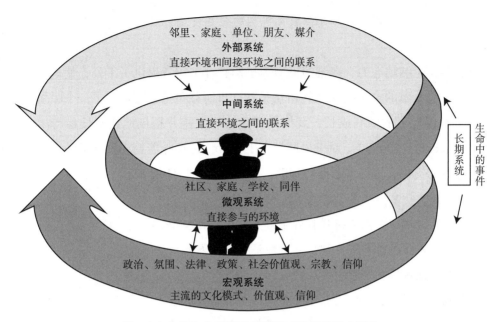

图4-2 生物生态系统用于理解对发展的动态影响

布朗芬布伦纳理论的另一要素对早期儿童实践格外重要，即影响是双向的。这是说影响儿童发展进程的许多因素也受儿童影响。许多专家被他的构架所吸引，因为自然的、双向影响的观点强调了儿童应被视作对自己发展更重要的影响因素。儿童可以通过如下方式影响他们自己的世界。

- 家长的选择和决定基于他们对孩子的期望和孩子的需求（如住得离大家庭、学校或者医疗机构近）。
- 雇主一般根据家庭需要制定政策（如有关事假制度、家庭安全险制度、作息表）。
- 学区政策和实践都受家长的投入和入学形式影响。
- 儿童居住的附近设有社区公园。
- 根据家庭需求（作息时间、花销、入学意愿）建设儿童保育机构。
- 儿童福利问题是政治领域的常见事项。

家庭的传统和活动是儿童身份认同和家庭经验的根本。

- 对面向儿童及其家庭的社会服务机构的公共资金和社会支持，部分基于家长的游说。

布朗芬布伦纳动态的、多维的模型为早期教育工作者提供了工具，使他们得以仔细地考虑影响儿童的多种因素及其相互关系。布朗芬布伦纳还提出了一个吸引人的建议：为了确保儿童的顺利成长，我们需要重视、支持并积极地让家长参与早期教育（Bronfenbrenner，2005b）。对于早期教育工作者，这意味着精心设计活动，既为家庭提供强有力的支持，也寻求家庭的帮助，其中的互惠性体现如下。

- 了解并支持家庭对孩子发展设立的目标。
- 促进家庭活动，以支持机构的学习目标（可租借书）。
- 帮助家庭获得所需服务和项目（经济援助或发育筛查）。
- 寻求家庭对机构政策和活动的投入。
- 定期召开家长会，沟通孩子在园的活动和进步。
- 欢迎家长参加机构和班级活动（提供所需的交通并帮助照顾孩子）。
- 为促进支持家庭的法律和政策投票。
- 为了儿童和家庭的幸福与家长和社区成员会谈。

建构主义概述

建构主义有着漫长的历史发展过程和深厚的理论根基，激发了哲学、心理学以及教育学的讨论，并始终保持活力，不断发展。建构主义是对于知识和学习的假设，认为儿童积极参与他们的世界，通过与人、经验和材料互动及内部心理过程建构自己的想法和知识。建构主义最初是一个发展理论，被越来越多地用在了早期教育中。建构主义关注个体学习的社会文化进程，重视在学习环境中的互动和个人的参与，这与强调探索、操作、发展的早期教育天然吻合。看下面的例子，思考儿童是如何获得知识的，儿童和教师的角色如何定位。

教室一瞥

建构主义教师的实践

今天上午，二年级学生上了一节作为每周一次的学校—社区拓展项目一部分的艺术课。学生的工作台上摆放着由教师盖尔精心准备的装有胶水、剪刀、记号笔和打孔器的小篮子。盖尔将是他们探索一系列视觉艺术的合作伙伴、教师和指导者。告诉学生们闭上眼睛后，盖尔引导他们展开想象，想象自己在一个非常特别的地方。他们被要求去想象一天的颜色和光线、周围和远方的事物，以及这一切带给他们的感觉。盖尔使用"地平线""风景"和"轮廓"这样的词汇引导想象。

过了一会儿，学生们被要求睁开眼睛，写下几个关键词描述他们所看到和感受到的旅程。盖尔提示他们使用诸如颜色、深度、光、色调和形状等术语进行艺术的思考。他给他们看一些职业画家的风景画，学生们的注意力集中在线、颜色、形状和构图等特定要素上。他们评论这些作品，比较不同的技能、颜色和风格。盖尔简要讨论了色轮（color wheel），提醒他们哪些颜色相近，哪些颜色互补。

接着，学生们被要求选择一个调色板，用纸片来表现他们在特别的地方看到的颜色。随后，学生被邀请用纸创造一个风景拼贴，表现这个特别的地方。学生们开始工作，盖尔在房间里走动。在每张桌子旁，盖尔仔细看一下他们正在创造什么。检查一会儿后，盖尔对具体内容做了评论。他用艺术的术语问问题，并用一些艺术家的例子或者学生乐于思考的其他东西来回答问题。例如，盖尔建议一名学生在天空和地面之间画一条深色细线来划分界线。盖尔为这个班的任课教师示范教学策略。在创造性地解决问题的过程中，盖尔充当一个更有经验的指导者和合作者。以下是她的部分评论。

"想想你这部分的对比度。如果你退一步看，中间的这条线更深点会不会更加突出呢？"

"以你原来的调色板为出发点。你可以展开。"

"我看你的作品很有质感。你用了这些小方片，运用了镶嵌技术。"

"拼贴是用大小不同的形状体现层次和细节。"

"考虑你的角度。你从下往上看（仰视），平视，还是从上往下看（俯视）？"

"想想深度。想象你正走进这里。"

经过一个多小时的创作，盖尔鼓励学生包装自己的作品，准备集体讨论。约15分钟后，全体同学组成一个团队。盖尔指引他们把作品排列在教室一侧的一张长桌子上。学生花几分钟的时间观看别人的作品，然后分享他们在这个活动中的经验。

几名学生对在纸上表现一个想法并加以实现很满意。几名学生评论他们更熟悉拼贴技术，因此他们感到更能胜任，更满意自己的工作。一名学生表示她后退几步看了看作品，感觉下次她会做得不一样。盖尔促成了这次对话，但她现在担任次要角色。她让他们（学生）引领谈话的方向。

学习者的角色

建构主义理论的核心信条是，知识是通过学习者参与以下活动过程主动建构的。

- 材料探究。
- 内部推理过程。
- 与同伴和教师互动。

学习者被视为知识建构过程的一个重要组成部分，因为知识建构过程受学习者先前经验、学习和信念影响。建构主义者认为，受到了新的信息的挑战后，学习者会基于先前经验做出解释并加以理解。这一过程包括建立一个新的认知框架，以有意义的方式整合新旧知识（Davis & Sumara，2002）。建构主义理论应用于课堂时，通常参与的学习者会经历以下认知过程。

- 提出问题和回答问题。
- 做出假设。
- 验证假设。
- 与教师和同伴对话。
- 直面对自己和他人思想的挑战。
- 探索和反思结果。（Low & Shironaka，1995；Schuh，2003）

付诸实践

教师与儿童互动

你与儿童交流和互动的方式的重要性怎么强调都不为过。在一天中，停下脚步，花时间去真正倾听儿童。问问题，让儿童知道你在聚精会神地倾听，在关心他们。这是表现你对儿童的尊重和承诺的基础。

在建构主义课堂上，学习者不是教师知识的被动接受者。他们被看作通过提问、验证、思考和回答问题来解决问题的积极的合作伙伴。学习被视为一个动态探究的过程（Gregory，2002）。这个过程的核心是学习者的思考。学习者不是仅仅被告知答案，也不是独自面对他们没有准备好迎接的挑战。在想方设法解决有挑战性但又有趣味性的问题，反思自己的过程和解决方案时，有人在支持学习者。

教师的角色

在本章开头"教室一瞥"中的师生互动，与仅做出"非常好"或"做得好"这样肤浅的评论是非常不同的。盖尔不是指导儿童在纸上如何摆弄棉花球或事先剪好的图形，或者用多少胶水。她的评论，其中包括专业艺术词汇，是经过深思的，既反映了她对作品的认真分析，也是对更专业的知识基础的分享。盖尔的评论旨在鼓励学习者思考自己的工作。她的评论和问题鼓励他们认真反思自己的艺术作品。她还提示学习者一起讨论作品，分享他们做的有关创作的决定。这种教学方式示范了一种建构主义的鹰架方式：教师借助学习经验成为学生思考和活动的引导者和促进者。

教师促进儿童通过动手操作建构内部知识。

通过改变她直接指导或间接支持学生们工作和讨论的程度，盖尔表现出了一位建构主义教师的谨慎的平衡。她有时候通过教他们艺术的专业策略引导他们工作，有时候退后，让学生讨论和反思自己的过程和作品。通过保持直接指导和间接指导之间的平衡，盖尔创建了学习共同体，鼓励学生思考并投入自己和同伴的工作。这种深入思考、反思自己和同学工作的更深层次的认知参与是建构主义课堂的标志。

建构主义教师努力平衡自己的教学风格，希望能够做到以下几点。

- 提出吸引人的又具有挑战性的问题。
- 给学习者必要的信息。
- 支持学习者自己找到信息。
- 促使学习者尝试新的问题解决策略。
- 将学习者的注意力集中到活动的某些方面。
- 观察和思考学习者的行动和对话。
- 促进学习者与同伴、教师的协作。
- 通过认真对话，评估学习者的（发展）进程。（Powell，2000）

在建构主义课堂上，教师和学习者被看作合作伙伴，一起批判性地思考周围世界中的现象，并进行个人的探究（Castle，1997；Richardson，2003）。这种个人的、积极的参与，使建构主义学习甚至对最年轻的学习者都是有意义的、真实的、有趣的和可理解的。要全面了解教师如何创建以学习者为中心的建构主义风格的课堂，有必要简要探讨建构主义理论的起源和演变。

● **鹰架**

鹰架包含来自更专业的合作伙伴动态的和积极的帮助，在很大程度上依赖于语言以及各种提示和问题。教师提供线索，在儿童解决一个问题或完成一项任务时"推进"其思维和行动。小心地给出刚刚好的帮助，避免超越儿童自己的（发展）过程。鹰架要求教师了解儿童如何思考——儿童在那一刻的发展水平。随着儿童变得更有能力，对其的帮助要减少。这样，教师的帮助行为在儿童需要时是一个强有力的支持，在他们（儿童）变得更有能力独立完成任务时，则支持作用较弱。

当代建构主义理念

在广义上，看待学习和知识的视角主要有两种：认知发展建构主义、社会文化建构主义。

二者都有主要倡导者，皮亚杰和维果茨基是各自代表（Simpson，2002）。这两大主义被视为同一理论的不同分支，因为它们共享一些核心理念，但即便如此，两者之间还有着明显的区别。认知发展建构主义试图解释学习者如何塑造他们的世界，而社会文化建构主义试图解释世界如何塑造学习者（Davis & Sumara，2002），不同的是视角和立场。正是这些差异和相似之处的存在，使建构主义理论的画面更完整和详细。

皮亚杰对建构主义的贡献

认知发展建构主义受让·皮亚杰的研究影响很大，知识被认为由个体通过自然成熟和挑战已有知识建构而来。回想一下，皮亚杰提出儿童积极理解他们的经验。他认为这种主动寻求意义的过程促成了儿童的发展，对新经验的改造导致了新知识的产生（Berk & Winsler，1995；Davis & Sumara，2002；Piaget，1969）。皮亚杰还提出，随着儿童的成长，随着儿童认知发展经历不同的阶段，他们的思维会因认知发展阶段——感知运动阶段、前运算阶段、具体运算阶段、形式运算阶段的发展而发展（Piaget，1929）。

建构主义的一个关键概念是认知冲突，儿童意识到已有的观念和新的信息之间的矛盾。从本质上讲，认知冲突是发现一些与目前的观念矛盾的新信息。矛盾出现后，对旧的和新的想法的验证会带来新的认识。在皮亚杰看来，认知冲突过程及其带来的变化受个体的内在能力，特别是同化和顺应驱使（Piaget，1975）。

皮亚杰的认知发展理论来源于他对儿童在不同年龄完成特定任务过程的广泛观察。皮亚杰发现，随着时间的推移，儿童的理解水平逐步提高，行动发生质的变化。他认为这些变化和活动为儿童的知识建构做出了贡献。他认为，当儿童使用他们自然获得的能力参与自发的探索和发现时，发展引导了学习（Berk & Winsler，1995）。

皮亚杰对当今的实践，特别是早期教育实践的影响，表现在发现中心（discovery centers）成为儿童在教室中主动探索的主要工具。想想你去幼儿园看到的。你可能会看到儿童在积极探索，如用积木搭建，组合或混合颜料的颜色，在画架上绘画。通过与材料的互动，儿童学到关于材料的第一手资料，开始形成关于因果关系的想法。

虽然社会交往只是画面的一部分，但仍然很重要，因为会对个人的想法和材料产生影响。皮亚杰并不一定认为社会对话是一种积极探索，在儿童的认知发展中起重要的作用，但如果同伴基于个人的经验或理解提供新信息时，可能会成为儿童认知冲突和问题解决的催化剂。当同伴讨论冲突或共同参与验证时，社会交往也可以作为一大平台（Richardson，2003）。社会环境的作用是建构主义两大分支之间微妙而关键的区别，也是目前许多研究人员和教育工作者与皮亚杰的理论不同的地方。皮亚杰本人在他职业生涯的后期，开始质疑他早期提出的阶段理论的普适性，承认认知发展因环境和经历不同而呈现多样性（Knight & Sutton，2004）。

● 皮亚杰的影响

认知发展建构主义者如皮亚杰认为，儿童通过对经验的认知加工——受与生俱来的探索和操作周围世界中的材料的内在动机的驱使——积极地建构知识。知识的获得不仅仅是经验或内在思想的积累，而且是儿童建构、再建构和放弃和改变自己想法的一个积极而动态的认知过程。

维果茨基对建构主义的贡献

维果茨基进一步发展建构主义理论的事业，其理论对建构主义在教学中的应用特别有用（Davis & Sumara，2002）。作为社会文化建构主义者，维果茨基认为知识可以通过社会性合作建立，然后内化，而不是仅靠与材料相互作用（Berk & Winsler，1995；Simpson，2002；Vygotsky，1978）。维果茨基的工作代表了建构主义者思想的转变。他着重强调了社会协作的价值，特别是与更有经验的伙伴合作的重要性。在这个框架中，知识是一种共同的建构，受经验、文化、环境、人和观念的影响。维果茨基认为学习的目的是发展，"学习唤醒了儿童只有在与周围人互动时、和伙伴们合作时才会发生的内在发展进程"（Vygotsky，1978，p.90）。应用到课堂环境中，这变成了教师带领儿童参与略高于他们现有发展水平的讨论和活动。维果茨基认为只有在合适的挑战和支持同时出现在儿童的最近发展区时，发展和学习才能发生。在最近发展区工作意味着在专业帮助下接受不难不易的挑战（Berk & Winsler，1995）。学习和发展的本质是周期性的，一旦内化，教师就会调整学习经验，反映新的最近发展区。

维果茨基的影响

维果茨基的研究拓展了建构主义理论。他影响了建构主义的社会文化分支，提出知识通过积极的心理过程建构，但是深受社会和文化环境的影响。经验的作用仍然重要，但与人（如教师和同伴）和社会（文化习俗、传统和信仰）的相互作用被看作影响知识建构的关键因素。

你的看法

记忆中有上课无聊的时候吗？你当时感到厌倦和烦躁吗？是不是不能集中注意力做事或者专心听讲？是不是感觉太难了？因为你理解不了某个问题，或者某个人用你不能理解的方法进行解释时，你是否感到气恼、沮丧？在这些情况下，你可能学不到很多东西，你甚至想不起这一课的主题和当时用的材料。你可能会走神，没有认真或者积极思考你正做的事情。在建构主义者看来，对适当难度的挑战的深度认知参与，是学习过程的重要组成部分。这必须要借助细心的、善于观察的教师的认真态度和娴熟技巧。

超越皮亚杰：社会学习、语言、文化

最近发展区内在的逻辑是强调与更有经验的同伴（能发挥教师的作用，不一定是教师）的自然交流。在维果茨基的框架中，教师用心地评估学习者的水平，开展恰好高于现有水平又是其力所能及的活动。在皮亚杰的框架中，伙伴无意间成了冲突信息的来源，所以儿童被投进认知冲突即知识建构进程。相反，维果茨基把伙伴看作有意的行动者并将儿童卷入思维过程。这是一个积极的角色，要求掌握一定内容和技巧。鹰架依靠口头提示和有目的的互动，强调语言和学习的重要联系。

教师必须了解儿童的思维过程，以提出挑战性的问题，提供适宜的支持。教师还必须随时关注过程，以根据儿童在最近发展区中的"位置"积极调整支持的方式和程度。这种鹰架是维果茨基知识建构的核心。鹰架非常依赖于口头提示和有意图的互动，强调语言和学习之间的重要联系（Izumi-TayLor，2013）。

在儿童的认知发展过程中，维果茨基认为语言的使用是最有影响力的（Berk & Winsler，1995；Vygotsky，1978）。儿童用语言来形成观点，然后再内化（Vygotsky，1978）。首先，儿童会大声地把想法说出来，然后慢慢地改用内部语言去组织思维过程（Dixon-Krauss，1996）。当儿童可以合理地驾驭语言后，学习环境成为合作场，儿童和成人协商并进行社会性建构。但对于皮亚杰来讲，儿童使用内部语言不是一种有意义的发展，而是认知不成熟的表现（Berk & Winsler，1995）。

教师给出建议，提出疑问，引导儿童思考和工作。

新的研究检验了皮亚杰认知阶段理论，使其对文化如何影响认知的观点进行了修改和扩充（Knight & Sutton，2004）。皮亚杰认为，作为自然成熟的过程，认知的发展表现为明显的加工水平的发展。对来自不同文化——工业化社会和非工业化社会——个体思维的新研究发现，具体文化下的独特体验对个体所有方面的发展都有极大的影响（Suizzo，2000）。

尽管皮亚杰和维果茨基各有不同的侧重点，但他们仍有一些共性，使建构主义理论更为丰富。皮亚杰和维果茨基是同时代的人，熟悉彼此的工作，在相同的领域内开拓了不同的理论研究道路。两人理论的共同点如下。

- 都是关于思维和知识获得过程，以学习者为中心。
- 强调儿童是知识的主动创造者。
- 认识到思维过程受先天和社会的影响。
- 重视儿童的环境对儿童思维的影响（Berk & Winsler，1995）。
- 将知识视为客观的、构建的现实（Richardson，2003）。
- 证实儿童有探索和操作世界的内在动机，这种动机是儿童理解世界的手段（Matthews，2003）。

表 4-1　建构主义两大分支的关键区别

建构主义的分支	认知发展建构主义	社会文化建构主义
主要提倡者	皮亚杰	维果茨基
学习者的角色	学习者的探究和行动创造了知识	与环境及其中的人的互动创造了知识
对知识建构的观点	知识是个体建构的，源于对新经验的加工	知识是通过与人的互动共同建构的，受到文化和环境的影响
同伴/社会伙伴的角色	同龄人在无意间引起认知冲突（被动）	更专业的伙伴有目地引导思维的探索（主动）
发展和学习的关系	发展引领学习	学习引领发展
语言和思维的关系	不强调语言和知识建构的联系	语言对思维有重要影响

认知发展建构主义和社会文化建构主义为教育工作者理解儿童发展、创造支持儿童发展的学习环境提供了可行的框架。然而，正如建构主义者提倡对新信息进行批判性分析，对于教育工作者来说，仔细思考呈现在他们面前的任何理论是至关重要的。当你阅读了本书所有的章节，学习了新的教育理论和实践，你一定要不断思考你学到的知识并研究这些知识是如何融入你的发展理念中的。

将理论运用于实践

受建构主义启发，将理论运用于实践既是挑战，也是机会。尽管有挑战，但20多年来，实践界已经采用了建构主义的话语，运用了建构主义的有效教学实践，关键的挑战是：如何在支持学习标准的同时鼓励个人知识建构？什么时候开展直接教学，什么时候允许儿童选择？在与儿童分享权力时，如何确保课堂的组织性？

建构主义教学的关键原则有时表现为教师的"半主动参与者"角色（Dewey，1938；Simpson，2002）。

表 4-2　建构主义者的教学实践和可能的批评

教学实践	可能的批评
重视儿童的概念，即使在教师看来是错误的	看起来好像教师没有纠正儿童思维中的错误
促进合作解决问题，儿童可以从中产生自己的答案	看起来好像教师没有在"教"（如果观察者将"教"定义为给儿童传递信息）
与儿童合作	看起来好像教师没有掌控课堂
提供选择和协商的机会，激发儿童的积极性	看起来教师好像没有掌控儿童

因为相信知识是学习者通过与周围环境（材料、社会）的互动建构起来的，建构主义者支持教师和儿童分享对学习的控制。教师和儿童共同指导学习（Ray，2002）。换言之，教师拥有正确的问题，而不是正确的答案。在直接教学模式中，教师直接分享信息，这被认为与建构主义相矛盾（Davis & Sumara，2002；Powell，2000）。我们可以看到困境：如果知识是通过个人的或社会的合作调查或探究过程建构起来的，那么什么知识或信息是教师可以直接传授的？教师应该怎样判断儿童的知识是有效的，或者有深度和广度？

付诸实践

指导和尝试

还记得上文中盖尔如何有技巧地将直接指导和提供建议结合，给儿童空间去探索自己的想法和材料吗？这是一个很好的关于如何去实现教师指导和儿童探索之间平衡的例子。教师的角色是与儿童分享专业知识，并给他们提供可以在以后的主动探索中使用到的技能、工具和经验。

关于平衡：建构主义、内容标准、评估

不再作为专家或权威人物的教师在评估儿童的进步时感到困惑。当教师误解了"以学习者为中心"这一前提，认为建构主义就意味着对核心内容不加以直接指导或有效评估，就会产生一种可能：儿童将无法获得被视为教育必需的一套标准能力（Gregory，2002）。如果你作为一位新教师，试图去体现建构主义，你将支持儿童的疑问、好奇、实验和反思。你将鼓励儿童去探索有挑战性的问题并通过合作解决问题。然而，如果儿童从实验或问题解决过程中得到的反馈和推论不准确或关键概念缺失，该怎么办？你将如何传递核心内容和基本信息？

记住，最佳实践的指导原则要求教师去平衡儿童的直接探索活动和教师的指导。这就需要开展熟练的、有目的的反思性教学。有影响力的进步主义者杜威支持经验和教育之间的重要联系。他认识到需要有一定的教师权威，也需要广泛接受的学科内容和技能标准，而这与基于探究的、合作性的问题解决式的学习环境是一致的（Dewey，1938；Gregory，2002）。同样令人折服的是，大量研究提供了在以学习者为中心的建构主义课堂中动机增强与学业成功、智力发展的证据（Berk & Winsler，1995；Bredekamp & Copple，2009；Marcon，2002；and Schweinhart，Barnes，& Weikart，1993）。

这些研究结论显示，一个平衡模式——包括一些直接的指导，同时强调儿童主动探索（包括动手操作活动、问题解决活动），将带来最大效益。考虑到维果茨基的理论是教师创造环境，允许儿童分享想法、验证想法、从经验中建构意义，都将积极地支持儿童的经验。维果茨基的理论也证明教师对整个团队进行直接指导，或是使用适量的新材料是合适的（Berk & Winsler，1995）。

在这一妥协的、平衡的模式中，儿童可以从事有意义的、基于探究的建构活动，同时获得一套核心标准内容。乍一看，建构主义模式下的教师可能不比传统的教授知识的教师"主动"。事实上，他们是在不停地保持主动状态，有时在前台，有时在后台，引导或跟随儿童的发展。建构主义影响下的教师熟练掌握多种复杂角色，包括引导者、促进者、导演、教练、支持者、激励者和观察者。

将理论运用于实践的策略

建构主义理论的总体目标可以转化为教学方法和适宜的实践。

* 做儿童活动的积极参与者（"让我们一起找一找"）。
* 支持儿童联系以前的经验（"这照片像你上周用长积木搭的桥"）。
* 让儿童成为对班集体有用的一员（"这是一个伟大的想法，让我们都一起看看怎么弄"）。
* 促进儿童追问、检验、探索并反思（"你觉得是否／何时会……"）。
* 观察和评估儿童的进程。
* 在教室中投放开放性的材料，邀请儿童探究，用多种方式加以利用。
* 不提供答案，不帮助解决问题或冲突。

教师运用系统的观察去评估儿童的进步并为其未来的学习经验做计划。

从教育工作者的角度解读建构主义理论，对实践有诸多启示。

分享

首先要相信，教室可以是学习者的社区。这意味着教师必须放弃传统模式赋予的控制感、权力和权威（Low & Shironaka, 1995）。其次，愿意问题比答案多，愿意在教室里分享权力，这必须从相互尊重开始。儿童尊重教师和同伴，教师尊重儿童，包括儿童的想法、之前的经历和对新经验的处理方式。当儿童被认为对课堂学习有重要贡献时，他们会备受鼓舞从而学会分享。你可以鼓励儿童积极引导自己的学习，形成班级学习共同体。想想盖尔是怎么促进儿童的反思并让他们开展小组讨论的。观察教师如何运用知识和经验，在班里营造真实环境。

使用一个简单的表，列出我们所知道的（what we already know）、我们想要知道的（what we want to know）、我们该怎么做（how we can find out）、我们学到了什么（what we learned）（KWHL），允许儿童分享知识，决定自己想要探索什么新知识——根据建构主义理论，可包括儿童的错误概念。通过自己的调查和探索的过程，他们将会看到自己的错误。表4-3中"我们学到了什么"部分可以是新的、正确的知识的集合。这一表格凸显了个人经验的价值，赋予了儿童影响课堂的能力。教师要求儿童指出该怎么做时，儿童将更多地控制自己的学习活动。通过反思该表，儿童可以看到进步和转变。

表 4-3　关于花的 KWHL 表

我们所知道的	我们想要知道的	我们该怎么做	我们学到了什么
• 从种子开始生长	• 花是如何生长的	• 参观花店	• 蜜蜂不吃花，但一些虫子如甲虫吃
• 有不同的颜色	• 花吃食物吗，吃什么食物	• 找到一些书籍	• 花的生长需要阳光、水分和土壤
• 又高又绿	• 为什么蜜蜂要吃花	• 在阳台上种花	• 有的高，有的矮
• 蜜蜂吃花	• 它们有多少种颜色 • 它们为什么会凋谢 • 它们可以长到多高 • 冬天的时候它们去哪里	• 问花农	• 有一些是从种子长起来的，有一些则是从茎长起 • 低温下无法生长 • 花店里红颜色的花要多于其他颜色的花 • 很多颜色来源于彩虹 • 在我们班最受欢迎的颜色是黄色 • 一些花的种子可以吃 • 一些花长得很快，一些花长得很慢

儿童可以引导教室的气氛，例如让儿童制定班级规则。这是创建心理上安全，允许冒险、犯错误、探索和反思的班级的一个重要部分。如果儿童被允许创建规则，他们就更有可能内化规则，遵循规则，并不断地相互提醒。当儿童理解并珍视个体在班级的价值时，他们更会制定一些公平的规则以确保班集体的和谐，为班集体服务。成为一个合作互信的集体的一员本身就能促进儿童积极的道德发展，更是建构主义课堂的一个主要优势。

不要做太多

在进行社会性互动和完成任务的过程中，鹰架教学可以用来增强儿童的自律和自治。当冲突出现或规矩被打破时，很多教师会快速为儿童解决冲突。想象一下这种情况：两名儿童都在积木区工作，其中一名从另一名手里抢了一块积木，并说："我需要它！"第一名儿童变得不高兴并且要拿回那块积木，大哭："我的！我先拿到的。"当你过去干预时，争抢变得更加激烈，两人都要那块积木。在传统教室里用来解决冲突的方法经常是教师介入，把儿童分开，提醒他们注意班级规则，要求有错的一方道歉，并且改正。然而，请记住，从许多方面来看，冲突是最好的学习机会。

建构主义者认为，冲突尤其是认知冲突是探索和改变人的想法和误解的一个必要的驱动力（Piaget，1975）。激励儿童对话而不是告诉他们怎么去做，积极倾听儿童解释自己的观点，示范如何互相尊重，达成双方都满意的决议，儿童就能够学会自己解决问题。教师也可以以小组或全班讨论的形式，分享解决个人或群体问题的方法。教师开始时是引导者、示范者和调解者，当他们自主解决冲突时，减少干预（Arcaro-McPhee，Doppler，& Harkins，2002）。这个过程体现的是建构主义教师鹰架儿童的学习。

平衡，平衡，平衡

应用建构主义原则的第三个建议是，强调儿童的直接经验，但必要时进行教学。这样可以确保课堂经验的平衡，让儿童按照他们的方式探索世界，建构认知，学习知识（DeVries & Zan，1995；Schuh，2003）。直接告诉儿童，不能让儿童建立真正的理解。他们也许能记住事实，但不会真正理解其中的意思或者与自己的生活相联系。对这一更深层次、更有意义的认识的强调，是建构主义理论和实践的根本。同样的，让儿童没有地图（引导）去旅行也会抑制他们的学习。

让简短的教学和充足的探索、验证和操作材料的机会相结合。这能将抽象的概念转化为动手操作的机会，让儿童得以理解概念和现象。特别是当你和儿童一起工作时，要牢记他们有积极探索自己世界的需要，这是很重要的。如果你发现自己需要不断地提醒儿童不要乱动，要静静地坐着，或者安静地待着，你需要重新评估你的方法和环境。很有可能，你期待的行为和学习方式，不符合他们好奇的、社会性的、主动的天性。长时间的集体活动，教师说得过多，都是一场灾难。了解班上儿童的兴趣和需求（掌握他们的线索）。给予儿童足够的时间去从事他们设计和选择的活动和材料。

真实评估是必需

最后，应用建构主义的教师需要重新理解评估的分类和应用，真实的评估寻求捕捉更为丰富的细节。

- 你是谁？
- 你在思考什么？
- 你是如何改变的？
- 你的学习方式和过程如何？
- 你用几种方式沟通和表达？
- 你的经历、思维和与世界的接触是如何影响你的？

因为不满标准测试只关注儿童现有的能力，维果茨基将最近发展区概念从教学引到评估。动态评估策略能捕捉儿童的学习过程。根据最近发展区的概念和教师作为提供鹰架的人的定位，动态评估采用三步法，了解儿童如何独立完成任务，以及如何响应指令。

- 儿童单独完成一项新任务。
- 教师以某种形式的鹰架式教学介入。
- 儿童再次完成任务。（Berk & Winsler，1995）

探讨儿童从步骤1到步骤3的表现和过程，以确定儿童在成人援助下学习的潜力。把儿童的对话和表现记录下来，可以用来了解儿童思维加工和技能的情况。就像动态评估一样，表现评估提供了宝贵的信息，有助于对儿童进行整体评估。在表现评估中，教师记录和评估在某些真实的任务中儿童的反应（McAfee，Leong，& Bodrova，2004）。

传统评估与替代性评估的差异，好比传统教学理论与建构主义教学理论的差异。系统的直接教学和评估侧重于去情境化的和孤立的技能、信息、最终结果、客观事实和真理（"正确"答案），评估是对之前学习过程的记录。

替代性或建构主义评估强调以下几点。

- 情境化与个别化。
- 过去的变化和未来的潜力。
- 经验和信息对于主体的意义。
- 儿童理解世界的过程。
- 学习是一个积极的过程，评估是促进学习的工具。（Anderson，1998）

真实性评估要求教师对进行典型活动的儿童进行观察，并分析他们的作品。

一个更普遍使用的真实评估方式是档案袋。就像儿童创建课堂规则和基于兴趣的学习活动一样，儿童同时也参与了自身档案袋的创建。教师和儿童一起决定收纳哪些作品——彼此都觉得能代表儿童学习过程的作品。这可能包括图画、故事、雕塑或积木拼搭作品等。教师也可选择观察报告表、逸事记录、发展清单或和家人的谈话等（Ediger，2000）。通过收集一段时间各种活动的关键片段，就可以捕捉到更具体的儿童发展过程。

使用档案袋的一个缺点是，除了收集和整理工作耗时外，它要比大多数标准化的测试更主观。不同评估者（家长、教师等）描述儿童进步的速度和方向可以相差很大。为了将档案袋标准化，或进行评级，教师需制定评估准则，确定关键要素和广泛的能力水平。你的预期是什么？对符合或超过预期的工作给予最高等级或最高分，未达标的给予低分（表4-4和附录E）。

按照结构化的等级评量工具来评估学习活动，评估的标准将和活动过程共同呈现关于儿童发展的重要信息。简单的以发展目标和表现目标为基础的清单，也可以用来评估儿童的进步和表现（附录F）。儿童也可以使用简单的评量工具来自我评估（表4-5）。

表4-4　儿童社会性技能等级量表（部分）

用于评估4岁儿童的社会性发展			
技能/里程碑	高级水平—3	规定水平—2	初级水平—1
和其他儿童玩得好	• 能与个人或集体进行协作游戏 • 创建并参与复杂的游戏情境	• 能和别人玩 • 能参与不同难度的游戏	• 在别人旁边玩 • 当需要玩伴时，会打断别人的游戏
遵守课堂规则	• 总是遵守课堂规则 • 提醒其他小朋友遵守课堂规则	• 绝大多数时间遵守课堂规则 • 很少需要别人提醒注意遵守课堂规则	• 很多时候（3次以上）需要别人提醒
发起谈话并维持	• 通过恰当的请求巧妙地融入集体 • 倾听小组成员讲话并给予恰当的回应 • 让一些小组成员参与谈话	• 通过适宜的请求参与别人游戏 • 理解谈话的形式，知道什么时候可以插话 • 能够轮流发言	• 会靠近别人或某个团队 • 插话，而不是轮流发言
用语言表达自己想要的/需要的	• 当与自己想要的/需要的有冲突时，能够想出解决的办法 • 知道自己的需要会对别人产生影响	• 大多数时候用适当的语言来表达自己的需要 • 经过提示后能理解自己的需要对别人的影响	• 很少用语言表达自己的需要 • 用肢体动作来表达自己的需要

表4-5　一年级简单写作标准

学生自评标准	
完成一项画一个圈	
我的名字写在页面的顶部	1
我在故事里用了3个细节	1
我会用大写字母和句号	1
我检查并修正了一个错误	1
总分：	

付诸实践

成长档案袋

现在你熟悉了档案袋的基本知识，甚至你可能已经开始为自己整理档案袋——如果还没有，那就尽快。也许你在学校上学时用不上，但当你求职的时候你绝对可以用上。重新看看你可能放进档案袋或文件夹的东西，你要靠这些来表现你自己。对你收纳的东西做一个列表，检查你的列表并写出为什么你选择在成长档案袋中放这些。比如，你可能会把简历放进来，展示你有什么工作经验，拥有什么学历和技能。你可能会加入一份证明你写作和分析能力的观察报告或者论文。你可能会放一张教学计划表，来显示你有能力做一名教师。和做一个档案袋同样重要的是，你需要深入思考将哪些材料放入档案袋，你甚至可以附上一份表来说明原因。这些材料不仅显示你的深入思考，而且会使你在面试中游刃有余。

通过这种方式，教师可以了解儿童持续发展的兴趣以及成就。对可选择的／可信的评估的运用使得教师得以制订计划，指引儿童学习，同时记录儿童的成果。

依据对建构主义理论的总体理解，可以研发并使用更具体的教学和评估策略。特别是维果茨基的理论，为以学习者为中心的建构主义教学提供了灵感。有关教学和评估策略，详见表4-6。

表4-6 建构主义者的教学和评估策略

建构主义理论	教学策略	评估策略
儿童在教师指导下解决问题学习	确定每名儿童的发展水平和最近发展区。在最近发展区内呈现既能引起儿童兴趣同时又具有挑战性的问题，并（让儿童）分组，协作解决问题	记录儿童对于挑战性问题的反应，记录他们在关键点需要多少帮助，使用体现儿童工作阶段的照片作为发展的阶段性标志
儿童用语言来组织思维	为儿童示范自言自语、积极倾听和在解决问题的过程中对话，鼓励儿童对话，在必要的时候推进儿童对话，问儿童更高水平的问题（如开放式的、需要详细阐述的问题）	记录儿童的对话，通过分析他们的对话，获得认知发展线索（如询问儿童如何找到解决方法，或者倾听儿童的解释）

续表

建构主义理论	教学策略	评估策略
鹰架包括利用语言线索、（抛出）问题及提示来引发探究	利用开放性的、高水平的问题，请儿童做出预测和假设，解释观察所得，并阐述自己和他人的观点	记录儿童和教师间的对话，标注高水平的回答，记录对开放性问题的回答的数量和复杂程度
教育的目的在于引导儿童加强自我调节力和独立性	从一起探索新的问题开始，当儿童能力增强后减少帮助	用表现性评估来证明儿童独立完成工作（的能力），用儿童的工作样本和逸事记录反映儿童独立完成工作的进度
霸道、专制的成人的影响最大限度地降低了儿童积极探究、解决问题和建构社会关系的能力	继续扮演指导者和推动者的角色，为儿童提供所需的挑战、帮助、支持；通过仔细观察儿童的活动和语言来确定他们是否有需要；保持教室内的自由氛围，允许儿童冒险、犯错误，并在做决策时分享控制；让儿童制定教室规则，定期集体讨论儿童的感受	反思教师和儿童以及儿童和儿童之间的互动，记录小组讨论来评估儿童对课堂气氛的感受；用儿童的照片辅以记录的对话来捕捉儿童的进程和发展
儿童的正误观念都是知识建构过程中的一部分	认可儿童尝试理解和完成任务的努力，通过儿童的错误来评估思维的进度和方向；如果儿童偏离了轨道，抛出问题来引导儿童	询问儿童相关的问题并让他们说出理由支持自己的观点，儿童在解释想法时可能会发现自己的错误，记录儿童的回答和反应
当儿童对手头的任务感兴趣时，学习更有意义	提供与儿童个体或集体兴趣相关的任务、经验和材料	在小组或大组讨论中持续记录，以获得关于儿童兴趣的线索；问问题以确定儿童的已有知识和当下疑问，记录回答；利用儿童的已有知识，并与现有经验联系起来，在探究过程不断回顾（运用KWHL表会有帮助）

结论

对于许多教师来说，成为一个共同创造者，引导儿童探索的同时向儿童学习，这令人兴奋且耳目一新。在建构主义理论中，重塑课堂气氛，建构主动的课堂，让学习者充满活力，这都是可能的。将理论转化为实践，发掘（儿童的）潜能是可能的。恰当地将建构主义理论运用到教学实践中，需要教师有（相应的）知识、技能、材料和空间，通过协商将课堂变为儿童协作的共同体。当教师考虑到课堂现实，考虑到儿童的发展及其与同伴、成人以及他们所处环境的相互作用，建构主义理论就会与教育的总体目标很好地结合起来。

总结

- 布朗芬布伦纳的生态发展模型认为很多直接和间接的因素（如家庭、社会政策、学校、文化）影响儿童的生活，并将这些因素整理为灵活的、双向的5结构系统。

- 这种多维的动态框架为早期教育工作者提供了机会仔细思考儿童生活中众多的、变化的影响，以及每名儿童环境的独特性。

- 建构主义认为，知识在个体内部构建，并受周围物质、现象和人的影响。

- 鹰架教学包括教师在需要时熟练地提供或多或少的支持，鼓励儿童深入参与认知过程。

- 建构主义的根基可以追溯到早期的哲学家，但皮亚杰和维果茨基的最新贡献塑造了当前的建构主义理论和实践。

- 维果茨基认为，教师的角色是当儿童在最近发展区内努力完成富有挑战性的任务时，通过提供各种支持和引导来鹰架儿童的学习。

- 维果茨基认为语言是组织和交流个人思想的首要工具。

- 将建构主义理论应用到课堂实践的潜在挑战，（在于）教师（是否）能在儿童发起的活动和教师设计的课程之间找到平衡。

- 如同设计的学习经验对于儿童来说是真实的、有意义的一般，评估他们基于目标的过程和进步也一定要是真实而有意义的。

本章自评

请在表中写下你所学到的，每个学习目标写3～5个关键点	
探索生态系统理论的关键内容	
掌握建构主义学习理论	
比较建构主义的分支	
发现理论在实践中的应用机会	

应用活动

讨论提示

1. 建构主义启发下的哪些课堂元素你最认同？哪些方面你不同意？为什么？

2. 回想你自己的教育经历，或者你在课堂观察中，发现有哪些你特别喜欢的或特别不喜欢的？都是什么？你认为它们是积极的还是消极的？

3. 假设你可以选择一个主题去探究——可能是小组展示或者做报告。你感觉怎么样？你能选择有意义的话题吗？

在课堂上

建构主义认为，更深入地理解知识的一种方式就是教学。从某一章中拿出一个核心概念，如皮亚杰的贡献、维果茨基的贡献、评估和班级共同体，分小组进行教学展示。你可以发挥创意，想出一个短剧，利用多媒体工具、文档、活动、歌曲或者任何其他你能想到的，让你的学生学习你的概念。

在实践中

观察当地的早期教育机构，寻找和建构主义理论一致的地方。为了完成这个任务，你需要在观察时开阔视野，注意以下几个问题。

• 如何描述教师的角色？

• 如何描述儿童的地位？

• 材料是如何投放和使用的？

• 学习经验是如何呈现和实施的？

• 冲突是如何处理的？

对这些以及任何其他你认为重要的元素进行记录。把你的观察和你读过的建构主义实践进行比较，做一次简单的汇报。

你的档案袋

选择2～3岁、3～5岁或者5～6岁儿童作为你的目标年龄组，创建一系列你可以使用的评估清单或检核表来评估儿童在下列活动区的表现：读写区、积木区和操作区（提供需要动手操作的材料，旨在阐明和证明重要的物理概念）。设想预期水平、超预期水平以及可能低于预期的水平。 收集不同水平案例。请记住标准代表一个广泛的预期，儿童的反应和表现存在差异。在读写区，儿童可能接触纸质书、音频书、纸、蜡笔、记号笔、铅笔、杂志和木偶。在积木区，儿童可以玩各种不同形状的积木、玩具车、玩具动物和人物。在操作区，儿童可以对不同大小和颜色的珠子、拼图、卡片进行分类，玩匹配和记忆的游戏，进行搭建、拼接和组装。更新你对所选年龄组的儿童在语言、认知、社会、大小肌肉发展方面的预期。下面这些网站可能会有用。

www.pbs.org/wholechild/abc/

www.howkidsdevelop.com/developSkills.html

www.growingchild.com/milestones.html

www.zerotothree.org

在班里分享你的评估标准并就此分小组讨论。你的一系列评估标准对你进行观察和测评会有很大的帮助。

相关网站链接

2 个月到 5 岁儿童发展检核表（Developmental Checklists for Ages 2 months to 5 Years）

www.cdc.gov/ncbddd/actearly/milestones/index.html

0 ～ 5 岁儿童发展检核表（Developmental Checklists for Children Birth through 5 Years）

ecdc.syr.edu/wp-content/uploads/2013/01/Developmental_checklists_Updated2012.pdf

第五章
当今的家庭和儿童：
教室里的多元化

CHAPTER 5

本章学习目标

⊙ 认识多元化和文化胜任力实践的基本要素。

⊙ 了解家庭结构和组成。

⊙ 探索种族、民族及语言的多样化特征。

⊙ 讨论儿童社会经济背景多样化的范畴和影响。

⊙ 讨论当今全纳课堂的目标和有效实践。

⊙ 将多元智能理论运用到课堂中。

　　当今学校教育机构中的儿童和家庭，代表着一系列不同的背景、文化、语言、传统、信仰、家庭结构、价值观和思维方式。有关儿童及其家庭的专业性实践的核心是重视、赞扬和欢迎每一儿童及其家庭。今天的早期教育政策和实践重在保障所有儿童和家庭的权益（公平）和平等（平等的机会）。因此，了解多元化、发展文化胜任力成了专业准备和实践工作的关键。这首先要求了解多元化的范畴、背景和定义，同时，为了表示对每一儿童及其家庭的积极重视，发展相关技能和策略。这一章呈现了与多元化有关的关键概念、当今美国家庭的背景以及与所有儿童和家庭谨慎地、有意义地建立友好关系的策略。

当今早期教育机构中多元化与文化胜任力实践的意义

　　多元化是大量专业研究、演说和政策的焦点，是日常教学实践的现实写照。我们听到、看到许多与多元化有关的概念、环境和实践。多元化是十分复杂的、独特的，扎根于个体与群体的经验中。多元化对不同个体与群体有不同的含义，包括理解和欣赏个体独特性、群体相关性、社会的正义，承诺公平对待每一儿童及其家庭。

什么是多元化？

多元化最简单的定义，就是关于人或物的不同或独特之处。就儿童发展和教育而言，多元化更多指"人与人之间的不同之处，包括（但不限于）外形、能力、性别、年龄、肤色、性取向、家庭背景、精神信仰和政治派别"（York，2003，p.262）。具体说来，这些影响个人认同、发展以及反映生活环境的因素包括如下几点。

- 家庭结构和组成。
- 经济资源／社会经济地位。
- 国籍／地理。
- 种族／民族。
- 宗教。
- 能力。
- 语言。
- 思维／学习方式。
- 性别认同。
- 年龄。
- 身材和外表。

显然，多元化与每个人的自我感觉、自我认同以及与家庭、集体或社区的联系和归属有密切关系。上述因素可能对每个人自我认同感的影响程度和重要性不尽相同，一些因素可能在个人的生活中显得特别重要和有影响力。从婴儿期开始，儿童就不断内化来自环境，特别是来自他们家庭的信息。婴儿和学步儿的行为和表现反映了他们家庭和所在社区的价值观与期望。早期教育专家必须意识到儿童对家庭文化和家庭外文化的敏感性，儿童尤其会吸收他们家庭文化中积极和消极的观念，这会对他们的自我概念以及他们与家庭、同伴和教师的关系产生影响。

儿童自我意识的发展以及与社区之间的联系很容易受到家庭和家庭文化的影响，以及儿童生活的其他环境的影响。文化指一切可能影响我们生活、塑造我们个性的事情（Bucher，2010）。文化包括思维方式、信仰、社会期待、传统、行为和归属感，在群体成员之间传播。文化认同能够对个人和家庭的价值观产生巨大的推动作用。如果家庭的文化价值受到歧视、被边缘化或者贬低（即使不是故意的），就会对儿童和家庭与教育者的关系造成巨大的伤害。对教育者来说，一定要意识到儿童和家庭可能会对一个或很多个影响他们家庭文化和认同的因素有很强的敏感性，并且准备好欢迎和尊重每个人的文化。有意地运用一些技巧和行为敏感地回应多元化，是成为一名有文化胜任力的教育者的要求。精心布置的教室、学校，抑或是更为广泛的文化适宜性实践，是多元文化教育的基本要素。

文化胜任力实践以及多元文化教育

具有文化胜任力的教育者，应该能够面对有不同思维方式、语言、能力和来自不同家庭背景的儿童，这是对进入教育领域的人的职业期待。专业教育协会和教师准入标准一致认可专业准备的重要性，要求清晰地发现并重视多元人群。文化胜任力意味着熟悉多元文化，认识自己的价值观和判断，并且能够有意识地应用一些积极的专业技能和行为来提高包容性、开放性。文化胜任力实践主要包括如下几点。

- 采用家庭喜欢的和可以接受的方式进行交流（用纸质版或电子版，或口头交流，采用家庭的语言）。
- 使用包容性的语言（如用"欢迎所有的家庭成员"代替"欢迎爸爸和妈妈"等）。
- 理解各种不同的交流风格和规范（包括直接、间接或者肢体语言）。
- 为素食主义者提供可选择的午餐。
- 尽量不要开展专属于某一特殊宗教的节日活动，可将不同的节日都整合起来。
- 创造便利的环境（如斜坡、大过道、盲文标志、自动门等）。
- 展出一些能够反映不同家庭生活或背景的真实材料。
- 策划运用不同形式（图片、语言或肢体）吸引儿童的活动。
- 开展不同能力水平的儿童都可参与的活动。
- 为儿童提供用多种方式（语言、艺术、肢体、音乐）探索和表达想法、经验的机会。

多元文化教育是全校一起努力将儿童的家庭文化有意义地整合进教室、课程或者学校环境之中（Gollnick & Chinn, 2009）。多元文化教育主张社会正义、包容和公平，支持每一儿童、家庭和专业者的充分参与和互利互惠。多元文化教育是发现差异、评估优势，并且积极地保障所有儿童拥有平等、公平、没有歧视的教育体验。多元文化教育是一项整体改革，不仅是教师一个人的事，更需要课程、政策乃至整个教育机构的凝聚力，需要学校组织所有成员的努力（Banks, 2006）。

开展有效的、包容各种文化并且适用于不同家庭和文化环境的教育，第一步是广泛探索人们的不同之处。有一点非常重要，即寻找差异将引导我们去尝试概括或者分类某一类人，并对该群体内具有某些特征的人做出假设。这种概括及带来的刻板印象或者不恰当的假设会带来极大的伤害。我们必须要认识到，虽然很多人都有相似的地方，但是即使有相似之处的人也是各不相同的。我们的工作是去了解每一儿童及其家庭，以及更广泛的多元化趋势。有必要了解不同群体的共同特征，事实上，扩展我们有关不同家庭文化的知识，是成为一个文化敏感的专业工作者的必备条件。在我们学习珍视和称颂多样性的过程中，承认和理解群体与个体的差异，是职业道德的一部分。

当今家庭的结构和组成

探索现在美国各种家庭的结构和组成，是了解儿童成长环境的一个良好开始，但是要记住，发展适宜性实践的基础往往来源于以下 3 个关键性的因素。

- 对发展理论的了解。
- 对儿童个体的了解。
- 对家庭和文化背景的了解。

建立扎实的家庭和文化背景知识，需要了解当今家庭生活的数据和趋势。你的任务是潜心观察和了解你所工作的社区、学校的人口结构，因为国家层面的趋势和数据只是一个参考，可能不能充分反映每一个社区的特殊性。

家庭结构和组成的多样性

美国的家庭在过去的几十年里发生了翻天覆地的变化。对法律、政治和社会不同的看法促成了一个不断发展和扩大的家庭的概念。今天的家庭概念认识到生活更复杂的、多元的和不断变化的本质，考虑到个体经验的差异，考虑到与家庭有关的法律、情感、经济、宗教、政治和功能等方方面面。

基于最新的数据，下面将会介绍一些最常见的家庭结构，以及生活在这些类型家庭中的儿童的比例。有些分类不是相互排斥的，如单亲家庭也可能是收养家庭，双亲家庭也可能是同性的父母。图 5-1 体现的是家庭结构的多样化。下面的描述并不一定适用于你所面对的家庭和儿童，只是提供一个更为广泛的背景知识来了解当今家庭动态的和多样化的特征。除此之外，专业工作者必须认识到，温暖的、父母般的照顾，再加上合理的坚持、适宜的指导和规范（权威型），与任何结构类型家庭中儿童的积极成长都是相关的。

核心家庭指生活在一起（结婚、同居）的母亲、父亲和亲生孩子。几十年前，这种家庭结构一般被视为主流的、被大部分人接受的。其他结构的家庭得不到社会和法律的认可或者政治地位。尽管人们已开始认同家庭结构的多样性，但仍然偏好核心家庭。

今天的家庭代表着不同的经历。

双亲家庭概念有些类似，但是拓展了家庭成员的关系。这一术语也被频繁用于美国家庭生活调查中。双亲家庭可能包括亲生父母（结婚或未结婚）和孩子组成的家庭，也包括离异、再婚或者是新的同居关系的家庭。

- 64%的孩子与已婚父母（亲生父母、养父母、继父母）生活在一起。
- 4%的孩子与未结婚的、同居的父母生活在一起。（U.S. Census Bureau，2013）

混合家庭指的是通过同居或者再婚成为一家人的成人与孩子。"有继父母、异父（母）同胞被定义为混合家庭。"（Kreider & Ellis，2011，p.1）混合家庭

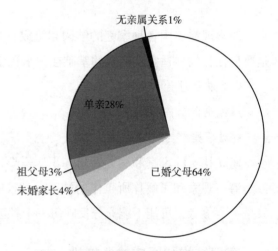

图5-1　美国儿童家庭状况总结，2012年

或再婚家庭是美国增长最快的家庭结构（Greeff & Du Toit，2009），通常指一个亲生父亲（母亲）与新的配偶共建家庭，共同对孩子负责。

- 与两个家长一起居住的孩子中，有8%是与一个亲生父亲（母亲）及一个继父（母）生活在一起。

扩展家庭一般除了父母和兄弟姐妹，还包括爷爷奶奶、叔叔阿姨、堂兄弟等。通常这些扩展家庭成员在孩子的日常生活中有很大的作用。尽管在过去几十年，移民和家庭的流动性发生了变化，越来越多家庭的生活方式与之前相去甚远。祖父母或者其他亲属也可能是孩子早期主要的抚养者，在父母不在或者是孩子搬到祖父母的家里时，扮演着家长的角色。

- 2%～3%的孩子与祖父母或者其他亲属（非亲生父母，也非继父母）生活在一起（U.S.Census Bureau，2013）。

当有孩子的夫妻离婚或者说分开后，单亲家庭就产生了，其中有些是因为未婚或

同居的夫妻有了孩子，但不选择生活在一起。还有一些是因为一个人通过辅助生育手段等方式有了孩子并且选择独自养育。

- 28%的孩子生活在单亲家庭（Kids Count, 2012）。
- 在单亲家庭中，24%的孩子与母亲生活在一起（U.S. Census Bureau, 2013）。

寄养父母和孩子可能有亲戚关系，也可能没有。他们被视为临时的监护人，是孩子的养育者，通常是因为压力（如虐待、忽视、遗弃或其他生命危机）导致亲生父母不能照顾他们的孩子（们）。寄养一般是一项临时措施，直到家庭稳定或父母权利终止，孩子可以被一个新的家庭收养为止。寄养家庭有时会领养孩子，并永久承担照顾孩子的责任。由于面临危机，寄养的孩子和家庭会获得额外的支持，通常是包含心理、发展和健康的综合治疗。

- 1%的孩子生活在无亲属关系的寄养家庭里（U.S.Census Bureau, 2013）。

另外，同性恋（同性）的父母或养父母虽然数量相对较少，但正在增加，他们可以归到上述任一类里。收养家庭可能是由于亲生父母面临危机（如抚养权被取消）或决定为孩子寻找更加稳定的生活。当因为创伤或者家庭压力而收养孩子时，持续的支持性服务对新家庭的关系和孩子的发展有积极的影响。同性恋者可能会通过收养或者借助辅助生育手段来组成家庭。随着同性家庭数量的持续增加，关于同性恋家庭对孩子潜在影响的研究也越来越多。目前的研究表明，儿童幸福的最重要指标就是他们被充满爱心、有责任心、稳定（尤其是经济方面）的家庭所抚养。事实上，不管是在何种家庭中，在充满爱心的、支持性的、稳定的家庭中长大的孩子，都能够健康成长，获得积极的发展（APA, 2005; Gatrell & Bos, 2010; Houston & Kramer, 2008）。

付诸实践

与家庭多样性相关的文化适宜性策略

投放代表不同家庭结构和组成的儿童读物。

邀请家庭分享照片、故事或手工制品以及家庭传统——以一种美好的、尊重的方式。

在与儿童或家庭成员的互动中，在布告牌和交流之中，最好使用"家长"来代替母亲、父亲这样的称谓，将母亲或父亲之类的词换为"家长"或"监护人"。

与儿童交流更广泛的家庭概念，准备好面对来自同性家长或者扩展家庭（挑战传统的、狭隘的父母家庭观）的儿童可能会出现的困惑。

为儿童提供探索和表现家庭生活的多种方式，警惕某些儿童敏感的经历或者变化。

重视并认同家庭分享不同传统、常规和时间的多种方式。

如果空间允许的话，创建一个家庭资源中心，作为一个仅供家庭使用的、舒服的、私人的空间，提供资源、娱乐设施，或者出借图书。

如果有儿童在生活中经历了他人的死亡，教育者必须积极地支持其心理过程。

- 用简单的、清楚的语言来解释死亡，例如死而不是睡觉或者去了天上。
- 只要儿童感觉合适，允许儿童参加哀悼活动。
- 儿童的悲伤需要一段时间恢复，要允许其表达情感，谈论死去的人。
- 不断向儿童保证他们会得到照顾和关爱。
- 鼓励家庭成员采取不同的方法来参加教室里的活动：共享材料，做志愿者，讲故事，管理课程，参与书面工作，募集资金等。
- 向家庭了解儿童的家庭生活、家庭目标和经验，促进双向沟通。
- 给予儿童时间、空间和材料去探索和表达自己的情感（书籍、艺术材料、玩偶）。
- 如有必要，提供准确的信息和有限的细节去回应儿童的问题、恐惧心理或者对信息的需求。（Schonfeld, 2011）

当今家庭种族、民族和语言的多样化

种族、民族和语言的差异是美国过去几十年显著增加的差异。种族类别，如黑人、亚裔或太平洋岛民，是从社会的角度定义的，而不是基于生物学基础。种族类别一般以地理和社会政治功能为依据。在过去的200年中，美国人口普查局在人口调查时不断界定和修订种族类别。每10年一次的人口调查报告显示种族多样化呈加强趋势。表5-1列出了目前普查时对种族（在美国成人中）的定义（Humes, Jones, & Ramirez, 2011），揭示了美国整体人口的增长和发展趋势，对教育者来说也有重要的含义。

表 5-1　种族分类及定义

种族（人口普查所使用的分类）	定义	人口百分比（%）	比2000年人口普查数据增长（%）
白人	起源于欧洲、中东或北非	72.4	5.7
黑人或非裔美国人	起源于非洲黑人种族群体	12.6	12.3
美国印第安人和阿拉斯加原住民	起源于北美和南美的原始民族（包括中美洲），保持部落联盟或社区	0.9	18.4
亚裔美国人	起源于东亚、东南亚或印度次大陆	4.8	43.3
夏威夷土著或其他太平洋岛民	起源于夏威夷、关岛、萨摩亚或者其他太平洋岛屿	0.2	35.4
其他独立种族	包括上面没有列出的，或标为多种族、混合种族或西班牙和拉美裔（如墨西哥、波多黎各、古巴或西班牙人）	6.2	24.4
两种及以上的种族	认为自己属于上述多个分类的人，由受访者填写	2.9	32

　　2010 年人口普查报告让所有受访者指出是否为西班牙裔（Hispanic Origin status）——不同于种族的定义。美国人口普查采用以下定义："西班牙裔或拉美裔是指一个人是古巴、墨西哥、波多黎各等南美洲或中美洲国家或其他西班牙文化出身，不论他是何种族。"（Ennis，Rios Vargas，& Albert，2011，p.2）西班牙裔或非西班牙裔的区分出现在有关种族的问题前，并标注与种族无关。换言之，一个人可以是西班牙裔，同时也是任意种族之一。2010 年数据显示，美国 16% 的人口是西班牙裔，并且西班牙裔人口的增长数量占美国总增长人口的一半（大多数西班牙裔受访者认为他们是"白人"）。西班牙裔被视为民族的一种形式。民族为"基于一个人的出生国或其祖先的出生国的身份"（Gollnick & Chinn，2009，p.406）。以此看来，我们都拥有民族。这是探索多元化的重要因素：我们都是多元化对话中的一员。探索多元化并不仅是关乎他人，也关乎我们自己的背景和身份。

　　随着有色人种和有多种族背景的人的比例持续增加，对早期教育专业人士来说，越来越重要的是在面对每一儿童及其家庭时，做一个文化胜任者。当西班牙裔从种族定义中分离出来后，人口分布发生了显著改变。儿童人口分布呈现走向均衡化的趋势，这提示一种迫切需要，即所有教师要重视并有效支持不同背景的儿童（U.S. Census Bureau，2012）（图 5-2）。

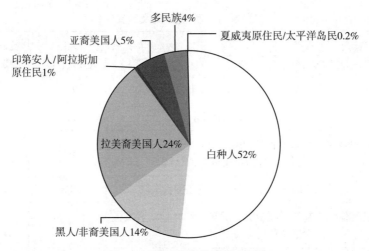

图5-2 美国儿童的种族/民族

不同种族和民族背景的儿童受益于那些承认、理解和有效整合各种族和民族多样性的教师和课程。尤其是随着多种族和多民族家庭的持续增加，早期教育专业人士和课程必须承认并坚定地支持儿童对于民族的自我认同。

语言多样化

来自多语言背景的儿童可能不会或会一点英语，英语水平参差不齐。有些情况是家人英语不行，但儿童可以熟练地听说英语。有一些在家中使用另一种语言作为主要语言的家庭，也能够流利地使用英语。在家中讲其他语言而不是英语的儿童（双语学习者）的比例持续增长。

- 目前21%的学龄儿童为双语学习者，有5%的儿童说英语有困难（Snyder & Dillow，2012）。

- 在全美范围内，讲西班牙语的人占双语学习者的比例超过77%；西班牙语在43个州中是双语儿童使用最为广泛的语言（Batalova & McHugh，2010）。

有一些地区，大多数不讲英语的儿童和家庭会使用一种共同的语言。而在有些地区，人们在家中和社区使用方言或非标准的英语。语言差异是因方言、移民和家庭文化的不同导致的。甚至在一些学校和课程中，儿童使用的语

真实的友谊能强有力地促进儿童欣赏和重视多样性。

言可能多达数十种。对语言不同的儿童来说，成功的教育和保育，不是要求所有教师精通各种语言，而是重视语言多样化，并将其作为班级和儿童生活的优势所在。

对于很多儿童和家庭来说，家庭语言与家庭文化密切相关。这不仅与语言沟通有关，也与家庭认同有关。语言和文化之间的联系对新接触英语或刚来到美国（移民家庭）的儿童是一大挑战。例如，两种文化之间非语言性的交流规则差异很大，如是否进行眼神交流和肢体接触，以及人们可以站得多近等。新移民可能还未熟悉美国的交流规则和惯例，并可能对非语言交流持有十分不同的期待。语言、身份和家庭文化间的紧密联系迫切要求早期教育专业人士吸引儿童参与扩展和维护家庭语言活动。在交流儿童在园一日表现时，对于不能熟练使用英语的家庭，需要运用他们能够理解的方式。教师可以依靠电脑翻译软件、社区成员、其他家庭成员或外语常用语手册来传递重要信息。

付诸实践

针对不同种族、民族和语言的文化适应性策略

- 在美术材料中投放体现不同皮肤的颜色。
- 投放关于种族、种族认同和言语异同的儿童读物。
- 促进儿童关于"我是谁"的自我反思，以及其他自我探索活动（自画像、故事）（表5-2）。
- 确保材料（尤其是书和故事）包含关于不同种族和民族的积极信息。
- 设计探索公平、公正和包容性的活动。
- 选择并使用充足、真实和适当的交流材料，避免简单地增加"象征性的"图片、物品，或者那些刻板老套的材料（如厨房里的蛋卷、装扮区的宽边帽子和羽毛头饰）。
- 将真实材料整合到课程中，支持儿童探索和理解多种多样的传统及生活方式。
- 鼓励儿童分享自己对肤色、种族和他们听到的词和"标签"的看法，并且一起讨论不同价值观的背景和含义（观察和倾听儿童的对话，尤其是在游戏时）。
- 儿童可能会听到关于民族、肤色或种族等信息的对话，要提前做好准备。
- 练习回应策略。提起对话中复杂和敏感的话题，例如："我刚刚听到你说陈讲话很有趣，你是在说他早晨和妈妈来园时用了不同的语言说话吗？"
- 提供不同语种的有声读物和音乐。请家长记录用家庭语言讲述的故事。
- 用不同语言的符号和图片线索标记教室区域、时间表和材料。
- 与需要学习英语的儿童互动时，使用简单的单词和短语，并根据理解能力发展的

需要放慢速度（注意不要打击儿童）。

• 为双语学习者提供练习和表达的时间。不要帮他们完成句子。

• 使用儿童家庭语言中的重要单词和短语。

• 利用视觉线索、绘画和图片来表达含义，供儿童加工和表达他们的想法。

表 5-2　有关种族和民族理解的学习经验序列目标和相关注意事项（Follari，2014）

学习经验	婴儿和学步儿	幼儿	学前班到小学一年级	小学二、三年级
我是谁 目标： • 认识自我的特点 • 按内部和外部特征进行分类 • 表达自我	• 用镜子等提高对外在形象的认识 • 描述关爱行为，以及朋友间的互动 • 把儿童的名字和特点编进儿歌	• 玩"猜一猜"游戏，运用儿童特征猜名字 • 做关于自己的书 • 写"我是谁"的谜语 • 运用预测和猜测来阅读	• 描身体轮廓，写和画身体内部结构（沿着轮廓画外部并在中心画内部） • 按"我是……"句式创编诗歌	• 更具体地表现自己的内外部特征，说一说别的儿童如何看待自己 • 通过同义词扩大词汇量
自画像：绘画 目标： • 以艺术家的眼光看外貌 • 认识自己外貌的独特之处 • 画出自己与众不同的肤色并相互比较	• 考虑使用更多儿童的照片 • 提示儿童谈论自己的体貌特征 • 比较儿童间的异同 • 混合颜料是混合肤色的前奏	• 混合、调和多种材料 • 探索五金器材或油漆商店，看相关颜色光谱 • 用镜子仔细观察具体特征	• 创作关于自己皮肤的故事和诗歌并展示创作的过程 • 写出混合过程中每种颜色各使用了多少（如1滴棕褐色+3滴粉色） • 用放大镜仔细观察皮肤和头发	• 制作肤色统计图表 • 用韦恩图等表示相同和不同 • 探索公开讨论种族和肤色的故事和文学
探索我们的彩虹：肤色和标签 目标： • 鼓励儿童介绍自己 • 用多种方式表征自我	• 混合相似颜色 • 关注色彩的细微差别	• 展示所有独特的色调 • 找出所有的异同 • 讨论彼此异同 • 强调"我们的彩虹"的美丽	• 使用各种颜色制作拼图或排序 • 发现大自然（树皮、草、石头等）的颜色 • 讨论与大自然颜色变化的联系	• 混合家庭成员不同的肤色，并与全班混合色比较 • 将大自然的变化用颜色表示并制作图表 • 使用显微镜或放大镜近距离观察 • 标记同学之间的异同

续表

学习经验	婴儿和学步儿	幼儿	学前班到小学一年级	小学二、三年级
平等意味着尊重每个人 目标： • 鼓励儿童介绍自己 • 用多种方式表征自我	• 整合关键的词汇，如公平、需要、平等、价值和关爱 • 对儿童的关爱行为和公平行为做出评论 • 将公平和关爱与情感联系起来	• 聚焦与关爱和善良行为有关的情绪 • 展示在不公平的情况下如何站出来发声（为自己或他人） • 分享公平或不公平情况下我们的感受	• 阅读关于主张公平和平等的人的故事 • 了解有关公平的法律 • 探索权利和需求有何异同 • 将平等和公平与自己相联系	• 与倡导公平的团体或家庭成员一起努力，共同促进平等和公平 • 了解在社区开展宣传的方式（如写信） • 阅读为实现社会正义而努力的那些人的故事

当今家庭的社会经济状况

社会经济地位被普遍视为家庭稳定的标志，包括家庭收入和家庭以外的生活条件，如社区和社会资源。家庭收入通常是判断儿童基本需要（如营养、卫生、居住和受教育）满足程度的决定因素。确定一个家庭的社会经济状况需要具体考虑以下因素。

• 父母就业状况（就业／失业、季节工、临时工、移民）。

• 职业类型（专业技术人员、服务业从业者、体力劳动者、个体户等）。

• 家庭收入水平。

• 家庭所在社区的贫困水平。

• 家长的受教育水平。

家庭社会经济地位的高低，取决于上述因素；家庭经济地位并不一定是消极的。目前已有研究关注低社会经济地位家庭对儿童的影响，但值得注意的是，社会经济地位低并不意味着一定生活在贫困中。贫困是特定的收入指标，由政府每年评估确定（USDHHS，2013）（表5-3）。家庭收入与获得医疗保健和健康保险、营养、认知刺激以及育儿质量相关（与产妇抑郁症有关）（Wood，2003）。据估计，低收入门槛是最低限度，只是满足家庭对食物、住所和医疗保健的基本需求。如果家庭资源严重受限制，儿童的成长乃至学业会受到严重影响，这通常是因为社区贫穷，资源不足，办学条件差。由于有关生活质量的因素千变万化，家庭收入接近或低于贫困线是造成儿童消极发展结果的主要危险因素。

表 5-3   2013 年美国联邦贫困线标准

家庭成员的数量	贫困线标准（收入门槛）（美元）	低收入门槛（贫困线标准的200%）（美元）
1	11490	22980
2	15510	31020
3	19530	39060
4	23550	47100
5	27570	55140

* 美国现在有近50％的儿童生活在低收入家庭，25％生活在贫困线及以下的家庭（Addy & Wright，2012）。

这些令人吃惊且还在不断增长的数字指出两大需求：一是专门的家庭支持计划，二是长期服务于经济困难儿童的早期教育专业人士的良好准备。

儿童早期是人成长和发展的一个关键阶段，但同时这个时期也很脆弱，若因资源匮乏导致基本需求不能得到满足，则很可能带来负面影响。充足的营养和丰富的刺激，与照看者、材料在安全的环境中亲密互动，奠定了今后发展和学习的基础。如果家庭不能为儿童提供这些资源，那么他们的发展会受到影响。参加高质量的早期教育项目可以得到帮助，但不幸的是，优质早期教育项目的收费往往很高。早期干预计划，如芝加哥亲子中心（Chicago Child-parent Centers）和提前开端计划、早期提前开端计划是专门为贫困（有时认定为低收入）儿童设计的。其他项目，如免费学校午餐，妇女、婴儿和儿童营养补贴，贫困家庭临时救助计划，都有助于低收入家庭满足基本需求。早期教育专业人士必须了解诸如此类支持项目，以便帮助家庭获得这些服务。

当今课堂中的融合性与多样性

今天的最佳早期教育强力推动了融合性实践与环境的价值。"早期融合价值观、政策和实践保障每一婴幼儿和他（她）的家庭的权利，即无论能力如何，都能作为家庭、社区、社会的正式成员参与广泛的活动。"（DEC/NAEYC，2009，p.2）

付诸实践

与社会经济多样化相关的文化适应性策略

- 提供体现多种工作（如家庭外就业、居家操持家务）、各种住宅的材料和书籍。
- 食品是用来吃的；避免浪费食物资源。
- 经常鼓励儿童参与能让他关注自己强项的活动。
- 发现和认可儿童的成就："看你多么认真地布置了餐桌，谢谢！""我看到你非常努力地让自己名字里的字母排得整齐、美观！"
- 对儿童持有适当的高期望，传达对儿童能力的信心："我知道这是一个很大的挑战，但我见过你玩大拼图玩得很好，我相信你能做到。让我们先从外围开始吧。"
- 通过小组或大组合作，促进友谊。
- 为家庭提供多种参与课堂的方式（做志愿者、讲故事、制作材料、参与设计活动、参加顾问委员会）。
- 根据家庭需要提供保育和教育，或为参加会议、活动提供交通工具或其他可选时间。
- 创建可带回家的学习包（资料、书籍、游戏，有指导和说明）将学习活动延伸到家庭。

首先，每一名儿童参与自然环境（家庭、学校、社区）的权利体现的是融合价值观。早期教育专业指南确定了高质量的早期融合教育的3个核心内容。

- 入学机会：为每一名儿童创造平等的机会进入社区（包括教室、早期教育中心等），成为社区一员。
- 参与：设计（室外）项目，以最大限度地发挥每一名儿童的优势和能力，并确保儿童能充分参与。
- 支持：确定并落实系统支持，包括专业发展培训、合作计划表、家庭—专家合作框架。

融合实践认为每一名儿童都是独立的个体，具有不同的能力、优势和发展需要。围绕多元能力建构我们的儿童观具有特殊意义。能力不同不一定就是残疾或不典型（也称作"危险信号"），每个人都有一些独特的能力、长处、需求。在早期教育工作中，需要认识到每一名儿童都是独特的，需要个性化指导，这是我们的专业职责。对身患残疾的婴幼儿、儿童和青少年实施融合和个性化的教育是法律规定的。

融合实践重视每一名儿童并支持他们有意义地参与。

《残疾人教育法》为 0 ~ 21 岁人口的特殊教育服务提供资金，并概述了服务的内容（OCR，2011）。该法律特别强调家庭在儿童发展和教育中的作用和影响。以下是《残疾人教育法》中的若干关键条款。

- 所有 0 ~ 21 岁人口都有权进入免费的、适宜的公共教育机构，享有尽可能贴近常规教育环境或家庭环境的最少限制的环境。
- 保护婴幼儿、儿童、青少年和家长 / 监护人的权利。
- 确保家长 / 家庭参与教育决策。
- 制定个性化教育方案和个性化家庭服务计划，提出建立宗旨、具体目标和支持体系，评估机构和服务的有效性以及儿童的进步。
- 提供合适的住房补助。

在教育环境中，多样化能力一般称为特殊能力，涉及儿童各种与校内外活动有关的能力。

- 学业成绩。
- 认知和智力的发展。
- 言语、语言和沟通。
- 特定背景下的情感或心理功能。
- 生理和运动功能。

- 健康状况。

- 社会性技能和交往。

儿童发展的程度和表现若在正常范围之上，则被贴上"天才"的标签；若低于正常范围，则被称为"残疾"。《残疾人教育法》列出确认残疾儿童的特点及两个条件：学习成绩受到不利影响，需要相关的专业化服务（GPO，2012）。早期教育专业人士往往是最早接触这些儿童的专业人士，经常是观察到（儿童）发展的危险信号和他们潜在需要的第一人。正因为如此有影响力，早期教育专业人士必须了解发展理论，了解服务于残疾儿童及其家长的资源，建立评估方案和支持服务系统。识别和评估时要重点关注以下因素（DEC，2007）。

- 创设以儿童和家庭为中心的环境（注意家庭的语言和文化背景）。

- 建立跨学科的团队（教师、特殊教育专家、治疗师、管理人员和家庭成员）。

- 团队成员特别是家庭成员之间充分享信息，使用彼此能懂的语言（和术语）。

- 整合各种渠道的信息（使用有信度和效度的筛选工具）。

- 使用的评估手段与儿童的日常生活相关（在游戏中进行，与熟悉的人互动，在一日常规活动中进行）。

早期评估时，我们必须意识到儿童的发展虽然步调不同，但有共同的、可预测的趋势。儿童的发展具有普遍性，同时具有独特性。

融合教育的理论基础与所有高质量的早期教育实践相同，即都基于最终目标——保证每一名儿童有公平进入和参与的机会。"为了使每一名儿童，包括残疾儿童和发展滞后儿童获益，课程应当是整合的、发展适宜性的、经过统一设计的，同时又是灵活的、全面的、与评估相关的。"（DEC，2007，p.3）设计良好的课程和项目，可以是个性化的，只需根据需要调整材料、时间表、日常活动、行为表现标准、评估。家庭在与专业团队合作设计一日活动或评估方面扮演了核心角色。

- 目前，超过13%的基础教育阶段学生，3%的婴儿和学步儿，正在接受残疾服务（Snyder & Dillow，2012；OSEP，2012）。

制定一个整体课程框架、个体化的教学和评估方案是高质量的融合教育的重要组成部分。特定的实践，即根据每一儿童独特的优势和需要来整合多种形式、个性化的方案、一日活动和评估，称为差异化教学。表5-4列出了对不同能力儿童进行差异化教学的指导思想。

表 5-4　对多元学习者的差异化教学策略

不同的能力领域	教学策略及注意事项	儿童可以学到什么
注意力和关注点	• 将体育运动整合到课程和过渡环节中，贯穿一日活动，以消耗能量 • 将噪声和环境干扰降至最低 • 提供线索和支持来帮他们组织信息，明确方向和任务的步骤（利用步骤图、计划表等）	• 有时身体会更加忙碌，需要运动 • 有时大脑一次能注意到更多事情 • 每个人都是用不同的方式来组织信息的
认知和智力的发展	• 选择同一主题但不同难度的书和材料，让所有的儿童共同探索 • 使用不同层次的词汇和步骤进行指导	• 人们以不同的方式思考问题 • 人们按照自己的进度和时间来完成任务
言语、语言和交流	• 使用简单的、清晰的指导语 • 说话声音洪亮，表达清楚 • （如果有）使用语音放大/分配设备 • 提供视觉和听觉线索（标志、符号、语言提示） • 耐心示范，积极倾听，并教儿童等待别人把话说完	• 有些人用耳朵就能听到声音，有些人需要借助其他仪器 • 有些人用语言表达，有些人需要借助手势、字条或机器 • 人们讲不同的语言
情感或心理功能	• 举止稳重 • 使用一些使儿童平静下来的信号（"让我们深吸一口气，一起想出一个解决方案"） • 在房间里提供一个能表达强烈情感的安全的地方 • 提供一些安全的材料来发泄愤怒，如发泄球或橡皮泥，或伸展身体用的健身带	• 每个人都有丰富的感情 • 我们每个人都用不同方式表达感情 • 有时候，我们需要别人帮助我们安全地表达感情
身体和运动功能	• 确保周围有条件运动（如有坡道、电梯、可打开的通道） • 桌子便于移动（儿童可借此找到路径） • 使用尼龙搭扣、磁铁和橡胶等协助身体 • 重新思考规则，如"举手发言"，考虑另一种吸引注意力的方式	• 每个人身体运动的方式都不同 • 有人可以自如地移动身体，有人需要借助其他的装备来帮助他们身体运动
健康	• 了解环境可能会对儿童的身体极限造成的影响，如什么样的活动水平是难以达到的 • 注意身体到达极限的表现，如呼吸急促，脸发红，疾病突然发作等 • 如果没有保健室，给儿童提供一个可供休息的、安静的半私密空间 • 与家庭保持密切沟通，确保对儿童最近健康状况有所了解	• 有时候，人体的某部分需要药物或额外的支持才能正常工作 • 每个人的身体时不时都会不舒服，有时候可能需要较长时间才能痊愈 • 疾病（如在《残疾人教育法》里列出来的）是不会传染的，你不会因为和朋友一起玩而生病

续表

不同的能力领域	教学策略及注意事项	儿童可以学到什么
社会性技能和互动	• 给两两或小组互动设计结构化的活动 • 教儿童社会性交往的具体步骤 • 使用简单的图片线索和指导语进行社会交往 • 设计活动来练习社会性互动 • 通过自言自语来为儿童提供线索（"先问他们我是否可以加入他们组。我用眼神和他们保持交流，然后等待着他们的回应"） • 与儿童一起练习在不恰当的社会交往状况发生时，应当如何回应（"我们要管好自己的双手""不要打人""我不喜欢你那样叫我"）	• 有些人有时喜欢安静的小团体的活动，或者单独工作 • 有些儿童正在学习怎么用合适的方式和大家一起玩 • 我们都可以通过清晰友好的提示帮助每一名儿童遵守规则

付诸实践

融合性教学策略

• 灵活分组（有时将能力相当的分在一组，有时混合不同能力水平），以适合不同学习经验，并最大限度地发挥每名儿童的长项。

• 示范和说明包容性的、尊重每名儿童的态度和行为（"给每名儿童机会就是公平。""使每名儿童都能够到玩水桌体现了我们班的包容。"）。

• 在决定学习经验（计划、实施和评估）时让家庭积极参与。

• 收集并整合家长对他们孩子保育与教育的观点、目标和想法。

• 创设学习机会，使儿童获得知识和经验。

• 提供不同复杂程度和形式的材料、信息和经验。

• 鼓励儿童用不同的感官体验（听、看、操作）。

• 提供多种途径让儿童表达自己的想法和知识（运用不同的形式，如美术、写作、戏剧和建构）。

• 利用不同方式来激发儿童的兴趣，呈现不同的材料来激发儿童对特定主题的好奇心。

• 根据儿童的需要调整挑战、提供支持（鹰架），吸引儿童持续参与。

支持不同的思考方式：多元智能理论

传统的教育环境大都聚焦于儿童的语言、逻辑思维活动和问题解决过程。对于按照这些形式来思考和理解世界、解决问题的儿童来说，这些活动合乎情理，也容易接受。但是对于那些用其他方式来思考和理解世界、解决问题的儿童来说，这会让他们觉得不舒服并感到不受欢迎。我们可以看到一些在其他方面表现出敏锐思维和才能的儿童，在学校却被贴上了"失败"的标签。哈佛大学的研究者霍华德·加德纳研究后指出人们的能力表现在更广泛的方面，即多元智能理论（Gardner，1993，2006）。加德纳对智能的定义聚焦于个人如何处理信息和经验。多元智能理论描述了个体在以下方面的不同。

- 思考周围世界的方式。
- 处理经验的方式。
- 解决复杂和真实的问题的方式。
- 日常生活方式。

加德纳认识到，尽管某一种或多种智能模式可能发展得更好或天生更优异，但我们都在不同智能领域拥有不同优势。作为教育者，最重要的是理解每一个人都有其"聪明的地方"。表5-5是加德纳定义的人类智能分类（Gardner，1993，2006）。

表5-5　加德纳提出的8种智能

智能类型	人们是怎么表现的
语言/言语智能（语言智能）	语言能力发展良好，并对词的发音、意义和节奏很敏感
数理/逻辑智能（数理智能）	用概念进行抽象思考和发现数字规律的能力很强
音乐智能	能欣赏和创作节奏、旋律
视觉/空间智能（艺术智能）	用图片思考想象
身体/运动智能（身体智能）	能很好地利用和控制自己的身体，善于操作物体
人际关系智能（交往智能）	能敏感地意识到别人的情绪和动机
内省智能	有很好的自我意识，对自己的情绪和思维过程有准确的认识
自然观察智能（自然智能）	喜欢且能发现大自然的东西并进行分类

支持用多种方式思考和学习

在课堂上应用多元智能理论有 3 个主要目标。

• 承认儿童的思考方式、问题解决方式和表达观点的方式是多样的。

• 拓宽他们的学习机会，确保他们能够自然发展。

• 支持儿童用多种方式思考问题、解决问题和表达理解的能力。

最应注意的是，运用多元智能理论时，要避免测试或评估儿童的具体智能并追踪他们参与的有关活动。这种误用会窄化和限制儿童思考和学习的范围，而且与利用多元智能理论的核心目标正好相反。

空间、时间、材料和环境设计，是教师支持儿童多样化思考和表达的方式。

付诸实践

观 察

仔细观察儿童的选择和解决问题的办法可以引导教师为儿童制订更好的学习计划。比如，一名儿童花大量的时间在科学发现区组合动物卡或者对数字进行分类，但是他极少去探索音乐或视听区。你就可以鼓励儿童去探索不同音乐的分类，如根据节奏分类，或者伴奏乐器的声音来分类。用这种方式，儿童能够以他更喜欢的方式去接触音乐和乐器，并且能够加入新的小组中。

有的儿童喜欢独处，喜欢听故事或常在书写区涂鸦，在图书角逗留很长时间（言语/语言、内省），但很少与别人一起玩耍，在户外活动时喜欢坐在板凳上。这些儿童可能会受益于探索自然的故事。可以让他们结对去户外探索，讲述自己的户外探险活动，或搜索和收集教师藏的文字或图片材料。儿童将用收集到的文字或图片创编儿歌故事，或请教师记录他们的探险故事。鼓励儿童展示自己的诗歌和故事，能够进一步提升他们的视觉/空间智能。

根据多元智能理论教学是为了帮助所有儿童扩大课堂经验，而不是对儿童进行分类。教师的作用是提供丰富的、有意义的和多元的机会来支持和鼓励所有学习者的发展（Gardner，1997）。使用多元智能理论的教师这样定位他们的角色。

- 促进者，通过启发性的问题来促进儿童探索。
- 指导者，在儿童探究和解决问题的过程中对其进行引导。
- 深思熟虑的决策者，在儿童兴趣和能力的基础上，创造机会来支持和拓宽儿童的思维和学习。
- 观察者和研究者，记录儿童的经验。（Amstrong，1994；Gardner，1995；Stanford，2003）

差异化教学支持不同类型的学习者，能够在课堂中产生积极的结果，并改善在标准化评估中的表现。一位教师这样描述：在我刚当老师的时候，一切都很不同。标准化运动声势浩大，整个学校都在关注技能、水平和测试，教师和学生都有很大压力。在一次全体会议上，校长谈到了多元智能课程，混合年龄编班，以支持学校多样化的能力。她询问是否有教师愿意来探索这样做的可能性。我报名了。在过去的 3 年里，我们坚持在全校范围内推广，这是一个曲折的过程，但同时也是一个很好的成长的机会。最值得称道的是，尽管我们采取的是档案袋评估方法，但我们在州测试中的成绩提高了。我已经看到我们可以如何达到我们州的所有标准——用一种丰富的、有意义的方式，包容儿童不同方面的优势和能力。

付诸实践

支持多样化学习

- 平衡一个人的、两个人的、小组的和集体的活动。
- 重视各种表征知识的方式：说、写、画、制图、展示，列举细节，用概念图。

- 整合大量的需要动手操作和感知的经验。
- 用文字和图片标记书架、活动区、一日流程安排表和姓名表。
- 建立灵活的和可预测的一日流程，允许在过渡环节活动。
- 创设室内和室外的空间，以便开展大肌肉运动（这点对于学步儿和幼儿来说尤其重要）。
- 创设可以单独活动也可以集体活动的空间。
- 提供镜子，引导儿童关注表情和情绪。
- 精心选择音乐作为过渡信号或营造一种氛围。
- 设计计划和反思环节，组织儿童对活动进行思考。
- 在担任观察者和参与者的同时担任领导者。
- 大致描述解决问题和学习的过程：观察，预测，提出问题，探索 / 验证，观察，反思。
- 有组织地收集并展示自然材料和人造材料，如石头、贝壳、松果、瓶盖和珠子。

探究性的、动手操作的学习中心允许儿童用多样化的
学习方式探索不同想法。

表格 5-6 列出了支持不同思维方式的活动，有助于开展基于特定兴趣、能力以及个别儿童优势的活动。

表 5-6　支持多元智能的活动

关键技能	支持语言/言语智能的活动和经验
听	• 大声读故事、诗歌 • 听力游戏 • 辨别声音的游戏，比如晃动不同的东西发出声音，让儿童猜测这是什么物体发出的，或者猜测弹奏了哪种乐器 • 听录音故事 • 用歌曲/儿歌和口头语言指导活动、制订计划和开展教学
说	• 重复儿歌和押韵诗 • 读故事 • 讲故事 • 允许全班讨论和个别讨论 • 提一些开放性问题 • 玩"看一看、说一说"游戏和单词游戏，开展猜谜语活动 • 发起与儿童的对话 • 允许戏剧表演 • 允许小组活动
写	• 口述故事 • 用沙子或模板描字母 • 用橡皮泥制作字母 • 用日记的方式（口述或书写），让儿童反思自己一天的活动并为明天做计划 • 制作纸袋故事（将描述人物性格、故事情节、环境的词贴到口袋上，然后要求儿童对故事的每一个要素提出一些建议，放入口袋中。以小组为单位，儿童从人物性格口袋中取出多个词条，从故事情节口袋里取一个词条，从环境口袋里取出两个词条。用取出的词，创编一个原创故事，写下来或给全班讲）
读	• 每日多次将高品质的儿童文学融入课程 • 与主题相联系的故事、歌曲和韵律游戏成为课程的一部分 • 玩识字游戏和"找单词"游戏 • 将书面文字（如食品盒和菜单）融入教室 • 制作图片—字母连线，方便尚未识字的儿童使用图片创编故事，把图和文字连起来 • 记录儿童口述的内容，创编班级故事或诗歌供儿童阅读 • 示范阅读行为
关键技能	支持数理/逻辑智能的活动和经验
计算	• 点数 • 测量 • 数字对应 • 剪几何图形 • 改数字 • 分类 • 提供探索需要的积木、卡片、拼图和测量设备 • 认识大小变化

续表

关键技能	支持数理/逻辑智能的活动和经验
问题解决策略	• 使用开放性的问题和材料来支持多种可能的解决方案 • 预测结果 • 让儿童参加深入的调查研究项目和实验，允许他们假设、研究、测试，探索他们的世界 • 帮助儿童通过制作表或图来分类、比较和表现信息 • 创编规则游戏 • 发现规律或用不同的积木来创建新的规律 • 解释自己的行为 • 创造宝藏图或清理地图 • 设计沙水活动，提供不同大小的容器，供儿童探究要用多少沙子和水才能填满不同容器；探究体积；探究因果关系
关键技能	支持音乐智能的活动和经验
听	• 创编歌曲用于过渡环节 • 讨论录音中不同的声音及乐器、风格、速度等 • 讨论某特定的声音、乐器给人的感受 • 全班外出看一场表演 • 开展"边听边走"活动，指导儿童尽可能多地去"收集"声音（就像去野外散步时收集树叶） • 有策略地利用音乐；一直有背景音乐可能会使儿童忽视音乐的存在
唱	• 在过渡时间，分小组唱喜欢的歌曲 • 通过唱和哼，来感受不同的发声 • 设立"唱歌时间"，在固定的时间段，每个人都要用歌唱般的语言来沟通
作曲	• 允许儿童创作自己的音乐作品（但是不强迫他们上太多结构化课程） • 允许儿童创作节奏、模式、旋律和歌曲 • 开展"边走边作曲"活动，儿童一边走一边玩材料如敲树干或篱笆来作曲 • 把最喜欢的韵律编成歌曲
弹奏	• 提供多种多样的乐器，或帮助儿童制作乐器，供个人或小组使用 • 尝试通过弹奏儿童创作的乐器再现大自然中的声音 • 探究来自不同文化的真正的乐器
关键技能	支持视觉/空间智能的活动和经验
视觉化、建立心理表象	• 引导儿童想象 • 描述儿童心中的表象 • 玩想象的和虚构的游戏 • 描述触摸袋中看不见的东西
利用视觉和空间工作	• 给儿童提供卡片和积木，视觉化地呈现几何、数学的概念 • 让儿童利用学校/操场制作一个寻宝地图，然后跟着地图走 • 认识形状 • 玩迷宫、地图和拼图游戏 • 用积木和斜坡创建城市、解决交通问题 • 玩空间定位游戏 • 制作流程图或地图来概括信息 • 用相机去选择和拍摄照片

续表

关键技能	支持视觉/空间智能的活动和经验
创作图像，视觉艺术	• 创建自己的故事板或插图 • 在教师引导下开展一次虚拟的旅行，之后使用纸、颜料、蜡笔和铅笔等创作图画 • 允许儿童制作班级壁画，描述一次班级旅行或一个班级故事 • 使用图形符号表示过程、流程图 • 使用绘画、拼贴、打印来创作二维艺术 • 创作三维雕塑/模型
关键技能	**支持身体/运动智能的活动和经验**
运动技能和协调	• 障碍跑 • 使用大肌肉运动设施 • 通过玩游戏，如"头、肩、膝盖、脚趾、做动作"（变戏法），来让儿童认识身体部位 • 留出运动时间，专门用于释放能量/振作精神
动手活动	• 使用砂纸板等材料来让儿童感受字母形状，并利用触摸和操作去理解字母 • 设计感官活动和游戏 • 使用工具 • 烹饪 • 创建触摸感知箱，让儿童在看不到的情况下，猜测触摸到的东西是什么 • 去大自然中散步 • 园艺活动 • 玩橡皮泥和黏土 • 使用操作材料（教具）
用身体表达	• 请儿童在固定的墙面或墙壁大小的纸上画或描摹字词，全方位地活动胳膊 • 跟着不同节奏、韵律和声音跳舞，将抽象概念与身体动作结合 • 为开展创造性运动提供道具和时间，供儿童创编舞蹈 • 玩"在后背上写字母/单词"的游戏，儿童通过感受你用手写在背上的字的形状，来猜测你写的是什么字 • 踏着节奏排成队列前进 • 使用手势、哑语 • 角色游戏、戏剧表演
关键技能	**支持人际关系智能的活动和经验**
使用社会交往技能	• 通过教师示范亲社会技能 • 玩"感受"游戏，如"看我的表情，猜猜我现在的感受" • 玩积极倾听的游戏，鼓励儿童去倾听，并解释他们所听到的 • 借助玩偶和角色游戏练习冲突解决 • 允许儿童制定教室规则并达成一致 • 利用合作来消除对输/赢的重视 • 分担班级责任 • 设置展示和讲述时间，儿童可以与他人分享并相互学习

续表

关键技能	支持人际关系智能的活动和经验
小组活动	• 让儿童有足够的时间参与小组项目活动，一起调查、探索和解决问题 • 分小组游戏和寻宝藏 • 分小组开展体育运动 • 设计集体活动时间，让儿童计划活动并参与活动，然后重新分组回顾和分享他们的体验 • 通过角色游戏和戏剧性表演，儿童学习如何分配角色和责任，解决冲突，并重新定义规则 • 全组制作壁画 • 制作班级毯，儿童将自己的信息写在其中一格里 • 集体创编故事和诗歌，每名儿童都贡献一句 • 创建纸袋故事（描述言语/语言活动） • 提供合作学习的机会，如头脑风暴、制订计划、根据少数服从多数的原则做出某个决定 • 同伴互相辅导/训练

关键技能	支持内省智能的活动和经验
自我认同，自我管理	• 制定目标，计划活动，回顾 • 发现自我控制策略 • 发展自理能力，如养成良好卫生习惯 • 探索表现多元化及多元化认同的书、图片和材料 • 提供可单独开展的活动及相关区域，还有儿童可以独处的角落 • 玩"我最喜欢你的地方是……"的游戏，儿童把球递给同伴，并告诉对方最喜欢他（她）的地方 • 每天都认可并尊重每名儿童 • 让儿童觉得自己是班级的积极参与者
建立个人的连接	• 记录并回顾儿童的选择和体验 • 为儿童的诗歌创作提供支持，记录他们口述的内容 • 发现儿童的喜好 • 玩"如果你是……"的游戏，儿童闭上眼睛，想象成为某物或某人（不同于现在的自己），分小组讨论各自的想象和感受 • 讨论新知识是如何影响每一名儿童的
情绪加工	• 识别和表达情绪 • 识别对情绪恰当的和不恰当的回应 • 探究情绪玩偶或面具 • 玩情绪和行为游戏棋 • 将艺术活动作为表达和探索情感的方式，发展内省智能（不仅包括动手活动，也包括讨论艺术、音乐作品带来的感受）

续表

关键技能	支持自然观察智能的活动和经验
观察并运用感官去收集信息	• 认识植物和动物 • 用表和图描述和记录 • 按规律排序并分类 • 使用显微镜、望远镜和电脑来学习 • 观察生命过程和生命周期，如植物的成长 • 按自然过程给一系列图片排序，如蝴蝶生命的周期
与自然互动	• 照顾班级里的宠物 • 关爱环境——（资源）回收利用、堆肥料 • 在园内找一块地，准备土壤和耕种工具，讨论并决定种植什么，然后播种、浇水、除草、施肥，直到丰收 • 开展自然之旅，收集之旅 • 实地参观动物园、天文馆、植物园、公园、水族馆和博物馆等 • 在科学区探索收集的自然材料，包括岩石、贝壳、种子、叶子和化石
建立关系和联系	• 将自然物分类 • 分类 • 匹配和比较 • 在物体之间建立联系 • 利用图片了解物种间的关系 • 创建图表和网络来呈现信息及其关系

来源：改编自 Campbell，Campbell，&Dickinson，2004；Carlisle，2001；Gardner，1993；Nuzzi，1997；Reiff，1996.

结论

无论是居家的早期教育机构，还是位于社区和学校的早期教育机构，每名儿童及其家庭都具有不同经验、身份、价值观和背景。在有共同特征的各家庭中，不同的个人经验有可能会有联系和相似之处。家庭的不同特征是个人认同和家庭文化的本质。只有当家庭文化和个体多样性都有力地整合在教育实践的各个方面时，早期教育专业人士才能非常有效地支持每一名儿童。

通过平衡各种活动、教学策略、课程目标、与儿童及其家庭的互动、材料，你可以确保所有的儿童都发挥自己的优势，并参与能帮助他们发展全部潜能的活动。开展个性化的教学和评估，将个人和集体的身份认同、背景和多样化最大化，是确保每一名儿童成功的唯一方式。珍视、赞美儿童的多样性，你可以发掘每名儿童的潜能。

总结

- 多元化表现为人的不同，包括很多反映个性和家庭文化的特性。
- 文化关乎思维、信仰、期望、传统、行为和归属感，能在群体成员中进行社会性传递。
- 文化胜任力实践意味着了解多元文化，意识到自己的价值观和判断，在使用积极的专业技能和行为时经过深思熟虑，以促进融合和接纳。
- 如今的家庭呈现出多样的结构，如单亲家庭、混合家庭、收养家庭、无血缘关系的和多代同堂的扩展家庭。
- 美国有色人种、多种族、双语儿童所占的比例增加，美国种族、民族和语言的多样性不断增加。
- 在很多教室里，双语学习者反映出多样的语言和民族背景，通常其中最广泛使用的语言是西班牙语。
- 如今，有接近50%的儿童生活水平处于或低于低收入水平线，有25%的儿童生活在贫困中。
- 经济压力和资源限制对儿童的成长和发展有负面的影响。
- 面向贫困家庭的早期干预项目，为儿童和家庭提供重要的综合性资源和支持。
- 融合代表着有目的的、系统的政策和实践，促进全部儿童有意义地参与（社会生活）。
- 在融合性教室中，每名儿童都被视为有价值的个体，有着多种能力、独特优势和不同需求。
- 融合性教育的实施以专业指南和《残疾人教育法》为指导。
- 多元智能理论认为儿童通过至少8种不同方式思考和学习：语言／言语智能；数理／逻辑智能；音乐智能；视觉／空间智能；身体／运动智能；人际智能；内省智能；自然观察智能。
- 呼应性的差别化实践包括识别儿童的差异之处，适宜地做出反馈，敏感地调节互动、项目、教学和环境，以支持每名儿童及其家庭。

本章自评

请在表中写下你所学到的，每个学习目标写3～5个关键点	
认识多元化和文化胜任力实践的基本要素	
了解家庭结构和组成	
探索种族、民族及语言的多样化特征	
讨论儿童社会经济背景多样化的范畴和影响	
讨论当今全纳课堂的目标和有效实践	
将多元智能理论应用到课堂中	

应用活动

讨论提示

1. 描述随着儿童和家庭的日益多元化，早期教育工作者面临的 3 个机会和 3 个挑战。

2. 描述在儿童和家庭多样性不明显的教室中，早期教育工作者所面临的 3 个机会和 3 个挑战。

3. 反思你的教育和工作经验，发现自己与不同个体交往所获得的不同经验。描述这些经验，说说作为一名早期教育工作者，你将如何把这些经验用于你的专业实践。

在课堂上

分小组设计一个融合性的早期教育环境，包括室内或室外环境，列出支持家庭多样性的材料清单。要确保考虑到本书中所描述的多样化的各个方面和特征。

在实践中

参观一个班级（从学前班到三年级都可以），与教师讨论多样性。请教师描述他（她）做了哪些调整，如何开展文化胜任力实践，以支持所有的儿童及其家庭。请根据以下分类，记录本章论述的多样化的不同方面（家庭结构、种族、民族、语言、社会经济地位、能力、思维方式）的相关实践。

环境	
室内陈设	
课程目标	
教学计划	
指导策略	
技术	
其他	

你的档案袋

对于教育者，认识到思考和学习存在多样性，也意味着理解自己的思维、问题解决、表征方式。因为我们都有喜好和优势，我们可能就会倾向于利用自己的强项，没有意识到自己忽略了其他的思维方式。理解自己的优势、喜好、思维方式，以及你未来的发展，将会帮助你认识到教学中潜在的不平衡。

思考你如何解决问题，最喜欢什么样的学习，在闲暇时间最喜欢做什么活动，哪种智能领域是你的优势，哪种智能领域不是你的优势。多元智能理论对你的教学可能有什么影响？写下你对自己多元智能的详细描述，确定在你的生活中（如上学、工作、与朋友和家人相处等）有明显优势的 3 种智能。

相关网站链接

教育理想国（Edutopia）

www.edutopia.org

教多样化的学习者（Teaching Diverse Learners）

www.alliance.brown.edu/tdl

美国儿童发展基金会（Foundation for Child Development）

http://fcd-us.org/

第六章

提前开端计划和早期提前开端计划：从内部发生改变

本章学习目标

⊙ 描述提前开端计划和早期提前开端计划的关键特征。

⊙ 了解早期干预方案重要的历史趋势。

⊙ 讨论儿童发展背景中的风险因素。

⊙ 分析提前开端计划和早期提前开端计划的有效性数据。

⊙ 了解提前开端计划和早期提前开端计划在立法和实践中的最新变化和趋势。

　　各地都有家庭和人群深陷不利的处境，如贫穷、失业和社区服务匮乏。这种情况，无论是都市、城郊和农村，都可能给儿童的学习和生活带来风险。关于早期大脑发展的研究已经揭示了健康的环境对于儿童的重要性，以及培养健康的儿童对社会的益处。有特殊需求的儿童或残疾儿童也被认为未来面临学业困难的风险。为了与贫穷做斗争，让所有儿童都有获得成功的机会，各种全国性方案纷纷出台。"早期干预"这一术语，被广泛用来描述为帮助生活在有一项或多项风险因素的环境中、将来可能会面临学校和生活问题的儿童的综合性方案。早期干预方案的首要目标是为生活在贫穷中或残疾的儿童及其家庭提供发展适宜性的、有启发性的、个性化的学习体验和综合的健康服务。

　　本章追溯早期干预方案在美国的历史，探讨风险的定义和影响，评估美国有风险的儿童的状况，确定当前早期干预方案的具体组成部分。有关美国联邦政府支持下的提前开端计划和早期提前开端计划的项目和政策，是早期干预方案的关键组成部分。本章还提到了有关提前开端计划的有效性研究，以及美国联邦政策的趋势和变化。

提前开端计划和早期提前开端计划概览

提前开端计划和早期提前开端计划是美国政府拨款的综合性早期教育和保育方案，是特别为贫困家庭的儿童打造的。提前开端计划服务于 3～5 岁的儿童，早期提前开端计划服务于 0～3 岁的儿童。尽管提前开端计划和早期提前开端计划以早期"教育"方案而著称，实际上，它们是把儿童的教育、健康和保健整合在一起的综合性服务。提前开端计划自实施以来，一直全面关照儿童的需求和所有发展领域。"提前开端计划致力于儿童、家庭和工作人员的全面健康。"（Head Start Bureau，1997，p.5）为了实现目标，提前开端计划设计了综合性的、结构化的内容。

- 身体健康和保健。
- 营养。
- 心理健康。
- 医疗和牙科保健。
- 早期教育机构中的社会、情感和认知刺激。
- 家长支持。
- 社区服务。

阅读下文，感受提前开端计划机构的环境和实施情况。

教室一瞥

今天你要参观城里的一家早期教育机构，办在社区教堂里。该机构有 3 个班，每班有 15 名幼儿和两位老师；有一个小操场，停车场那边还有围栏。教堂是一座小石头房子，墙的上半部分有长窗户，自然光照充足，但是从室内不能看到室外。这个教堂也是社区资源中心，有个房间提供咨询服务。

一张微笑的脸庞在门口张望，欢迎你的到来。一位穿着灰色条纹衣服、披着深棕头发的非裔美国女人朝你挥手。"您好！我是伊达。孩子们叫我伊达奶奶，来吧！"她的笑容很温暖。

伊达奶奶邀请你坐在小桌旁边观察 3 个班的常规晨间活动。孩子们正在享用他们的加餐：水果沙拉和牛奶。老师鼓励他们自取水果，自己用小勺吃。一些孩子用手将水果放在勺子上，另一些孩子一手拿勺，一手拿水果吃。老师不纠正孩子，但是给他们提供勺子，并进行示范。他们与孩子们兴奋地聊着早晨发生的事情和他们接下来将要做的。时不时有孩子自豪地举起装满水果的勺子，对自己能把水果装到勺子上很是高兴。老师赞扬孩子们能够努力地学习使用工具。

结束（加餐）后，孩子们将碗和勺子放到一个低矮的水槽里，老师擦桌子。老师感谢孩子们是好帮手，并提醒孩子们餐后洗手。这里有一个清理的程序：先在桌子上喷消毒剂，保持2分钟，然后再擦干净；孩子们洗手必须够15秒钟。这些是州政府规定的健康和卫生守则。老师和孩子用唱歌的方式计时。

清理结束，孩子们在房间里走动，选择活动。他们有45分钟不被打扰的时间。在这期间，老师支持他们玩诸如积木、拼插玩具、橡皮泥、计数熊和拼图等材料。老师们特别关注发展孩子们的社会参与能力和情绪调节能力。自由活动环节结束后，孩子们要到室外去。今天，老师带了一只大篮子，供孩子们在社区散步时收集自己感兴趣的物品（有一个孩子的妈妈是艺术家，她明天将会来到班上，用孩子们收集的物品创作壁画）。他们会穿过一个商业区和公园。孩子们像往常一样去了一些商店（西班牙和韩国食品超市、面包房、肉店、鲜花店），店主跟孩子们交流了自己的工作。

加强与社区的联系对于所有儿童来说都是非常重要的。

"这些地方是孩子们家庭生活的一部分，因此把它们整合到学校活动中是很重要的。店主喜欢孩子们的到来，他们甚至也来参观了教室。在那些日子里，我们几乎跟不上孩子的节奏，他们都在快速地谈论和分享故事！他们真的喜欢更深入地探索商店。"

在选择时间，一位老师坐在桌旁，给几个孩子做记录。她将在加餐时间观察并将孩子自理能力、社会性和精细动作技能的发展记录下来。档案袋看起来很厚。你问她对书面记录工作怎么看，她说有时看起来挺费事。但她很快补充说，它们确实有助于她与家长和督导交流。她随手就能找到体现孩子发展以及工作的大量例子。她还利用档案来设计新的活动材料或活动方案。"我们有对全班的总体计划，但我们也有个性化的计划。"她说。个性化计划可以是简单的，如介绍新的材料。有时也会比较复杂，如请治疗师。这一切都取决于孩子和此刻他们正在操作的东西。"把孩子们一天天说了什么、做了什么都记录下来，能让我了解到孩子们需要发展哪些技能，以及什么是他们感兴趣的。"

就在这时，有一个女孩开始尖叫并哭泣。她小小身体看上去每一块肌肉都紧绷着，脸色变紫，惊叫声响彻整个大厅。其他孩子看了她一会儿，但很快回到自己的工作。他们似乎对她的行为并不惊讶。一位老师走过去，轻声地跟她说话。女孩开始猛踩双脚。老师搂住这个尖叫的孩子，温柔而又紧紧地抱着她。孩子晃了一会儿老师的胳膊和腿，然后开始安静下来。几分钟后，她的身体在老师的拥抱和抚慰中放松下来。

伊达笑着解释说，这孩子情绪紊乱，她的家人正在与提前开端计划推荐的治疗师接触。治疗师也进班与老师一起工作，向他们展示在孩子家中使用的与孩子接触的方法，如拥抱。"保持孩子生活的一致性非常重要。在提前开端计划中，做一名教师只是我们的一个角色。我们还接受了很多的培训，是有关特殊需要和社区资源的。大部分时候，对于家长来说，我们是社会各种福利项目的第一个也是唯一联络人。他们需要我去引导他们享受健康和福利网络。医生、牙医、治疗师……我们帮助家庭找到他们需要的任何服务，特别是不会说英语的家庭。在这里，大部分老师也讲西班牙语或葡萄牙语，这样我们就可以轻松有效地沟通。我们都住在这附近，所以我们知道这里的一切，我需要他们把我列入家庭计划。我们很幸运，家园合作关系从一开始就是工作焦点。家园合作对孩子的益处，比我们单独做的各种努力都重要。"

很快，所有的孩子都在自己选择的区域忙着工作。一些孩子在搭积木，开汽车。在厨房区，4个女孩正在准备晚餐。伊达和一个孩子在玩拼图。3个孩子正在共同拼贴最近一次去菜场发现的自己喜爱的食物。他们翻阅旧杂志和报纸，剪下食物的照片，并把照片拼贴成画。他们有时会叫老师："米拉！我找到了胡萝卜。我找到了菠萝！我找到了冰激凌！"老师揉着她的肚子说："嗯！

尽量把不同的食物分开放，就像我们在市场上看到的。以后去市场时，我们要把拼贴给拉米雷斯先生看。"

这次访问让你看到了提前开端计划教师的努力——保持课程的平衡并与文化相关，使其适合每个孩子的具体发展水平，重视通过观察、档案和家长会对孩子进行真实的评估。

历史：早期干预的开始

几个世纪以来，社会改进一直是教育工作者的一个目标，但直到 20 世纪 60 年代，早期干预计划才在美国正式起步。当时，新的研究推动着美国的决策者、民权活动家、心理学家和社会学家逐渐意识到，强有力的干预可能对所有的儿童均产生持久的积极作用（Bloom，1964；Gershoff，2003）。早期干预计划尤其适用于来自低收入家庭的儿童。这种认识不断增强。数十年里，早期干预行动也自始至终得到了支持（Kagan，2002；Schweinhart，Barne，& Weikart；1993）。提前开端计划还提出了其他早期干预方案，如高瞻佩里学前项目就是这个时候设计的。高瞻教育研究基金会及其课程，最初是为了满足生活在有经济压力家庭中的儿童的独特需求，但也服务于其他各经济水平的家庭。目前，大量的提前开端计划均使用高瞻课程模式。关注提高处境不利儿童的发展结果，与当时总的社会风气密切相关。

20 世纪 60 年代社会环境的影响

20 世纪 50 年代的社会风气以一种新的但日益增长的对平等的需求为标志，始于人们对种族平等的争取，以及其他处于社会边缘人群如妇女的斗争——公开反对不公平的待遇，要求享有平等的自由和权利。支持者拥护扩大妇女的教育和就业机会——以前只有男人才可以享受。伴随着妇女在家庭之外就业机会的增加，为满足不断变化的社会需求，早期教育的需求迅速扩大。

半日制早期教育机构迎合了富裕家庭的利益，但是对需要全天照顾孩子的职业母亲没有吸引力。许多家庭，特别是较低社会经济地位的家庭，无法获得高质量的教育。把儿童放在低质量的、缺乏适宜刺激的机构，只会加重生活在收入有限的家庭里儿童的困境。许多机构缺乏丰富的语言环境、可操作的材料、室内和室外游乐空间以及由经过培训的教师提供的适宜课程。"大脑发育"这一新领域研究促进了人们对于早期看护环境质量的关注。

大脑发育研究的影响

20 世纪 50 年代，研究人员开始研究关键期（亦称为人发展过程中的敏感期或关键时期）。受基因影响的成长和在关键期受环境刺激影响的发展之间建立了新的联系——这些影响往往被称为先天（生物的）影响和后天（环境因素包括关系的）影响。研究人员仔细观察了大量的儿童，最终得出结论：关键期是存在的，尤其是对于非常年幼的儿童来说，在关键期大脑的发展会有质的飞跃（Bloom，1964；Diamond & Hopson，1998）。

通过与照看者建立关系而获得刺激，对婴幼儿的最佳发展非常重要。

例如，刚出生的婴儿无法清楚地看到周围的东西。到了 8 个月左右，他们的视觉变得敏锐。在生命的第一年，如果获得充足的视觉刺激，大多数婴儿的视力都会达到接近成人的水平（Vander Zanden，2003）。相反，视觉发展可能因为缺乏刺激，如生活在黑暗中，或看不到、够不着有趣的物体而受到阻碍。因此，生命的第一年被视为视觉发展的关键期。

同样，任何一个与学步儿生活在一起的人，都可以见证他们在身体和语言方面的惊人的发展。研究人员如皮亚杰、埃里克森和蒙台梭利，对我们理解儿童发展的时期和阶段做出了重大贡献。大脑研究的发现不断揭示着人类发展的复杂性，启发教育者优化儿童的发展路径。

20 世纪 50 年代之后的几十年间涌现了大量研究结果，人们越来越相信，早年适当的刺激，对于早期积极发展结果和之后学校教育的成功十分关键（Bloom，1964；Gershoff，2003；Hanson，2003；Kagan，2002；Nord & Rhoads，1992；Peth-Pierce，2000；Schweinhart et al.，1993）。高瞻课程模式的早期研究表明，收入有限家庭的儿童，长大后更可能需要昂贵的福利和特殊教育服务（Muennig，Schweinhart，Montie，& Neidell，2009；Schweihart et al.，1993）。为此设计的面向收入有限家庭的教育方案，便是对学龄儿童之间成就和行为差距的回应（Kagan，2002）。

早期干预项目初具雏形

在 20 世纪 60 年代，由政府采取措施干预社会的贫富差距和儿童之间的成绩差距，被提上美国国家议程，其政治目标是保持美国的全球竞争力，而社会福利目标则侧重于减少贫困。在 1965 年和 1966 年，政府针对一些社会问题（如投票权、旧城改造、医疗补助和改善教育质量）制定并通过了大量的法律。作为约翰逊（Lyndon Johnson）总统"向贫困宣战"计划的一部分，1965 年，提前开端计划第一个试点项目面世（USDHHS，2002a）。提前开端计划的首要目标是降低生活在贫困中的儿童（后来也包括残疾儿童）及其家庭的风险。这一目标通过全面改善医疗、健康、家庭参与、教育机构来实现。此项目的关键目标如下。

- 改善儿童的发展结果。
- 注重儿童社会性发展和学业成就。
- 将家庭融入早期教育计划。
- 改善家庭在社区中的状况。（Smith，1988）

从提前开端计划的发展历史中我们看出，项目不断调整以适应不同的社区，包括美国印第安人、移民和阿拉斯加原住民社区。在印第安人部落和阿拉斯加原住民社区中，项目资金管理的首要任务是保护社区的参与和治理。为此，社区政府积极参与资金拨款（USDHHS，2006）。为应对资金管理的变化，同时维护社区的管理，早期提前开端计划非常重视社区成员的作用。尽管存在立法和资金等问题，早期提前开端计划一直坚持创新，回应变化。将残疾儿童包括在内便是其回应变化的一个例子。

付诸实践

来自发展适宜性实践的建议

发展适宜性实践要求教师将教学建立在对儿童发展特点的认识上。关键期的概念与这一理念是一致的。如要最大化促进学步儿语言的发展，你必须了解不同年龄阶段儿童语言发展的趋势、常模和关键指标。知道自己应该期望什么可以让你更好地设计能够支持和引导儿童发展的活动、经验、环境。又比如，幼儿可以通过专门活动完善精细动作，而学步儿则需要获得支持来发展大肌肉动作。请记住，你必须将你理解的普遍发展趋势与不同儿童的个别差异相结合，从而优化学习环境和经验。

扩大提前开端计划的服务范围：融合教育与婴儿／学步儿项目

在 20 世纪 50 年代的民权斗争中，当"隔离但平等"的种族隔离政策变得不可接受后，残疾儿童的父母开始为他们的孩子要求平等的受教育机会。在家长团体的大力倡导下，1968 年，旨在为残疾儿童提供充足教育机会的联邦法得以颁布。这部法律最初命名为《残疾儿童的早期教育和援助法》（the Handicapped Children's Early Education and Assistance Act）。

提前开端计划是对收入有限的家庭的综合服务。1972 年，提前开端计划扩大服务范围，为残疾儿童提供全面的教育和福利服务被囊括其中。为残疾儿童提供充分的服务，并将其纳入面向所有儿童的项目中，至今仍是提前开端计划的首要教育目标。法律规定至少招收 10% 的残疾儿童（USDHHS，2008）。在 2012 年，提前开端计划全美招生中有 12% 的残疾儿童（USDHHS，2012）。不断有研究指出，5 岁之前接受干预的残疾儿童和进入同龄正常儿童班级的残疾儿童都表现出了积极的成果（Hume，Bellini，& Pratt，2005）。

●《残疾人教育促进法》（the Individuals with Disabilities Education Improvement Act）

1975 年的《所有残疾儿童教育法案》（the Education of All Handicapped Children Act）（2004 年改名为《残疾人教育促进法》），是美国联邦立法的又一进展。结合早期有关学龄前儿童的立法，2004 年的修订规定了州政府如何为残疾婴幼儿和学龄儿童提供早期干预服务，呼吁为残疾儿童提供接受适宜的免费公共教育的机会，具体包括如下内容。

- 教师和家长共同为儿童制订个性化的计划。
- 儿童在最少限制的环境中接受教育。
- 对所有儿童提高期待。
- 提供全校性的支持与援助，以确保残疾儿童获得最大的成功。
- 制定面向所有儿童的公平的教育政策。
- 专业工作者对儿童和家庭负责。
- 设计高质量的**职前教**师教育让教师做好充分的准备，以充分利用基于研究的教学法满足儿**童独特**和多样化的需求。（IDEA，2004；Lascarides & Hinitz，2000）

在对儿童早期发展的关键期进行持续研究之后，1994年，美国发起了一项新的行动，即为孕妇和婴儿服务。早期提前开端计划的提出标志着提前开端计划的扩展，并强调优化早期发展，甚至是胎儿发育的重要性，以确保以后的积极发展成果（USDHHS，2012b）。早期提前开端计划对家庭教育和产前保健服务保持着高度的重视。

风险因素：背景和定义

虽然早期教育专业人士一直积极主张对儿童及其家庭赋权，但是研究不断显示，生活在某种特定背景下的儿童更有可能获得消极发展结果。这些背景被描述为风险因素，处于风险中的儿童被称作高危儿童。作为早期教育工作者，我们认为所有的儿童都有巨大的潜力和远大的前程。我们有责任提供机会、环境和经验，帮助他们意识到他们内在的潜力，尤其是在家庭面对压力和风险因素时。对早期教育和旨在减轻风险因素的早期干预项目的研究显示，人们在加强儿童和家庭的耐挫力方面（克服压力和抵抗风险因素）取得了成功（Hall et al.，2009；USDHHS，2010）。

风险因素和影响

虽然不可能制定出一个具体的方案去适应每种情形，但是为众多社会经济水平低的家庭提供一些具有共同特征的公共服务是可能的。研究表明，以下因素可能对最优发展成果构成挑战。

- 生活在美国联邦贫困线/低收入贫困线或以下。
- 来自单亲家庭。
- 母亲未成年。
- 父母受教育水平低。
- 父母无工作。
- 出生体重低。
- 残疾。
- 家里有4个及以上孩子。
- 在过去的12个月里家庭搬过一次或多次家。(Knitzer & Lefkowitz, 2006; Robbins, Stagman, & Smith, 2012)

在这些环境下长大的儿童受到的潜在影响可能是终生的、严重的。重要的是要记住，一个或多个这样的因素并不能决定儿童的学习或者生活结果，或必然带来负面结果，这些因素只是代表学业和健康问题增加的可能性。多个风险因素的混合会增加了负面结果的可能性。"美国有一半学前儿童面临至少一个风险因素，有 20% 面临 3 个或 3 个以上风险因素。"（Robbins et al.，2012）

贫穷作为一个风险因素

大多表现出受到一个或多个风险因素影响的儿童，都生活在贫困中（Kniter & Lefkowitz，2006；Robbins et al.，2012）。美国人口普查局、美国卫生与公众服务部（U.S. Department of Health and Human Services，USDHHS）定期会对"贫困"进行评估和定义，每年发布参考数据。表 6-1 为 2013 年美国国家贫困线参考定义。

表 6-1 2013 年美国国家贫困线

家庭规模（人）	收入等于或低于
1	$11490
2	$15510
3	$19530
4	$23550
5	$27570

来源：2013，USDHH.

"贫困"就是由上述数据定义的。"低收入"常指家庭的收入等于或低于两倍的联邦贫困水平（Robbins et al.，2012）。例如，有两个孩子的单身母亲年收入不到 4 万美元可能会被划为"低收入"。

因为和多个因素相关，家庭收入被视为决定儿童发展结果的一个关键因素。儿童生活在贫困或低收入家庭更易营养不良，更容易暴露于环境毒素（如铅）中，更有可能遭受虐待或忽视，最不可能被送到高质量的育儿机构里（Aber & Palmer，1999）。安全的住房，足够的、有营养的食物，高质量保育，对于任何家庭来说都是一种挑战，但对于经济困难的家庭来说，压力更大。你可能会惊讶地发现，全职工作的父母中有 45% 属于低收入家庭，农村地区低收入家庭的儿童多于城市地区（分别为 57% 和 47%）（Addy，Engelhardt & Skinner，2013）。有时候，父母打多份工来维持生计，这会减少陪儿童的时间，同时增加家庭的压力。贫困儿童的比例曾有过一段时间的下降，现在又开始增加。2011 年统计数据显示，超过 46% 的 6 岁及以下儿童生活在低收入家庭，其中超过 25% 的家庭的收入水平处于或低于联邦贫困线（Addy et al.，2013）。来自低收入家庭或低于最低收入门槛家庭的儿童的数量继续稳定增长，并且与种族 / 民族有关。

表 6-2　低收入家庭的种族 / 民族公布

儿童种族/民族	生活在低收入水平线或以下的家庭的比例（%）
亚裔	30
白种人	35
黑人和非裔美国人	70
美国印第安人 / 美国土著	70
拉美裔	67

付诸实践

了 解 儿 童

　　贫困儿童比率的上升提高了了解儿童的家人和家庭背景的重要性。大家都知道，支持语言和文化的多样性是非常重要的，但是当家庭在为食物、住房或医疗而挣扎时，则对他们的支持就显得更为迫切。建立家园联系，就要求教师热切接纳有利于家庭的实践，了解儿童的家庭背景，了解获得资源和支持的途径。以下策略可以用来了解儿童及其家庭。

- 邀请家长进班，让他们都能找到合适的方式做有意义的事。
- 鼓励对话。
- 分享有用的资源（首先你要熟知本地资源）。
- 当家长们谈论家庭生活时应积极回应，不要评判他们的育儿技巧。
- 欢迎并帮助家庭参与班级乃至活动。
- 遵守职业保密纪律。
- 参加某个家访项目。

　　按种族 / 民族看家庭收入水平的差距，可以发现美国家庭中一个非常令人不安的、持久的差异，也经常被描述为持续性种族主义（persistent racism）。

　　有更多的证据表明，成长在低收入家庭的儿童表现出行为障碍的可能性增加（Elliot，Prior，Merrigan，Ballinger，2002；Halle et al.，2009）。

还记得前面提到的那个孩子的爆发吗？她不能够处理与同伴发生的冲突，情绪失控。当在家庭生活压力之上增加的社会冲突的压力成为难以承受之重时，人就会产生破坏性和不安全的行为（叫喊、踢）。缺乏应对技能、社会性交往技能来处理同伴冲突，加剧了来自面临经济压力或有限资源家庭的儿童的困境。社会适应不良进一步加剧学业问题，以及与教师和同伴的社会关系。这些影响班级互动的不利因素，特别是不成熟的社交技巧，增加了儿童出现问题的可能性。

提高儿童社会性交往能力、情绪和冲动调节能力已经被认定为帮助儿童获得学业成功的一个重要方面。与不同群体的人相处的能力，接受新人（包括成人和儿童）进入他们的世界，在大小不同团体中舒适地尝试新的活动，这在 5 ～ 6 岁儿童及一年级学生准备中被列为最高优先级。为了顺应他们的成长任务和需要，提前开端计划非常强调社会性交往能力（Powell，2000）。

学会一起工作并且发展强大的社会性技能是提前开端计划内容的基本组成部分。

导致风险的其他因素

在接受公共援助的家庭中，有超过一半以上的母亲是少女妈妈。少女妈妈更可能只有高中教育水平，这也构成了她们孩子的风险因素。少女妈妈是一个风险因素，影响儿童以后的学业、健康和行为。年轻的母亲不太可能寻求产前医疗，更不可能在怀孕期间保持健康的生活习惯。产前医疗和新生儿保健不足会导致出生体重低（危险因素）和营养不良（Blair，Peter，& Lawrence，2003）。这些产前不足可能部分缘于教育水平较低，收入较低，支持网络较少，或缺乏健康的自我保健意识和育儿技能（Nord & Rhoads，1992；Peth-Pierce，2002）。早期提前开端计划试图在母亲怀孕期间通过全面的健康和教育支持服务来尽早解决这些问题。

移民家庭更有可能是低收入家庭（65%）。在美国本土家庭中这一比例是 46%（Addy et al.，2013）。这些统计数据说明了在移民家庭所在社区和其文化背景中尽早开启干预计划的重要性和必要性。许多移民家庭没有很强的英语口语能力，这会限制他们的就业选择，以及他们获得社会服务的机会。而且，即使父母在他们的祖国从事专业性工作，但是当他们来到一个新的就业市场时，可能只能找到一个低收入的岗位。仅仅关注于儿童的需求而无视家庭，不是解决社会和经济问题的有效途径。更重要的是认可儿童的家庭文化和独特背景来支持整个家庭获得成功。

那些接受某种公共援助的家庭，正在与上述各种困难做斗争。可能还有一些风险因素还没有进入大家视野。基于这一事实，显而易见，生活在风险中的家庭需要高质量的、全面的早期干预服务。一个成功的、高质量的早期干预模型由什么组成？让我们看下提前开端计划—— 一个成功的、全国性的案例。

提前开端计划和早期提前开端计划

提前开端计划已经成为美国面向处境不利儿童和低收入家庭的教育和医疗服务的最大提供者。从 2012 年的统计数据来看，提前开端计划和早期提前开端计划每年服务儿童超过 100 万；累计已经有 3000 万儿童参加。尽管政府仍在争论削减财政预算的问题，但每年在提前开端计划上的财政预算将近 80 亿美元。45% 的机构既提供提前开端计划服务，又提供早期提前开端计划服务（USDHHHS，2012a）。尽管这些数字很可观，但由于资金有限，提前开端计划服务的儿童仅仅占了符合条件的儿童人数的一半（早期提前开端计划服务的儿童占符合条件的儿童人数的 4%，Schmit & Ewen，2012a，2012b）。家庭收入是决定能否参加计划的最相关的指标。那些无家可归的儿童，以及来自收入水平处于或低于美国联邦贫困线家庭的儿童毫无疑问是符合条件的。在 2009 年重新调整后，提前开端计划能够为收入低于贫困线 130% 的家庭提供服务，而这些家庭在 2008 年占 35%（USDHHS，2008）。

以下各种早期经验被认为最适合用来促进所有儿童早期健康发展。

- 与照看者建立温暖而关爱的关系，照看者行为积极，如富有同情心，爱合作，充满好奇心。
- 每天接触真正的读写，例如教师和儿童共读故事，关注各种符号，使用地图和工具。

- 动手操作各种材料，比如积木、水和黏土。
- 有很多儿童自发的游戏，儿童能够自主进行选择。
- 有一些教师指导的、基于技能的学习活动，如精细动作活动（艺术课、烹饪活动和手工制作）。
- 在轻松的集体环境中与儿童及大人互动。（Bredekamp & Copple，2009；Smith，1988）

这个框架适用于所有的早期教育方案，然而，对于尝试抵消贫困或其他风险因素的早期干预项目，这个框架尤为重要。最成功的项目具有如下特征。

- 全面（包含教育和保育）。
- 平衡教师发起的学习和儿童自发的学习。
- 依据发展理论。
- 支持家庭并帮助他们有意义地参与儿童的学校生活。
- 教师训练有素。（Marcon，2002；Parke & Agness，2002）

全面的健康、学习经验、家长参与、社区合作是提前开端和早期提前开端实践的4个支柱。表6-3概述了这4个支柱的内容。

表6-3 提前开端计划的4个支柱

全面的健康	学习经验	家长参与	社区合作
• 充足的营养：满足儿童每日营养需求的全日制课程 • 在儿童入学的90天之内，完成对每名儿童的医疗检查、牙科检查和心理健康的筛查 • 医疗和牙科保健：例行检查，也可以去医院 • 在儿童入学的45天内，完成发展情况或残疾检查 • 在整个学年持续评估 • 根据需要推荐身体健康检查服务、精神健康检查服务、残障特殊人群服务 • 健康和保健知识与技能要求渗透在环境中	• 整体地看待儿童的学习和发展 • 通过提前开端计划的发展与学习框架制订课程计划 • 课程指南包括学习与发展的所有领域，但是没有描述具体的活动与结果 • 以游戏为核心 • 平衡儿童自发的游戏、主题游戏和教师指导三者之间的关系 • 很多提前开端计划项目使用高瞻课程模式，或其他基于研究、经过科学验证的课程模式 • 要持续评估和报告儿童学习和发展	• 家长是孩子的第一任教师和主要影响源 • 通过家访的形式欢迎家庭 • 鼓励家长以志愿者的身份参与班级活动 • 规定家长在机构管理委员会中占多数席位 • 经常为家长提供现场工作技能训练、成人教育、育儿培训、英语教育 • 很多家长在项目中担任有工资的职位 • 将家庭文化与语言整合到项目中	• 要减少贫困的影响，必须关注整个社区 • 将社区环境和文化融入项目 • 经常邀请社区成员作为班级志愿者参与活动，社区提供校外活动场地 • 提前开端计划成为就业基地，经常从社区雇人

上述列举的全面的、以家庭和社区为中心的案例，说明了提前开端计划、早期提前开端计划以及其他早期干预方案背后的哲学理念。这种理念采用的是内部先改变的路径，即真正的社会变革只有在共同努力克服不利条件，让个人有能力控制自己的生活时才能实现（Rappaport，McWilliam，& Smith，2004）。认识到这一点非常重要，因为这有助于人们了解干预方案可以如何改善广泛的社会问题，同时使每一家庭和儿童获得发展。

主动参与的、整合的、以儿童为中心的课程是提前开端计划的关键特点。

提前开端计划有用吗？

像提前开端计划这样的早期干预项目面临的最大挑战之一，是符合提前开端计划和早期提前开端计划要求的儿童在很多方面的发展往往都落后于同龄人（Robbins et al.，2012）。认知发展、语言和读写能力得分显示出与家庭收入状况一致的差异性。家庭收入有限的儿童的得分明显低于来自比他们更富裕的家庭的儿童（Caputo，2003；Champion，Hyter，McCabe，& Bland-Stewart，2003，Children's Defense Fund，2003；Rauh，Parker，Garfinkel，Perry，& Andrews，2003；USDHHS，2003）。一些研究者认为测试工具存在文化偏见，然而，人们普遍相信面临经济压力或者资源有限的家庭的儿童会在发展上落后于同龄人（Champion et al., 2003）。所以，问题来了：提前开端计划真的有用吗？

● 《提前开端计划儿童发展和早期学习指南》

该指南概述了提前开端计划的发展和学习领域，以便为儿童设立入学准备目标，监控儿童的成长，设置相关课程并进行项目的设计（USDHHS, 2011, p.2）。为了帮助儿童获得学业成功，该指南的内容严格依据儿童发展需求和基础研究发现，**整合了 11 个主要的发展和学习领域**。

- 身体发展和健康。
- 社会性和情感发展。
- 学习品质。
- 语言发展。
- 读写知识和技能。
- 数学知识和技能。
- 科学知识和技能。
- 创造性艺术表达。
- 逻辑和推理。
- 社会学习知识与技能。
- **英语语言发展**（专门针对双语学习者）。

该指南对这几个领域一一进行了描述，每一个领域都包括了子类别或领域元素，进**一步明确**了每个领域内部的学习和活动。指南没有规定具体的成绩和技能，而是**提醒教育**工作者依据儿童发展水平、个性特点和家庭文化的研究结果对儿童提出适当要求。这体现了当前对发展适宜性实践的研究——发展适宜性实践号召所有早期教育专业人士整合发展理论与实践知识，整合有关儿童个体特质与能力的认识以及有关家庭和社会文化环境（包括双语学习者）的认识。

该指南指导人们支持所有的学习和发展领域，确保学习体验是有意义的、适宜的、全面的。教师在设计和实施活动时要突出主动性、整合性，以儿童为中心。"调查和探究；有目的的、参与式的游戏；在每一儿童发展水平上有目的地提供鹰架，这些都是提前开端计划中适宜性实践的核心因素。"（USDHHS, 2011, p.4）

结果：社会性技能和语言技能加强

提高儿童的社会性技能是提前开端计划的一个核心目标。提前开端旨在帮助儿童为上学做好准备（入学准备），这取决于儿童的社会性技能及其调节自己情绪和冲动的能力。已有研究证明提前开端计划在促进儿童社会性发展、减少儿童过度活跃的行为和增加班级合作行为方面有明显的效果（USDHHS，2006）。发展积极的社会性技能——预示以后的教育成就，是所有早期教育计划的重要内容，在5岁前改善发展滞后及差距尤为重要。健康的社会情感的发展对于婴儿和学步儿的影响甚至比幼儿更显著。婴儿和学步儿的依恋和健康社会情感的发展，为后继学习奠定了基础。

近年来，人们越来越强调用严谨的数据报告提前开端计划和早期提前开端计划的效果。提前开端计划影响研究一直在持续分析和报告反映提前开端计划效果的重要指数。最新研究显示：相比于没有参加提前开端计划（但是可能进入了另外的早期教育机构）的儿童，参加提前开端计划1～2年的儿童有如下特点。

- 有更强的语言能力。
- 父母报告孩子早期读写能力强。
- 和父母拥有更亲密和积极的关系。
- 行为、社会能力改善，拥有积极学习品质。
- 对儿童健康保险的覆盖范围和健康状况有积极影响。（USDHHS，2010）

总的来说，通过有关环境评估量表评估和教师学历调查发现，参加提前开端计划的儿童拥有更高质量的环境。除此之外，这些儿童的家庭报告称计划对儿童的社会情感发展和亲子互动有积极影响。后续的研究表明，这些儿童进入的小学的质量无差异（USDHHS，2012b）。

这些关键发现表明，尽管参加提前开端计划的儿童确实在文化和社会技能方面显著落后于全国平均水平，但这个差距在儿童参加提前开端计划后逐渐缩小。然而，追踪儿童到小学三年级的最新数据显示，儿童在学前阶段取得的成就在小学低年级并没有一直保持。

付诸实践

建立与家长的合作关系

以下是关于建立与家长的合作关系的几个策略。

- 邀请家长投入。家长比其他任何人都了解自己的孩子。向他们学习可以使你的工作更轻松，也是对家长作为孩子第一任教师的角色的认可。

- 支持家长为他们的孩子所做出的决定。让家长知道，他们的目的、信念、价值观和选择对你来说很重要。当你的实践和家庭的目标相冲突时（比如不同的学业期待），双方要讨论。从倾听开始，分享你的信念和你的实践的理论基础，找到整合双方观点的途径。沟通是双向的！

- 让家长知道你的大门常常为他们打开，随时欢迎他们。

- 在孩子表现良好的时候也和家长进行自由的交流——而不仅仅是当孩子出现问题时。跟家庭分享"美好时刻"，如庆祝一次成功的活动或是好玩的事情。

- 采用让家长感觉舒服的、方便的方式来交流，如使用家庭的语言交流，以书面的、电子的、口头的形式交流，正式或非正式地交流，等等。

- 让家长知道你的立场：都是为了孩子。

长期效果

提前开端计划和早期提前开端计划评估人员的一个主要关注点是：计划的积极影响随着时间而减退。相关研究报告已经出现了很多年，揭示儿童的发展在离开计划和（或）进入公立学校两年后会消退（USDHHS，2011）。最近关于提前开端计划的参与者和未参与该计划的儿童的追踪研究（三年级）尤其显示了混合的结果：有些发展延续，有些发展已消退。

- 没有证据表明对学前班毕业时儿童认知领域有明显效果。

- 有一些证据表明对儿童一年级的词汇得分有积极影响。

- 有证据表明参加提前开端计划的儿童比起没有参加的儿童在低年级进步小。

- 有证据表明对三年级的阅读有积极影响。

- 家长报告参加计划的儿童有更高的社会性和情感技能以及积极的学习品质。

- 没有证据显示对儿童的数学、前书写或教师报告的学业成就及社会性和情感技能有影响。

- 前期健康状况的改善在低年级持续消退。

- 家长在参加提前开端计划期间出现积极的育儿行为，且这种行为持续到三年级。

有人指出，提前开端计划无法随着时间推移持续发挥作用（Lee, Brooks-Gunn, Schnur, & Liaw, 1990）。但也有研究者指出，由提前开端计划提供的全面服务未必持续到公立学校教育：上学以后，儿童越来越多，教师越来越少；在课堂中，他们没法得到所需要的时间和关注。此外，儿童在学校时未必能获得同样的健康与福利服务。这说明初始积极效应变弱时，干预服务与支持的减少是必须要考虑的因素（Rauh et al.，2003）。

尽管人们对项目有效性有所担忧，尽管项目效益未能持续，但是更深入的数据分析表明，来自高风险家庭的儿童的认知发展、社会性和情绪发展表现出持久的效益（USDHHS，2011）。近期有研究调查儿童时期参加过早期干预项目的成人，发现了一些积极的结果，且这些结果在后续的生活中有所表现，同时那些高质量早期教育项目的参与者的生活有整体的改善（USDHHS，2011）。这种混合的结果指出了一个明确的需求，即既需要研究儿童早期，也需要研究成人阶段，只有这样，才能深入阐述教育对于儿童和成人的相对影响。

● 压力循环

想象有一位年轻的单身母亲，独自一人生活，在抚养一个蹒跚学步的婴儿的同时，努力维持两份低收入的兼职工作。她经常为如何给自己和孩子找到食物和住所而操心。孩子的持续哭闹增加了她的压力。孩子经常哭并且拒绝她的安慰。越是不能安慰他，越是觉得自己作为一位母亲的不足。而她越是觉得自己做母亲不够格，她就越想从孩子身边离开。她越想从孩子身边离开，孩子就越不能得到她的安慰。渐渐地，这个小家庭卷入了一种不幸的恶性循环。很多父母缺乏相关知识、技能和必要的网络支持应对那些由贫穷带来的压力。有研究发现，如果早期干预关注母子关系的改善，则可以对母子关系的质量有积极的影响（Blair et al.，2003）。改善母子之间的关系，为儿童以后的社会关系以及更健康的社会性和情感发展提供了基础。给家长强大的支持和家长参与是儿童获得积极发展结果的两个最佳预测指标。绝大多数早期干预方案的两个关键特征是家长支持和参与（Kagan，2002）。

提前开端计划的发展趋势

最初的提前开端计划更多关注的是发展儿童的社会性能力。前几年，提前开端计划也关注了儿童语言能力的发展。随着美国对入学准备的目标变得越来越明确（如提出特定的技能要求——认识20个字母和自己名字中的字母等），参与提前开端计划的儿童发展结果以及学习指南都在不断地修订以反映这种趋势。最新修订版《提前开端计划儿童发展和早期学习指南》，呈现了综合、完整的发展和学习目标（USDHHS，2011）。家长的深度参与一直是提前开端计划的主要特征，近些年提前开端计划也在强调加强父亲的参与以及与社区的合作。

教师学历的趋势

通过评估提高质量，提升教师学历和工资，并力争覆盖所有需要得到服务的儿童，这是提前开端计划过去的也是现在的目标（Jacobson，2004）。2004年，提前开端计划号召所有的教师2010年前获得儿童发展副学士学位（Child Development Associate）①；到2013年，全美提前开端计划教师至少有一半取得学士学位，所有的提前开端计划助教都有儿童发展副学士学位（USDHHS，2008）。这一学位是指教师具备了最基本的教育和经验，被视为教师与助教入职门槛。到了2012年，提前开端计划的教师中有62%拥有学士学位或更高的学位，超过了设定的目标。另有31%的教师拥有副学士学位（associate two-year degrees，USDHHS，2012a）。提前开端计划在指导思想和资金上继续支持提升教师学历和专业化发展。提升教师的专业化水平是一个涉及资金和时间的复杂的问题，但却被广泛认为是提升儿童教育质量的途径。提前开端计划自产生之日起，便一直致力于保持其在这一领域的最前沿地位，并支持在实践中创新。

项目实施中的趋势：强调问责

提前开端计划立法的定期再授权也意味着早期教育项目是在不断地接受审查，以确保时效性、相关性，反映不断改变的趋势和社会的需要。2007年的再授权包括几个关键性改变。

- 每5年更新一次拨款。
- 扩大美国印第安人／阿拉斯加原住民、移民／季节性移民项目。
- 无家可归的儿童优先入学。
- 如果空间允许的话，家庭收入为联邦贫困线100%～130%的儿童都可以入学。
- 提前开端计划的所有教师必须持有儿童发展副学士学位。（USDHHS，2008）

---

①通常是通过2年制学位课程学习，在社区、技术和职业学院获得。——译者注

儿童营养项目要求在正餐和甜点期间有温馨的社会互动。

研究数据引发了人们对提前开端计划短期和长期影响的疑问，人们也越来越强调单个机构和国家层面的有效性。目前，提前开端计划已经实施了有关资助的新竞争程序，包括对机构的合规性和质量进行更加严苛的评估。早期教育机构和班级质量评估已经成为提前开端计划评估的主要内容。目前，国家和地方都把数据的收集和报告列为首要任务。新的资助程序和评估方法会给原来的服务提供者带来一些压力（Samuels，2013），但是循证决策的压力仍在不断加大。教育者和政策制定者在寻求公平、可靠和准确的评估参数和程序的过程中还将不断争论。

结论

改善处于一个或多个危险因素中的儿童的消极结果，是社会全体成员的责任。现有的研究达成了一个共识：要解决贫穷和不公平的社会问题，最有效的方式是对儿童和家庭提供全面的支持服务。提前开端计划和早期提前开端计划在长期致力于消除贫穷并给每一名儿童成功的机会方面仍占领最前沿阵地。经过不断研究和实践，提前开端计划在早期教育实践领域同样保持着"领导者"的地位。

提前开端计划的政策对教育工作者的启示是明确的：通过个性化的、适宜的、综合的项目和服务，理解、确认和支持儿童在家庭和社区中的发展，这至关重要。尽早识别和回应儿童及其家庭的需要，就是抓住了改善儿童发展结果的最佳机会；通过改善儿童在学校和以后生活中的发展结果，我们有机会改善社区和整个社会。

总结

- 提前开端计划和早期提前开端计划是专门为贫穷家庭儿童设计的、由国家投入的早期教育和全面健康方案。
- 20 世纪 50 年代和 60 年代对于儿童发展结果的研究突显了低收入家庭儿童和高收入家庭儿童的差距。
- 为了应对不同社会经济阶层间不断扩大的发展差距，提前开端计划和早期提前开端计划分别于 1965 年和 1994 年创立，以缩小儿童之间的差距，并帮助所有的儿童为在学校取得成功做好准备。
- 风险因素包括了儿童家庭背景的很多方面，这些方面增加了消极发展结果的可能性，尤其是当儿童生活在贫穷中时。
- 风险因素还包括父母教育程度低、父母失业、母亲年少、单亲、与残疾人生活在一起。
- 提前开端计划和早期提前开端计划通过全面的早期干预，努力去改善风险因素的消极影响：让儿童在家庭、社区和学校环境相互有联系的情境中学习；与家人和社区成员建立强有力的合作伙伴关系；提供全面的医疗、保健、教育和社会文化服务。
- 《提前开端计划儿童发展和早期学习指南》提供了 11 个儿童学习重点领域。
- 最近有关机构对于儿童发展结果影响的评估显示，部分积极效应在三年级时消退。
- 提高教师学历，更新课程指南和资助方式并对质量进行问责，这都是在谋求积极主动地变革实践。

本章自评

请在表中写下你所学到的，每个学习目标写3～5个关键点	
描述提前开端计划和早期提前开端计划的关键特征	
了解早期干预方案重要的历史趋势	
讨论儿童发展背景中的风险因素	
分析提前开端计划和早期提前开端计划的有效性数据	
了解提前开端计划和早期提前开端计划在立法和实践中的最新变化和趋势	

应用活动

讨论提示

1. 列出至少 5 件你认为对儿童全面健康发展来说是必要的事情。你认为对儿童发展最优的家庭、学校、社区环境是什么样的？

2. 你认为谁应当为儿童提供食物和医疗保健（考虑可获得性、成本）？

3. 你如何看待福利和社会服务，如食品券、住房补贴、儿童保育费补贴？

4. 你能预见早期干预项目的管理问题吗（如价值观不同，与家长交流敏感的收入水平与就业问题等）？

在课堂上

以小组形式，浏览提前开端计划早期知识与学习中心网站（eclkc.ohs.acf.hhs.gov/hslc/ecdh/eecd）。选择任何一个你觉得有趣的主题，并探索与之相关联的内容。该网站上有大量信息，可供在不同机构工作的教师使用。

在实践中

安排一次对当地提前开端机构的参观活动，可查阅提前开端的网站（eclkc.ohs.acf.hhs.gov/hslc）了解位置。尝试发现教师使用什么样的策略全面支持儿童与家庭。向教师了解他们关于与家庭合作（包括家访）、融合残疾儿童、课程目标以及评估的观点。

你的档案袋

查找一篇关于早期干预的文献，可涉及以下几个主题。

1. 针对家庭面临压力或资源有限的幼儿的早期干预计划。

2. 针对儿童的双语教育。

3. 有特殊需求的儿童。

读完文献后，写一篇读书笔记，包括以下内容。

1. 标注文章出处等信息。

2. 写文章简介，包括文章的目的和主题、主要观点和主要结果。

3. 记录你的反思，包括你得到的启示以及你是否同意作者的观点（文章可以放到你档案袋中关于儿童发展和学习或知识的部分）。

相关网站链接

美国早期提前开端资源中心（Early Head Start National Resource Center）

www.ehsnrc.org

提前开端信息（Head Start information）

acf.hhs.gov/programs/ohs/

第七章
高瞻：
课程与研究的模式

CHAPTER 7

　　高瞻教育研究基金会设有实验学校和教师培训项目，也有强大的研究议程。高瞻早期教育课程为干预贫困家庭的儿童而开发，以皮亚杰的理论和建构主义学习理论为基础，旨在使儿童学会有意识地、积极主动地学习。高瞻教师帮助儿童自主制订计划，执行计划，随后进行回顾。高瞻不仅仅是一种课程模式。高瞻教育研究基金会也开发出儿童评价和机构评价的工具，并研究各种早期教育模式对儿童以后上学和生活的影响。

高瞻课程概述

　　从 1970 年以来，高瞻教育研究基金会就一直在设计、实施并研究高质量的早期教育项目，专门服务贫困儿童群体。基金会出版了一系列培训光盘和书籍，并且在全美范围内对教师进行培训。基金会也研究了高瞻课程模式和其他早期教育项目的影响，收集了超过 40 年的数据。更重要的是，该基金会试图为实践提供支持，认为所有儿童都有接受高质量早期教育的权利与需求。

高瞻示范幼儿园包括下面的关键要素。

- 核心课程，包含特定内容，但鼓励遵循儿童兴趣。
- 计划—实施—回顾的学习过程。
- 评价工具和策略。

在下面的"教室一瞥"中，看一看教师是如何为儿童的游戏提供帮助的，谈谈你对"游戏是儿童学习的基本方式"这一观点的看法。

教室一瞥

天空下着小雨，你正赶往一所高瞻幼儿园。该幼儿园坐落在城市一角。挡风玻璃上的雨刷沙沙地响，尽管这样，你还是注意到山顶上的那排砖砌建筑，看起来更像是一所古老的大学校园。这其中大多数老建筑是社会服务机构，有一栋新楼则是幼儿园。这里有一个很棒、很有吸引力的操场，操场上有大型攀爬设施，还有一个花园。你停好车，按下玻璃门边的门铃。刚一进去，就有人笑着来迎接你，你签到并获得一个来访者徽章，然后你被引导到要参观的教室。虽然保障儿童安全是非常重要的，但是幼儿园仍然努力让来访者有宾至如归的感觉。教室的后面有一个带单向玻璃的小观察室，观察者可以进行非参与式观察。透过单向玻璃窗，你看到教师正为儿童的到来做准备。

此刻的教室很安静，你可以看见教室设置了不同的学习区。材料分门别类放在低矮的架子上，并且全贴有图片标志并用英语和西班牙语标注。这里有许多开放式材料，包括积木、戏剧表演的小道具、空箱子、空瓶子、水沙玩具和桌子，还有各种美术材料。这里也有一个带有影碟播放器和耳机的读书角，很吸引人。在每个学习区，墙上都张贴有该领域的技能发展清单。孩子们的作品整齐地陈列着，每一件作品上都分别贴着一张小记录卡片，记录孩子怎样完成该作品或者孩子对它的介绍。在教室周围有几块大的展板，贴有孩子和他们家人的照片。教师正忙着布置餐桌，桌面上粘贴着每一个孩子的姓名和餐具的简图。桌子上放着谷物、果汁、牛奶，都是为孩子们准备的早餐。

当孩子们从校车下来并由助教老师引导着进入教室时，安静的教室立刻充满活动的嘈杂声。一些孩子是由父母带进教室的，但是大多数孩子是通过幼儿园提供的校车到的。孩子进班后，把衣服放在自己的柜格里，接着去洗手，然后坐到桌子旁。桌子上配有餐垫。老师和孩子（现在有 19 个孩子）还有今日到访的服务人员一起吃早餐。他们全都很自然地谈论家庭生活和他们今早来园的紧张和忙碌。几个孩子用西班牙语同助教老师说话，助教老师也同样用西班牙语回应。他还帮着不会说西班牙语的孩子翻译，使他们加入对话。他鼓励孩子使用两种语言，并且鼓励讲非西班牙语的孩子重复一些西班牙语的单词。你会注意到讲非西班牙语的孩子们看起来对新单词很感兴趣，讲西班牙语的孩子则热情赞扬同伴的努力。教室里充满了温暖和对彼此的尊重。

孩子们吃了饭，清理完毕，然后聚集在一块地毯上。老师带来一张很大的海报，上面列出了（用单词和图片）所有开放的区域和活动。孩子们开始讨论、选择自己今天早晨想要去的活动区域和要进行的活动。老师们也加入孩子们选择和计划的对话中。

卡里沙：我想玩这些积木。

教师：卡里沙，你想像昨天那样玩积木吗？你想要用积木做什么呢？你今天想要造什么东西吗？

卡里沙：我想建一座桥，让汽车从下面穿过。

教师：一座桥？太棒了，你觉得需要什么样的积木呢？

卡里沙：嗯……我想，为了使汽车穿过，需要长积木……（停顿）

教师：好的，你认为汽车怎么才能从长积木下通过？

卡里沙：（突然）并且两侧还要很高。

教师：好的。所以你打算去积木区建一座桥，让汽车从下面通过，并且你打算用长的积木和高的积木。太棒了！让我们看看这是否行得通。

卡里沙将名牌放在海报中对应的积木区，然后匆匆地去执行她的计划，其他孩子在与教师对话期间也做出了不同的选择，制订了具体的计划。在离开地毯区之前，老师提醒孩子们注意时间表（时间表图文并茂）。早餐后，一般有一个计划时间，然后是近两小时的个人或者小组活动。在此之后，时间表显示所有的孩子将一同进入回顾时间。

现在，孩子在执行他们的计划，老师来回走动。助教与一组孩子在一起，计划在音乐区进行才艺表演。他们听着儿童歌曲录音，一边唱，一边拨弄着乐器。

一个孩子正兴奋地说起他最近观看的哥哥学校的文艺晚会，说学校还给他们发了节目单。助教老师和孩子们谈论着节目单，以及节目单提供了哪些信息。他问才艺表演小组是否也愿意设计节目单。于是，孩子们在书写区兴奋地开始制订计划。一个孩子要用艺术区的旧杂志制作一幅拼贴画作为封面，另一个孩子哈维尔提醒她："别忘了只找音乐会和乐器的图片，这是音乐表演。"她点了点头，就去收集杂志了。

教师通过对话和提问引导儿童制订计划，促进儿童进一步思考和更为深入地游戏。

这一小组继续开展他们的项目，助教老师说也许可以开展一次音乐和舞蹈的集体活动。这既顺应了才艺表演小组的兴趣，也激励了其他孩子。助教又提到哈维尔已经能运用分类概念，因为他刚刚提醒玛利亚寻找音乐会和乐器的图片。老师们从哈维尔身上看到了进步。为了强化孩子们的兴趣，他们决定制订一个有关音乐活动的计划。老师说在今天大组活动时间介绍了一本有关桥的书——这是卡里沙的兴趣点。当她告诉助教卡里沙怎样把一些更复杂的结构融入建筑中，并且使用拱形积木为汽车做隧道时，她似乎和卡里沙一样激动。

工作时间结束了，孩子们开始围着桌子坐下来。他们谈论在所选区域开展的活动，但这不仅仅是个回顾。正像老师提示孩子们做更细致的计划那样，她们也鼓励孩子在回顾时间进行更深入的反思。

教师：卡里沙，我注意到你今天开始使用了一些形状不同的积木。为什么你会决定那样做呢？

卡里沙：我在托马斯书上看到过一张图片，火车过桥的图片。汽车在桥下行驶。但是那座桥两侧隆起的地方不像我的积木一样直，他们在书里面是弯曲的。

教师：你想让你的也像书中那样弯曲吗？

卡里沙：是的。

　　教师：那你怎样做呢？

　　卡里沙：我记得那些弯积木的样子。它们下面的部分是弯曲的，但是顶部是平的，就像图片里的那样。所以我从架子上拿下一些，把他们放到长积木下面。这样就像书中那样了。

　　教师：我看到了！我给你制作的桥拍了照片，我们可以把它放在你的档案袋里。你知道，我还找到另外一本关于桥的书，你可能会喜欢。我们可以在休息完后一起去阅读。

　　卡里沙：好的。

　　教师：你能想到还有什么和桥有关的东西，可以放进你的档案袋里？

　　教师和卡里沙之间的互动是幼儿园再平凡不过的师幼互动了。教室里充斥着嘈杂的对话声，大家都在讨论着、交流着。我们可以看到孩子的主动学习，通过精心的计划和反思，孩子不仅可以通过动手操作来学习，并且能够明确自己的学习任务，主动控制、调节学习行为。当孩子们整理房间准备外出时，你期待和老师们能坐下来谈一谈，了解关于高瞻课程模式的更多信息。

高瞻课程内容

　　高瞻课程建立在 50 多年的实践和有效性研究的基础上。经过最近的更新和修订，高瞻课程的优势包括如下几点。

- 发展适宜性：基于儿童学习和发展的重要里程碑。
- 以研究为基础：整合大量关于有效性研究的数据。
- 以儿童为中心：平衡了游戏和基于兴趣的活动，扩展了儿童的思维和社会性互动。
- 以家庭为中心：包括家访和家庭参与。

　　高瞻课程及其评价以儿童的发展为依据。整体建构学习经验，是体现高瞻有效性的关键方面。

关键发展指标（Key Developmental Indicators）

　　高瞻学前课程模式基于 58 条关键发展指标（学习目标）（HighScope Educational Research Foundation，2009b），分为 8 个领域。

- 学习品质（approaches to learning）。

- 语言、读写和交流（language, literacy, and communication）。
- 社会性和情感发展（social and emotional development）。
- 身体发展和健康（physical development and health）。
- 创造性艺术（creative arts）。
- 数学（mathematics）。
- 科学和技术（science and technology）。
- 社会学习（social studies）。

每一个学习领域都指出了儿童的技能和行为目标。这58条关键发展指标是教师制订计划、设计学习环境以及收集资料的基础。8个课程领域都各有具体的关键发展指标。使用这些里程碑式的关键发展指标，确保教师为儿童所有学习和技能领域的充分成长和发展提供充足的机会，同时准确评价儿童。高瞻也指出了婴儿/学步儿阶段的不同关键经验。

付诸实践

婴儿和学步儿

高瞻课程为婴儿和学步儿准备的活动共有41条关键经验，涵盖了以下内容和发展领域。

- 自我意识（sense of self）。
- 社会关系（social relations）。
- 创造性表征（creative representation）。
- 运动（movement）。
- 音乐（music）。
- 交流与语言（communication and language）。
- 探索物体（exploring objects）。
- 数和量（early quantity and number）。
- 空间（space）。
- 时间（time）。（HighScope Educational Research Foundation，2009a）

尽管师幼互动在教育的所有阶段都很重要，但是在婴儿和学步儿时期尤为重要。他们积极探索以了解世界，但这只有在获得成人的鼓励和支持下才有可能实现。这些成人关心和爱护他们，能够对他们语言或非语言的线索做出反应。成人的反应必须适合婴儿和学步儿的行为模式、姿势、发音和眼神。他们看向发声的或某个东西，是在暗示照看者留心他们感兴趣的事物。他们把目光移开或者把手放在脸前摇晃，暗示他们对某物不感兴趣。他们也通过不同的哭声来表达不同的需要。成人学习如何读懂婴儿和学步儿发出的信号并对婴儿和学步儿的需求迅速反应，能够提高婴儿和学步儿探索周围世界的欲望。成人的敏锐反应对婴儿和学步儿健康探索意愿的萌发是非常重要的。

另外，成人用语言、肢体、眼神等多种方式与婴儿和学步儿互动，能让他们茁壮成长。高瞻教师不仅要确保婴儿和学步儿需求得到满足，还要与他们发展温暖互助的关系，这是学习的必要基础（Girolametto，Weitzman，van Lieshout，& Duff，2000）。在所有的学习环境中，关系都很重要，但对于婴儿和学步儿来说，教育就是关系。

计划—工作—回顾

与关键发展指标同样重要的，是计划—工作—回顾模式，以鼓励儿童在学习的过程中积极和主动参与。计划—工作—回顾是实现学习目标的机制（Schweinhart，2003）。

计划时间。正如你在上文读到的，教师和儿童先聚在一起，讨论他们的目标。教师提示卡里沙要制订详细的计划，想好在搭桥的时候要用哪些积木。这样，卡里沙学习详细说明自己造桥的总体规划。教师用图片帮助卡里沙将工作和图书结合起来，拓展思路。在计划时间里，鼓励儿童：

- 制订计划；
- 思考怎样使用材料；
- 思考与其他儿童一起工作的方法；
- 预测将要发生的事情。

正是通过这样深思熟虑的计划阶段，儿童学会了深入思考，主导自己的学习。这是对儿童的赋权（empowerment）。儿童感到自己能控制时间和行动，自己的选择也受到尊重。计划阶段还有助于促进儿童发展更高水平的思维和问题解决技巧，发展儿童深入思考和有目的地行动的能力（Epstein，2003）。当儿童自主选择活动时，教师发现纪律问题减少了，更便于自己以同伴身份与其他儿童进行互动（Child Care Information Exchange，2002）。许多早期教育机构都允许儿童自由选择，儿童能自由选择材料和活动区，但是高瞻课程把这一点提升到了另一层次：强调意图，事先考虑、讨论，细化计划。这种经过深思熟虑的计划能使材料的使用更有目的性，能促使儿童与同伴、成人有更深入的交流互动。

工作时间。当儿童被允许选择材料和参与活动时，他们自然有自主权，对所学习的内容更感兴趣。儿童做出选择后会进行具体计划，并且更多地考虑行动。自己主导行动时，他们会有自主的感觉。这种感觉能促使儿童自治（独立）、主动（乐意尝试和做事）和勤勉（忙碌和积极主动）。埃里克森的社会心理发展阶段理论表明，这些方面的积极发展，是人一生健康发展的重要基础。

工作时间的一个重要特征是，儿童被给予很长的时间来实施计划。教师允许儿童花费很多时间（接近两个小时）工作，确保儿童真正投入游戏和学习中。教师鼓励儿童深入参与活动，随着工作和游戏的推进不断修正和扩展他们的计划。他们被鼓励使用不同活动区——娃娃家、书写区、积木区和操作区——的材料，为他们的游戏与工作增加细节。上文中的才艺表演小组整合了音乐区、写作区和美术区的材料和活动。整个工作时间，教师积极地参与儿童的游戏。通过与同伴和教师的互动，儿童积极地思考他们的学习经验。

高瞻幼儿园典型的一日生活作息表	
上午 8 : 00 ～ 8 : 30	入园和早餐
上午 8 : 30 ～ 9 : 00	晚到儿童自助早餐
上午 8 : 30 ～ 8 : 45	小组讨论：制订计划
上午 9 : 00	活动区活动
上午 10 : 45	清理时间
上午 10 : 50	小组讨论：反思时间
上午 11 : 15	户外活动
中午 12 : 00	准备 / 午餐
下午 1 : 00	休息 / 安静活动
下午 2 : 30	小组活动
下午 3 : 00	户外活动
下午 4 : 30	准备回家

教师是儿童假装游戏的积极参与者。他们参与并扩展儿童的游戏，帮助儿童实施自己的计划。

反思和回顾时间。到了总结反思的时间，教师和儿童又一次聚在一起，回顾自己的活动，反思自己的预期和结果是否一致，与同伴和成人一起分享学习的快乐。

教师通过以下方式再一次鼓励儿童对话。

- 询问开放式的问题。
- 将儿童的活动与之前的学习经验相联系。
- 向儿童建议未来计划，扩展儿童的思维。
- 指出其他儿童做过的类似的活动，鼓励合作。

教师会问儿童一些能够反映儿童活动和兴趣的具有认知挑战性的问题，促进儿童语言、社会性和认知的发展（Trawick-Smith，1994）。在这些对话中，教师鼓励儿童将自己的预期和实际发生的事情联系起来。通过这种方式，随机但富有意义的互动成为一种教育工具，贯穿于一日生活中，增强了儿童的技能，同时促进了成人和儿童之间的积极联系（Child Care Information Exchange，2002）。

在反思、分析工作时间的活动时，教师鼓励儿童采用多种方式反思和表现自己获得的经验。他们可能口述故事，画画，写日记，或讨论自己的经验。在回顾阶段，儿童学到以下几点。

- 自己的行为是有影响的，能造成一定结果。
- 自己能主导自己的学习。
- 成人和同伴对自己的发现很感兴趣。
- 语言是反思经验、描述事件、组织思维的有力工具。

越来越多的研究表明回应和互动时进行真诚而深入的对话非常重要——能够促进儿童最大限度的发展（File & Kontos，1993；Girolametto et al.，2000）。儿童在自身发展水平的基础上，通过主动的学习经验、开放式的材料、有回应的互动、个性化的目标，依据自身发展速度发展。高瞻课程按照计划—工作—回顾的顺序活动，强调一日活动中的社会性对话，将良好的实践充分融入课程中。为了让教师做好充分准备并确保课程得到正确实施，高瞻教育研究基金会也提供初始培训和在职培训、教师资格认证，定期举办有关课程发展及教师角色等的地区及国际会议。

高瞻课程中教师的角色

高瞻课程中教师最主要的任务就是促进儿童的主动学习。这意味着教师不但要提供动手操作的学习经验和材料，还要鼓励儿童积极地思考自己的学习。教师将计划—工作—回顾作为框架来促进儿童主动、有目的地学习。教师还要展开大量的讨论来鼓励儿童思考并建立彼此间关系。回顾一下前文中教师怎样促进卡里沙制订更加详细的搭建计划，鼓励她预测使用长块材料时小汽车会怎么样。教师还通过询问开放式的问题来鼓励卡里沙深入思考，如同她为什么打算那样做。通过和儿童讨论并参与活动，教师努力提升儿童思维和学习的主动性。深入讨论而引发的丰富语言环境，是促进语言和读写能力发展的一个关键因素；预测并评价自己的工作，能帮助儿童发展逻辑思维（Epstein，2003）。

高瞻的教师也是儿童游戏和学习的积极合作者，比如，当儿童创编了表演游戏剧本时，成人可以在其中扮演角色。成人可以和儿童一起玩，也可以扩展他们的游戏。教师们并不掌控儿童的游戏或试图对他们的游戏进行指导。相反，他们主动参与但不主导游戏，他们通过利用以下方式来扩展儿童的思维。

- 建议使用新材料。
- 通过问问题或给出建议来扩展儿童的想法。
- 支持儿童与同伴和成人进行互动。

对教师来说，仔细观看（或倾听）儿童的互动、游戏、操作材料是很重要的。通过这些敏锐的观察，教师能评价儿童最新的兴趣，有意义地整合新材料、策略和活动，将儿童的内部动机最大化。前文中的教师就做到了。她带来了许多新书，这些新书是儿童喜欢的关于桥和交通工具的书。通过提供儿童感兴趣的新材料，教师推动儿童围绕主题进行更深层次的探索。这种对儿童兴趣的认同，能真正促进儿童开展个性化的学习——这是高瞻教学法的标志（Epstein，2005）。

教师要把自己定位为主动的参与者和倾听者，也要把自己当作观察者。观察是每位教师最好的工具，可以用于以下目的。

- 了解儿童。
- 掌握儿童的需要和兴趣。
- 设计有意义的教学。
- 进行个性化的指导 / 材料。
- 评价儿童的进步。

当教师不参与儿童的游戏，不组织集体学习活动时，可以观察儿童的行为。教师仔细记录儿童的语言、游戏的细节以及对材料的使用。观察是创设反映儿童独特生活和兴趣的学习环境的基础。在选择材料、创设环境，甚至是制定生活作息表时，教师都必须利用自己对儿童的了解。通过观察以及与家长的坦诚交流，教师能学到许多，用于为所有儿童设计有吸引力的学习经验，并记录儿童的发展和学习情况。

家访是如开端计划与高瞻课程这些强调强有力的家园联系和家庭参与的干预项目的重要组成部分。

高瞻教室里的评价

观察要成为一种有效的评价工具，必须定期、系统实施，包括关键的细节，也要有普遍的原则。他们必须依据发展理论，确保儿童的健康成长和进步，同时彰显儿童的独特性。在高瞻课程中，《学前儿童观察评价系统》（COR Advantage）帮助教师对儿童进行观察。该系统还包括档案袋（特别为家庭设计），以帮助教师和家长共同促进和评价儿童的发展。

《学前儿童观察评价系统》（COR Advantage）

这是一份核查清单，它是在一定时间内，对学前儿童在所有领域（包括社会情绪、认知、语言和身体等）的发展结果进行评价。评价条目和关键发展指标一致（Schweinhart，2003）。教师为每一名儿童准备一份核查清单，每一项对应一段时间内的多次独立观察，这是为了使儿童的进步更容易在一张表上显示。每一评价条目包括例子，或教师观察到的体现儿童从低到高发展水平的例子。每一项下还留有空间，可以用来做记录。以下是社会性和情感发展领域评价的例子。

- 儿童表达某种情绪。
- 儿童安慰另一名儿童。
- 儿童谈到某种情绪。
- 儿童通过角色扮演或者其他艺术形式来表达情绪。
- 儿童描述一种情绪，并解释出现此情绪的原因。（HighScope Educational Research Foundation，2005）

教师观察儿童在自然和真实的情境下的表现，记录表现出的最高水平的行为和技能。教师被告知不要把评价的过程变成与儿童平常活动没有任何联系的考试，而是在儿童自然的活动中进行。这种方式相比于完成更加正式的、结构化的测试，会让教师和儿童少一些压力，从而更准确地了解儿童在日常活动中的真实表现。

大部分教师在评价时，以逸事记录（儿童行动、交流、发展的简单记录，或是儿童一日生活快照）为主要信息来源。逸事记录非常简短，关注的是儿童一天中的某个瞬间。这些记录能快捷简单地完成，很适合忙碌的教师。逸事记录中要有一些关键信息，包括儿童的姓名、事件发生的时间和地点（活动区），还要用一两句话描述事情，包括一些细节，如儿童的话。捕获儿童特定的语言是了解他们思维的十分重要的数据。逸事记录犹如儿童成长的快照。一个记录并不能传递太多信息，但是假以时日，不断积累，关于儿童认知和发展的丰富、详细的记录就产生了。表7-1是一张空白记录表以及填写完毕的记录表。表大概占二分之一页，便于放入儿童档案袋里，也便于粘贴，方便使用。有效的记录的基本要素之一，便是完成起来尽可能简单，以便教师坚持记录。

表 7-1　逸事记录样本

儿童姓名： _____	儿童姓名：格里森
观察日期/时间： _____	观察日期/时间：2013年4月28日上午10：15
观察者： _____	观察者：杰基
背景： _____	背景：楼上，有医院游戏材料
其他参与者： _____	其他参与者：爱丽丝
儿童做/说了什么： _____ _____ _____ _____	儿童做/说了什么：格里森上了楼，开始用绷带把他的踝关节包扎起来。其他3个孩子加入了进来。格里森说："我的腿受伤了。我需要一个医生！"爱丽丝说："好的，好的，我在这儿。医生在这儿。首先你需要打一针。"格里森说："不！［停顿了一会］好吧，但是我要糖。"爱丽丝为他打了一针，然后假装给了他糖。爱丽丝说："好了，你可以走了。"格里森说："好了，我回去工作了，谢谢医生。"
发展或学习领域： _____ _____ _____	发展或学习领域：社会角色扮演，合作游戏，关心他人，了解医疗活动，排序。

《学前教育机构质量评价系统》（PQA）

除了儿童评价工具之外，高瞻课程还有针对机构的质量评价系统：《学前教育机构质量评价系统》（Preschool Program Quality Assessment，PQA），用于"评价机构质量，确定员工培训需求"（HighScope Educational Research Foundation，2003，p.1）。该系统涉及对班级乃至整个机构的观察。此外，对教师、管理人员甚至儿童的访谈能提供观察时可能遗漏的重要信息。机构的所有方面都将得到评价，具体包括以下几个方面。

- 学习环境。
- 一日常规。
- 成人—幼儿互动。
- 课程计划和评价。
- 家长参与和家庭服务。
- 员工资质和员工发展。
- 机构管理。（HighScope Educational Research Foundation，2003）

每一方面包括多个评价条目，分等级评定。水平 1 意味着低质量，水平 5 意味着高质量，该评价系统适用于使用高瞻课程或其他课程模式的不同机构，同时结合提前开端表现标准。这对于机构确定自身的优势和劣势以及员工的培训需求十分有用。该系统有专门评价员工学历和培训的条目，这是其他系统所不具有的，这体现了高瞻强大的培训力量和信念——提高教师学历，加强教师培训，是提升机构质量的关键（Epstein，Schweinhart，& McAdoo，1996）。

高瞻的研究

高瞻还进行教育研究和图书出版工作。高瞻大量研究及其成果的出版是在高瞻教育研究基金会的赞助下完成的。这些出版物揭示了高瞻课程模式对低社会经济地位的儿童的效果，以及高瞻课程模式乃至发展—建构主义课程模式的效果。虽然早期的一些研究指出早期教育课程模式对儿童发展的影响没有显著差异（Marcon，1992），但是最近有研究报告课程模式和儿童发展结果之间存在强相关（Quindlen，2001）。高瞻课程的研究者出版了课程质量研究以及对儿童成果的影响的研究的结果（Epstein et al.，1996；Muennig，Schweinhart，Montie，& Neidell，2009；Schweinhart，2003）。

研究表明，参加高瞻课程模式或者其他高质量的早期干预项目的儿童，在所有发展领域以及成人以后整体健康方面都有长期和短期的积极表现（Muenning et al.，2009）。高瞻还开展了教师培训的有效性研究和不同课程模式的比较研究，但是最著名的是佩里学前教育研究（Perry Preschool Study，Bracey，2003；Schweinhart，2003）。

佩里学前教育研究

佩里研究的对象是生活在贫穷家庭的儿童。把 3 ～ 4 岁的儿童随机分配到不接受学前教育组或接受使用高瞻课程的高质量学前教育组，收集他们在童年期、青少年期和成年早期的数据（Schweinhart，2003，p.8）。这项研究在 1962 ～ 1965 年开展，参与者为 123 个非洲裔的美国儿童。他们除了接受每周一次的家访之外，每星期有 5 天去幼儿园。在参与者童年时期，研究项目每年会向他们和他们的父母了解相关学业、发展、生活等信息，成年以后则改为定期收集。这种针对特定样本的长期数据收集方式，叫纵向研究。最近的数据是在研究对象 40 岁时收集的（Schweinhart et al.，2005）。这些年发布的研究报告，特别参与者 27 岁时的研究报告，显示人们越来越关注早期教育特别是早期干预项目的质量。

该研究包含了研究设计的基本要素和收集数据的方法，这些都是高质量研究的标志。

* 参与者随机分配（接受或不接受学前教育的小组之间的结果差异，更多的是项目本身的影响，而不是因为样本的异质性）。

- 纵向设计（追踪同一研究对象一段时间，以确定其结果是因为干预而不是因为人的不同产生的）。
- 低流失率（很少有研究对象退出研究；收集的数据大多数来自原始参与者）。

可以这样说，这些是隐藏在现象背后的质量指标。自从有影响力的"27 岁"报告出来后，大家开始关注对项目参与者的实际效果。研究人员收集了参与者青少年时期的学校表现（特殊教育需要、毕业率）和 40 岁时生活指标（工作地位、犯罪率、房产）。报告中最吸引眼球的是成本—效益分析：对早期干预项目的公共投资数额与实际的回报之比。研究结果总结详见表 7-2（Schweinhart et al.，2005）。研究结论意味着高质量的早期干预项目对于生活在贫穷家庭的儿童的人生有积极作用，而且，这些作用将持续影响其在学校的表现以及成年后的经济收入和社会地位。

表 7-2　佩里学前教育研究（研究对象 40 岁时）的发现

效果	比较标准	表现对比数据	节约公共资源
教育：一般而言，实验组较少需要特殊教育服务，在智力和语言标准测试的几个计分点上得分更高，对学校有更积极的看法，父母的期望更高（如上大学）	需要特殊教育服务	实验组：1.1年 对照组：2.8年	$ 7303
	对学校的态度（参与者报告在家完成学校作业）	实验组：68% 对照组：40%	
	从正规的高中毕业	实验组：65% 对照组：45% （毕业率更高是因为实验组的女性毕业率高于对照组）	
犯罪率：一般而言，实验组犯罪率更低，较少因为暴力、毒品或财产而犯罪入狱，在监狱里待的时间更短	被捕平均次数	实验组：2.3 对照组：4.6	$ 171473
	被捕5次或以上	实验组：36% 对照组：55%	
经济收益：普遍来看，实验组到中年时较少需要社会福利救济；工资更高，有住房且每月为住房投入更多；拥有一辆汽车	40岁时仍在工作（符合之前收集的数据的趋势）	实验组：76% 对照组：62%	
	中等薪资	实验组：$ 20800 对照组：$ 15300	$ 16846
	40岁时拥有自己的家	实验组：37% 对照组：28%	

续表

效果	比较标准	表现对比数据	节约公共资源
健康／家庭：一般来说，实验组男性与家庭成员的关系更好，有自己的孩子，已婚	男性育有自己的孩子 男性报告说与家人相处"很好"	实验组：57% 对照组：30% 实验组：75% 对照组：64%	
总的成本—收益比：成本的最大降幅表现为减少犯罪率和由此带来的相关成本（88%）；提高收入带来更多税收；减少特殊教育服务需求；减少对福利服务上的需求也是一种回报。值得一提的是，实验组男性对公共回报的贡献率93%。		项目的花费 40岁时总回报/节约数 40岁时的回报与投入比	＄15166 ＄195621 1美元回报12.9美元（27岁时为7.16美元）

但是研究者提出，这些结果不能推而广之（Schweinhart et al.，2005；Sylva & Evans，1999）。例如，许多人将高瞻佩里学前项目和提前开端计划做比较，并错误地认为其结果也适用于提前开端计划。因此，有必要了解高瞻佩里学前项目带来终身效应的关键因素。

- 这是为收入有限家庭的3～4岁儿童设置的持续2年的教育项目。
- 课程和一日流程支持儿童自主学习，同时包括小组和大组活动。
- 教师有学士学位和教师资格证。
- 教师在实践中持续接受培训和支持。
- 每位教师服务5～6名儿童。
- 教师每周家访一次。

要期望看到在本研究中的积极的终身影响，其他项目必须具有可比性，即在这些特定的元素上相同。虽然高瞻佩里学前项目在目标和实践上有许多与开端计划相联系的地方，但也有一些差异。提前开端计划只是在最近才开始规定1%的教师要获得学士学位。同时，和佩里6：1的师幼比相比，提前开端幼儿园通常师幼比更高，与州的要求是一致的。有趣的是，美国各地许多提前开端幼儿园使用高瞻课程及其评价工具，高瞻课程的内容与提前开端的表现标准有联系。虽然佩里的研究结果不能推广到所有的提前开端幼儿园，但是高瞻和提前开端计划在历史、目标和实践上存在着某些联系。

可以这样来概括：所有生活贫困的儿童都应该参加高质量的有着某些普遍特征的

早期教育项目。另有其他高质量的早期干预研究也获得类似积极结果。因此，必须不断强调投资高质量早期干预项目的重要性。最基本的一点是：我们必须持续为最需要的儿童提供高质量的项目。早期教育专家基于佩里项目的研究结果号召我们追求高质量的实践，掀起了很多地方乃至全国性的讨论。这种对于参与者乃至全社会的回报，证明改善早期教育质量关系到每个人。

高瞻课程原则：多样性、融合性和应用性

高瞻课程中发展—建构主义的总体框架可指导不同实践，可以提高机构质量，也可以提升儿童的积极成果。其中的关键是成人能对儿童的自主游戏提供支持和帮助。高瞻课程源于 20 世纪 60 年代的社会改革运动，最初的重点是早期干预，宗旨是满足不同的家庭需要。高瞻课程的信念是重视并保护独特的家庭文化。任何个体和家庭都是独一无二的，不需要通过与他人比较来定义。《学前儿童观察评价系统》（COR Advantage）对儿童的期待是广泛的，包含多个水平（处于水平 1 的儿童不一定是有缺陷的，而是处于不同的发展阶段）（Shouse，1995）。教师把每一名儿童看作处于某个发展阶段的个体，就会珍视并支持所有儿童。

高瞻课程的另一个重要根基是，在儿童发展过程中家庭有意义的参与非常重要（Schweinhart，2003）。高瞻课程强烈主张将家访作为幼儿园与家庭建立开放的关系的渠道。家庭成员被视为儿童的第一任教师。高瞻教师在支持家庭的同时也努力寻求家庭的支持。家庭读写项目正在实施，以鼓励家长和儿童一起学习。通过开放的交流和外联活动，以及各种正式和非正式的报告，每名儿童独特的家庭文化都受到了欢迎。

教师还努力与双语学习者的家庭保持联系（Maehr，2003）。还记得在本章一开始的场景吗？教师用西班牙语和说西班牙语的儿童交谈，用英语和说英语的儿童交谈。他们通过两种语言之间的翻译，使小组中的所有儿童参与谈话。教师没有强迫西班牙语儿童说英语，而是用西班牙语沟通。用儿童的母语，对话会更详细，更有意义。

试想，如果儿童只能艰难地说几个英文单词，这会多么限制交流的深度与意义啊！有限的单词和短语不能充分表达他们的复杂想法，而思维和表达能力的差异会使这些儿童在课堂上处于极大劣势。还记得维果茨基关于语言和思维关系的论述吗？他认为，儿童用语言来组织思维，若禁止儿童用自己的优势语言表达，就是限制他们的思维。在儿童及其家庭学习英语的同时，保护他们的家庭用语是支持儿童语言整体发展的重要组成部分（NAEYC，1995）。

只要儿童有机会进入活动区学习，计划—工作—回顾的程序就能实施。提供开放性的材料，并给予他们充足的时间独自或以小组形式探索，这是发展适宜性早期教育实践的标志。再加上儿童的自主性和成人的积极呼应，主动性学习氛围就会得到加强。

除了让儿童主导自己的学习，教师积极支持儿童的学习，还应该让教师系统地评价儿童的兴趣和发展——这在教师和家长建立一个开放而紧密的关系时最有成效。教师可以利用课堂观察报告、逸事记录和儿童工作成品，与家长分享儿童在幼儿园的表现。但这只是一部分。

付诸实践

支持语言多样化的策略

入园的儿童，有着各种各样的家庭文化和语言背景。无论他们的家庭用语给他们带来了如何丰富多样的经验、知识、兴趣和能力，作为早期教育工作者，我们的责任是最大限度地支持每一名儿童的发展和每个家庭的成功。家庭用语不仅与儿童对自我和家庭的认同有关，还与他们的认知发展有着紧密的联系。重要的是教师对有着独特家庭文化的儿童能够保持敏感和回应。

对于儿童来说，最理想的发展和学习，是教师承认儿童的家庭用语，尊重和欣赏儿童的家庭文化，促进并鼓励所有家庭，包括扩展家庭和非传统家庭积极参与（NAEYC，1995，p.2）。美国幼儿教育协会对于与多元化的儿童和家庭一起工作，提出了如下可操作的建议。

- 理解家庭文化与儿童认知和情感之间的联系。
- 认识到儿童第一语言（母语）的日益熟练有助于第二语言（英语）的学习。
- 支持儿童通过艺术、运动或者手势等多种方式（语言）来分享和表征他们的理解。
- 认同保护家庭用语的重要性，同时支持和鼓励家庭参与课堂，学习英语。
- 发现能够帮助你与儿童及其家庭相互交流的资源，包括翻译者、字典和翻译软件。

欲了解更多信息，可下载美国幼儿教育协会关于语言和文化多样性的立场声明（www.naeyc.org/positionstatements）。

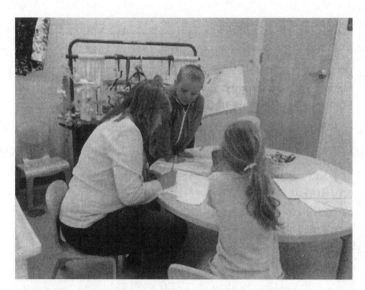

系统的评价包括做记录、拍照片，记录儿童的对话和作品。

　　教师还需要从家长处寻求更全面的信息，视家长为儿童第一任教师。重要的是，教师用各种各样的方法鼓励家长参与，尊重本土文化，以开放、客观的方式了解儿童的家庭生活，邀请家长到幼儿园分享独特的家庭文化。打开家园沟通的大门，让教师能够将儿童家庭生活中真实的文化经验融入课堂。这是让学习对儿童有意义、认可家庭的作用的关键。

结论

　　高瞻教育研究基金会示范了为儿童服务的早期教育工作者所能做到的一切。高瞻课程强调尊重儿童的兴趣和能力，强调儿童主动参与学习，为儿童成长为深思熟虑、有责任心的人奠定了基础。

　　高质量的早期教育对收入有限的家庭具有持续的重要影响，但高瞻课程模式为早期教育机构提供面向所有家庭的高质量早期教育确定了路线图。作为早期教育专业工作者和儿童的代言人，教师必须了解最新研究，这可从高瞻研究课题和报告着手。高瞻研究强调尽可能满足贫困儿童的需要，这对所有教师来说是至关重要的。儿童贫困率仍在上升，几乎所有的教师都会在职业生涯中碰到面临经济压力或者资源有限的家庭。证据一再表明，高质量的早期教育能够缓冲贫穷带来的风险，所以，知道如何尽可能地为儿童一生的成功提供机会是所有教育工作者的责任。

总结

- 高瞻教育研究基金会是一个通过研究、培训和出版促进最佳早期教育实践的组织。
- 高瞻课程以建构主义学习理论为基础，最初是一个早期干预项目。
- 计划—工作—回顾程序鼓励儿童想好要选择什么活动和材料，主动实施计划，并进行反思。
- 广泛的关键发展指标引导着教师设计一系列活动，促进儿童在各领域的发展。
- 教师通过社会性互动和游戏，运用灵活的鹰架策略引导和支持儿童学习。
- 利用《学前儿童观察评价系统》（COR Advantage）开展正式观察是评价的基础。
- 高瞻佩里学前教育研究影响了我们现有的知识和实践。
- 高瞻佩里学前教育研究的长期追踪结果显示，高质量早期教育的积极影响会从儿童时期持续到中年。
- 高瞻课程特别适合多样化的儿童和家庭，尊重儿童的不同能力水平和文化背景。
- 高质量的师幼互动、计划性和家庭参与是高瞻的标志。

本章自评

请在表中写下你所学到的，每个学习目标写3～5个关键点	
阐述高瞻教室里的学习活动	
了解高瞻课程的主要内容	
考察高瞻课程中教师的重要作用	
讨论高瞻课程中儿童评价和机构评价的指标	
讨论高瞻研究的启示	
探究高瞻课程实践的多样性和融合性	

应用活动

讨论提示

1. 回忆本章开始的观察。根据音乐小组的兴趣，你将给教师什么样的课程建议？

想一想关键发展指标、儿童的发展和兴趣。

2. 儿童在计划—工作—回顾的过程中纪律问题较少，对于这一点你怎么看？

3. 你认为计划—工作—回顾的过程可能通过哪些途径影响儿童以后的亲社会性行为（如减少犯罪）？

在课堂上

上高瞻官网了解有关佩里学前教育研究的内容，其中有个视频是关于参与者40岁时的影响的。记录高瞻课程为了影响贫困儿童是如何设计的。分小组讨论项目设计的目标与实际结果。

在实践中

在自己学习过程中使用计划—工作—回顾循环。设计一个合适的活动，整合至少4条关键发展指标；预测儿童将如何回应，可能会出现什么问题以及如何解决，期望什么结果。实施这个活动。写下你的感想并与全班分享，可以联系你的预期目标，分析你是如何贯彻执行的，你从经验中学到了什么（可以选择任何媒介或格式）。

你的档案袋

选择一个领域，设计活动区，支持这一领域的每一条关键发展指标。一定要与发展建构主义理念和主动学习的目标一致。你可以画一张活动区草图，写出材料清单，描述你的目标和目的。这项活动可以放在"学与教"栏目。

相关网站链接

高瞻教育研究基金会（HighScope Educational Research Foundation）
www.highscope.org

《学前儿童观察评价系统》（COR Advantage）
www.coradvantage.org

第八章
项目教学法：
早期教育中的主动探究

CHAPTER 8

本章学习目标

⊙ 阐述项目教学法的历史根源。

⊙ 考察项目教学法的重要特征。

⊙ 明确项目教学法的结构和过程。

⊙ 讨论项目教学法如何反映当今的最佳实践。

⊙ 探讨应用项目教学法的策略。

　　儿童中心的课程理念由来已久，创建真实的、自然的且源于儿童日常经验的学习环境的重要性怎么强调都不为过。创建真实的学习环境是充分发挥儿童想象力和吸引儿童感官参与的最有效途径。基于儿童的兴趣和真实经验，学习才会生动、鲜活。教师努力使儿童对课程活动保持兴趣，对破坏行为（这里指的是扰乱课堂纪律等）加以控制。所有的教师努力培养儿童的内在（固有）动机，使他们投入学习。项目教学法能最大限度地激发儿童的兴趣，支持儿童的思维向更高水平发展，并使儿童参与情境化的学习。教师指导和促进儿童亲自参与有意义的、有趣的探究，以促进儿童智力和社会性的发展。教师认为儿童是学习过程的主人，帮助他们在自己的世界开展思考。

　　本章对项目教学法，包括学习经验的结构和过程进行了概述，也探讨了项目教学法在应用过程中所面临的挑战与机遇。

项目教学法的背景

历史背景

项目教学法的许多关键要素并不新鲜或独特。基于项目的课程受 20 世纪早期英国幼儿学校（Infant Schools）的影响。约翰·杜威（John Dewey）在芝加哥大学的实验学校也用了这一方法，后被威廉·克伯屈（William Kilpatrick）进一步发展。这种强调主动探究和亲身实践的生成课程（源于儿童的兴趣）已经在国际上实践了几十年。考虑到教育实践像钟摆一样摆动不定，项目教学法在教育领域里时而被认可时而被否定也就不足为奇了。项目教学法一度被认为与强调技能的学业课程不同，甚至与正规教育模式相冲突。因为现在该领域的研究已经从非此即彼式的思维走向"既 / 和"的哲学理念，项目教学法再一次受到青睐（Katz & Chard，2000）。

不管是幼儿园老师还是小学老师，都努力在项目学习和国家标准之间建立深度连接（Mitchell，Foulger，Wetzel，& Rathkey，2009）。项目教学法平衡技能学习和儿童的兴趣，关注广泛的学习目标，是让儿童参与有意义的、有目的的学习活动的可行方法。参观运用项目教学法的教室，并注意教师和儿童如何共同参与整合的课程探究。

教室一瞥

为了更加清楚地了解项目教学法的实施，让我们一起来参观一个一年级教室，看看孩子们是如何通过探究和调查进行学习的。

在一个海滨社区的中等规模的公立学校，米歇尔老师班上的一年级学生已经对栖息在海边的生物种类进行了两周的调查。作为当地文化和地理的一个必不可少的组成部分，海滩是孩子与他们家庭拥有广泛共享经验的话题，也是家庭度假和班级旅行的一个好去处。这次的研究源于 3 周前发生的一件事。米歇尔老师解释说："这一切都开始于西莲和家人的周末旅行。那次旅行之后的星期一，她带着收集到的贝壳和马蹄状的蟹壳来到学校。孩子们都被她的宝物所吸引。他们不停地谈论着这些宝物。我们把这种激发了孩子们热情的事件叫作催化事件。它可以是任何事物，只要可以激发孩子的兴趣，促使他们想要知道更多。"

　　许多孩子都对贝壳表示兴趣，并开始询问西莲是如何找到的，住在贝壳里的生物有什么特点。经过了几天的小组讨论和游戏，米歇尔老师决定把孩子的问题和他们已经知道的关于这个话题的相关内容做成一张表。"我们通常以孩子熟知的某个主题来开始项目，然后讨论他们想了解得更多的内容。这就是 KWHL 表：我们知道什么（what we know），我们想要知道什么（what we want to know），我们如何找到答案（how we can find out），我们学到了什么（what we learned）。"

　　在讨论的第四天，米歇尔老师开始在课上制作一个以沙滩生活为主线的概念网络图。网络图包括一些子话题，如带壳动物、植物、鱼类和鸟类。从这些子话题中又发散出一些额外的分支，形成了一个知识脉络和可能的研究领域的网络图。孩子们对水里的和陆地的动物都充满兴趣。网络图还包括了孩子们的问题以及对如何找到这些问题答案的初步设想（图 8-1）。米歇尔老师解释说，网络图有助于引导孩子们的研究，也可以记录他们早期理解水平。"但是助教老师和我也用这些网络图标注哪些内容符合州学习标准。当孩子们开展调查时，也就是做他们自己的研究时，我们浏览州学习标准，记下哪些活动对应和表现了哪条标准。对于我们来说，这是一个很好的方法，便于及时发现我们已经涉及了哪些内容，以及哪些内容是需要在教师指导的活动中涉及的。在孩子们完成任务的过程中，我们也一直做笔记。对我们来说，这是一种评估工具；对孩子们来说，是一种计划工具。"

　　在我们参观教室的那天，一些孩子正准备前往海滩，在那里他们将分小组进行调查。他们都带了剪贴板、铅笔和纸。有一组孩子对收集贝壳标本有兴趣。他们将收集真实的贝壳，绘制实地考察草图（画下他们在实地考察中所见到的内容）。另一小组的孩子想去数他们所看到的鸟并画下来。在彩图版百科全书上，他们标记了他们预测将会在海边看到的鸟。还有一组孩子将探究潮汐。这个小组将会对潮汐线进行测量，并记录变化。一些父母对这次出行给予了帮助。米歇尔老师说，许多父母也都参与了，他们尽可能提供材料来支持孩子开展该项目。

　　除了正在为实地考察做准备的孩子，还有一组孩子将会留在教室里。他们在忙着分享前不久去水族馆的经历，试图改造教室的一角，用来展览水族馆绘画作品。当你浏览艺术区背后的墙，你会注意到不同种类的鱼和贝壳的图片和涂鸦，上面都标有名称。在桌子上摊了一本图画字典和一些图片书，与孩子们的照片和草图放在一起，都是孩子们的参考材料。

有3个孩子坐在艺术区，正在讨论着他们的水族馆创作计划。这些孩子已经画了几种不同的鱼和蟹，用黏土捏了贝壳。他们现在正在寻找代替水的东西。迪恩老师和他们坐在一起，在一个观察记录本上记录着他们的对话。

迈克尔：我们需要使我们的鱼和贝壳看上去像在水中。

格雷森：是的，我们需要的是蓝色的、透明的水。

尼古拉：我们可以用蓝色的纸。

格雷森：（停顿了一会儿）不……纸不是透明的。我们透过水看到水中的鱼和贝壳。水紧挨着玻璃，鱼在它后面。

尼古拉：所以，我们需要一些清澈的又是蓝色的东西。

格雷森：是的，要有光泽，使它看起来是湿的（孩子们停下来，看了看周围）。

迈克尔：我们以前画的蓝色的塑料纸怎么样？（他指了指艺术区蓝色的玻璃纸）

尼古拉：是的，那很透明，不仅是蓝色的，还有光泽，就像水一样。

格雷森：是啊！我们就用它吧！

米歇尔老师解释说，孩子们的讨论记录和图片是档案袋中重要部分。"我们很幸运能用录像机、数码相机、录音机记录孩子的言行。孩子们也在用这些记录他们认为重要的东西。我知道让孩子们用这些设备看起来有些奇怪，但是我会告诉他们如何操作和合理使用。他们都知道这些设备很昂贵，也知道他们在做的工作很有价值。我们尊重孩子，认为他们能够恰当地使用设备，爱护班级财物。"

项目支持儿童通过一手经验学习，可分为个人的、小组的和大组的等多种。

通过记录班级的活动和谈话，老师们能够捕捉孩子们的学习和进步。孩子们也能记录自己感兴趣的和激发自己思考的事情。孩子们用照片、作品、视频等来回顾他们的经历。回顾和再表达的过程使得家长、老师能够看到孩子在运用不断增长的知识和技能。米歇尔老师强调"运用"这个词，指出通过这种方法，孩子们在发挥他们自己的能力，同时也在学习和进步。

环顾教室四周，你会惊喜地发现，几乎所有孩子都在积极地活动：一些正在搭建水族馆；一些正在画水族馆标志，用黏土捏贝壳；一些正在扮演鱼和螃蟹；一些正在整理贝壳并进行分类。看起来孩子们真的都在积极地探索着，并用自己满意的方式来表现。房间里每个人都乐在其中，每个角落都在进行探索和发现。只需要一点时间，你就能发现全部的景象。

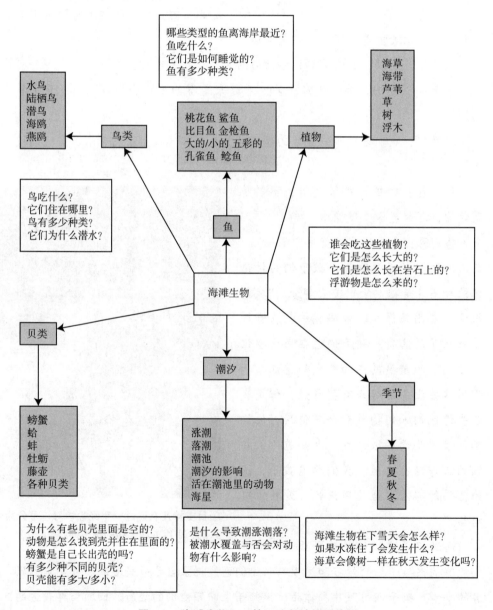

图8-1　海滩生物——第一阶段计划网络图

什么是项目教学法

根据项目教学法的理念，当儿童每天都能参与有意义的、真实的探索之中时，他们便能学得最好。从"教室一瞥"可知，儿童正积极主动地探索着对他们来说有意义的主题。这些主题可以来自他们自身的经历，也可由教师深入观察和了解儿童的兴趣后产生。不管学习什么主题，任何好的项目，其基础都是儿童积极参与、主动探究，同时教师在旁边支持和帮助他们学习。"项目的一个关键特征在于它是研究，儿童寻求回答自己提出的问题。"（Katz & Chard，2000）教师和儿童一起列出问题清单，画出项目主题各概念之间的相互关系。教师通过持续观察和评估儿童的兴趣与能力，既判断项目主题的可行性，又评估儿童的学习。

项目教学法的核心是这样一种假设：当儿童开动脑筋学习时，学习效果将达到最优（Katz & Chard，2000）。儿童参与有意义的活动，积极发现他们感兴趣的东西。兴趣是增强儿童探索、提出问题、寻找答案、发现与分享的欲望的一个强大内在动机。还记得那些解决水族馆设计问题的儿童吗？他们专注于寻找能够最真实反映水族馆场景的方法。他们明白要尽可能真实地再现考察过程中见到的东西。当他们试图尽可能准确地再现水族馆时，他们的对话表现了对于表征已经学习到的知识和经验的激动和期待。儿童的情感体验（激动、感兴趣等）是项目教学法 4 个主要学习目标之一，一个经常被忽略的方面。

项目教学法有 4 个学习目标，每一个对促进真正的、有意义的学习来说都是同等重要的。

- 知识。
- 技能。
- 学习倾向（dispositions）。
- 情感。（Katz & Chard，2000）

知识

知识是一个被广泛接受的目标，指儿童通过学习某些内容、事实、概念和信息，掌握一些基础知识（Gregory，2002）。这些知识是儿童成长为社会有用人才的基础。在幼儿园和小学低年级要学习的知识包括：区分颜色和形状，理解算术概念，掌握当地地理知识，理解发音与单词和句子的关系。知识经常与州或国家的课程标准联系在一起，根据儿童年龄特点和现有发展水平分阶段学习。

激 发 兴 趣

在海滩生物项目中，一个孩子分享了和家人去海滩的经历，分享了自己发现的贝壳，大家的兴趣都被激发了。有时，有价值的项目主题很容易在孩子的生活中出现：去公园里散步，孩子看到了一个成员多的大家庭；在街上走路，孩子看见一辆消防车或者救护车；孩子不得不去医院看病；带宠物去看兽医。有时你可以慢慢地将孩子的兴趣延伸，导出另一个新的主题。或许周末你去参观了一个新的展览，你可以带回来一些物品与孩子们分享。机票存根、小宣传册、明信片或海报都可能会吸引他们，你可以生动地告诉他们你所看到的和做的事情。或者，你可能有一个朋友或是一位家长在超市工作，那么就可以邀请这个人到班里来，或安排孩子去超市参观。家长以及他们的工作和爱好可以是很好的资源。你也可以试着分享一些特别的东西，比如一个马蹄形贝壳，或者是一些特殊的石头。通过分享自己感兴趣的东西，或许可以引出孩子们的下一个项目。

技能

技能的发展和掌握也是常见的教育目标。当儿童在完成某些任务时，他们就会使用这些技能。比如使用剪刀剪东西，这是一种比较精细而且需要协调能力的技能；画周围环境或想象的场景，涉及小肌肉运动、认知和审美的技能。用书面语去交流，显示了语言方面的技能。儿童也会学习掌握一些生活自理能力，如学习用勺子吃水果沙拉。

学习倾向

类似的学习目标可能人们提得不多。学习倾向与儿童对待学习和新事物的性格或习惯有关。虽然我们可能对发展儿童"爱的能力""读书的兴趣"或者"想要挑战的欲望"这些目标很熟悉，但是很少有教育方案明确提出可以达到这些目标。由儿童领导的、有意义的、真实的项目一定可以吸引儿童的兴趣。他们探索和表现知识的兴趣会被他们的内在动力所激发。项目教学法从以下几方面为儿童发展学习倾向提供机会。

• 不断地假设（通过最初形成的网络图，围绕主题进行对话）。

- 积极地探索、验证假设（通过现场考察）。
- 综合信息（通过展示、分享新发现的知识）。

有时教师很难激发儿童的兴趣、维持儿童的注意力和控制儿童的行为，似乎使用一些小贴画、奖励分数或是糖果这种外在的奖励方式是唯一可以使儿童注意力集中的方法。然而，教师发现项目教学最大的优点就是儿童可以自然地集中注意力，因为工作来自儿童自己的兴趣、想法和问题。为了让儿童在学习中变得更加有自控能力，教师很少管理儿童的行为。

情感

很难将促进儿童积极的情感作为课堂的直接目标。简单地教儿童要自尊、自强、接纳别人和安慰别人，并不能真正促进他们的内在情感。儿童需要真正的、真实的机会参与能够促进他们情感发展的课堂活动。在选择主题时，一个关键的标准就是选择一些儿童熟悉的主题，也就是一些贴近儿童生活的主题。以儿童熟悉的事物为主题，是儿童可以接受的、呈现知识的方式，在这种方式中儿童开始探索，从而提升他们的自信。

正如本章开始提到的，在海边生活的儿童在教室里讨论的最热门话题是"海滩"。这一主题的探究，可以让儿童充满自信。他们有很多关于这个主题的个体经验，还有很多对项目有作用的经验和知识。通过列一个 KWHL 表格，列出最初的计划、结构，然后列出儿童已经知道的和想要知道的东西，突出儿童已有的知识及其价值。这种由儿童选择的活动，可以让他们在新的环境中使用自己的技能，这增加了儿童的成就感和满足感。

4 个具有内在联系的学习目标

随着研究的深入，儿童开展了广泛的活动。他们或以小组的形式，或全班一起，或者独立完成任务，学习知识和技能，养成积极的学习态度，获得满足感。儿童在海滩生物项目中学到许多有意义的知识，包括海滩上不同动物的名字，以及潮汐等有关海滩生态系统的知识。在这个项目中，我们看到儿童使用计算、分类、绘画和语言技能，采访专家，并且相互交流。儿童天生的好奇心、探索精神和积极解决问题的学习倾向，在他们用新的方法呈现研究结果时又得到强化。

当儿童一步步实现他们表现水的想法的时候，他们证明了自己解决问题的能力和毅力。关于这个项目最特殊的部分是由儿童的满足感、成就感和团体接纳感所营造的积极情绪氛围。儿童个人加工和表征信息的风格在许多不同的项目活动中都得到了尊重。每一名儿童在小组里的存在感增强了，因为每一个体都有所贡献。多种多样的活动和表征，意味着认同、鼓励和支持儿童用多种方式处理信息和经验，同时支持每名儿童在他现有水平上的发展和提高。这种对学习者多样化的支持是项目教学法的主要特征，使得项目教学成为一种整合的、包容的学习方法而备受人们欢迎（Hertzog，2007）。

付诸实践

项目与课堂管理

有一次实施露营计划，我几乎跟不上孩子们的脚步！他们真的深入其中，非常想在角色扮演区建立自己的营地。他们讲篝火之类的故事。一些孩子在墙上制作拼贴画。他们先贴上深色纸，接着往上面贴星星和月亮。另一些孩子在浅色纸上贴太阳和小鸟。都贴完后，一个孩子画了一条狗，将它贴在了画的最下面。他们做纸岩石。他们还想要做出一条河流，我帮助他们在地上贴上蓝色的纸。你知道有很多小的项目都在同时进行，看起来很难顾过来，但实际上他们自己完成了。我们提供材料，在他们需要帮助时给他们提供建议，并帮助他们找到资源。

有家长开着露营车来了，孩子们好好体验了一把。我们在操场找了一块地，扎营吃了一顿午餐，还在帐篷里小憩。之后，孩子们画了一张图，用来比较他们更喜欢帐篷还是露营车。当他们知道帐篷没有浴室的时候，大多数孩子都选择了露营车。一个小组决定用洗衣机和烘干箱来建造一辆露营车。随着若干小项目的开展，所有的孩子找到了他们真正可以参与的事情。我们能够看到所有展开的活动，记录他们的学习和让他们激动的事。当我们邀请家长来享受野餐并总结这个项目的时候，他们也玩得很愉快！

项目教学法如何实施：结构与过程

当你想象儿童开展项目时，你可能想到的是他们围坐在一张桌子旁，在教师的指导下使用桌子上的各种材料开展多种手工制作。或许你会想到科学展览会，儿童独立设计和布置一个展览，说明一个特殊的现象。然而，在项目教学法中，儿童的经验结构更为系统。系统化的结构中最吸引人的特点就是：它提供给教师，甚至是新手教师，一个开展项目的清晰框架。

一旦选择了主题，教师和儿童将分 3 步建构活动。尽管每一个项目在实际实施中会有不同的活动，且因为参与者不同而出现若干不同的表征，但是都分为 3 个阶段。

- 第一阶段：计划和质疑。
- 第二阶段：调查和研究。
- 第三阶段：概括和总结。

对于教师来说，保留儿童在每一个项目每一阶段活动的详细数据是非常重要的。正如本章开始米歇尔老师说的，这些数据将有如下作用。

- 记录这个项目的发展轨迹。
- 呈现儿童完成项目的过程。
- 真实记录儿童的学习，同时与标准联系起来。

让我们更细致地探索每一阶段，包括项目是如何开始的，儿童都开展了哪些活动，教师使用哪些策略支持儿童发展。

项目开始

许多项目的开始经常有一个起催化作用的事件，激发了全班或是班中一部分人的兴趣（Chard，1998a，1998b）。催化事件可能是一次小组分享，例如在散步时看到消防车（Helm & Katz，2001）或者在周末理发（Gallick，2000）。教师关注儿童的游戏和对话，判断儿童的兴趣水平和项目的可能性。记录儿童关于该主题的问题和想法，对于启动任何一个项目来说都是非常重要的，因为它可以给项目提供方向，确保活动是基于儿童的兴趣的。很有必要记录儿童的兴趣最早是怎么产生的，比如，是因为一次集体活动，还是因为某个人的经历或教师提议？

第一阶段：计划和质疑

第一阶段意味着项目的正式开始。教师通过儿童的谈话、提问、操作甚至是戏剧表演，观察儿童的兴趣表现。一旦教师发现了儿童的兴趣，判断可以据此创造有价值的主题时，计划就开始了（Edwards & Springate，1993）。项目教学法的一个标志是儿童在一定的支持（有时是指导）下推进项目。而儿童真正主导项目的一个标志是提出影响研究过程的问题。教师和儿童一起写下：要研究什么问题，已经知道什么和想要知道。这个过程通常会出现错误概念，但是这些错误是非常重要的，需要列出来。记下所有儿童最初的想法，以便在儿童探究过程中加以回应。关于主题的最初想法可以通过 KWHL 表来记录（表 8-1）。

表 8-1　海滩生物项目的 KWHL 表

我们知道什么	我们想要知道什么	我们如何找到答案	我们学到了什么
生活在海边的贝壳	为什么有些贝壳里面是空的	去海滩	
生活在贝壳里的鱼	为什么有些鱼会游泳，有些鱼生活在贝壳里	问海洋生物学家（一个孩子的家长；大多数孩子不知道这个称谓）	
一些贝壳里面是空的	鱼吃什么	书	
有些鸟会飞，有些鸟会游泳	鸟吃鱼吗	网络	
	石头上的贝壳叫什么，当水流过去时会怎样	去动物园（水族馆）	
	这里共有多少种贝壳		
	贝壳可以长到多大		
	鱼在水下如何呼吸		

　　当儿童的问题和想法都记录下来后，全班就可以开始制作概念网络图了。概念网络图能直观表现不同想法及之间关系。在纸中间先写出主题，教师和儿童围绕这个主题展开头脑风暴，尽可能多地提出子问题。这是一张呈放射状的网络图，概念越来越具体。这张图在儿童探究的时候能够提供指导，也是对前期调查的记录。在调查研究的过程中，随着儿童知识和经验的积累，这张网络图不断修改、补充。这是一个复杂的过程，所以在开始的时候用一张大纸会比较好。

　　当儿童提出问题、做出假设、计划如何研究他们的主题时，教师要整合资源去支持他们。项目工作的基本要素就是使用一手信息。儿童获得直接经验——通过直接操作材料或与到访专家交流。这也是鼓励家长参与的最佳时机。可以给家长写一封信，描述儿童的兴趣以及家长可以如何去帮助儿童展开项目。通常家长也可以作为一手信息提供者被邀请到班上。有时家长甚至可以持续提供帮助。

　　书籍和在线资源，或者二手资料，可以与一手资源相结合来帮助儿童理解。重要的是，这些资源必须尽可能真实地提供准确的、可靠的信息。有丰富图片的字典、非小说类故事、简单的百科全书，是教室里的主要资源。总结儿童的问题并且充分利用这些资源，研究就真正开始了。

第二阶段：调查和研究

第二阶段主要是儿童探索主题和相关问题。这是探究的中心。在这个阶段，儿童外出实地考察，面对面地与来访专家交流。儿童寻找问题的答案，并且用多种媒介去表现知识和经验。儿童看、摸、画、操作、计算、测量、分类，和环境充分互动。实地考察可以提供与专家对话的机会。在消防车主题活动中，儿童的实地考察可以是去一个消防站观察，去探索梯子、胶皮管，向消防员了解他们的工作和生活。儿童还可以穿戴上消防员的衣服、帽子和靴子，扮演消防员（Helm & Katz，2001）。这种角色扮演游戏让儿童，尤其是小年龄的儿童有机会更加深入地探索他们的主题。

第二阶段的重要内容是儿童经验的呈现。在海滩生物这个项目中，儿童实地去海边探索，对海边生物的生活习性有了深入直观的认识。尽管他们之前可能去过海滩，但是通过调查研究，他们形成了一个更加深入细致的知识体系。他们也会学会许多技能，而且是在有意义的、真实的应用中学会的。在本章开头的一年级教室中，第二阶段主要进行了以下活动。

- 绘图。
- 测量。
- 画画。
- 根据百科全书给标本贴标签。
- 书写（符号）。
- 角色扮演。
- 解决问题。
- 寻找问题的答案。
- 再现所看到的东西。

● 建构和表征知识

项目工作通常有利于形成各种合作小组。这对儿童来说很有价值，让儿童有机会立体建构、全面展示。例如，儿童在露营项目中决定用大箱子建造一辆露营车。年龄大的儿童可以先搭建一个框架，然后再安装细节。年龄小的儿童更愿意开车或躺在车里面。通过建构和表演游戏，不同发展水平的儿童能够用不同的方式表征他们的知识。

教师在第二阶段的作用

通过不断回顾和修正他们先前的表征，儿童、教师和家长可以看到理解是如何发生改变的。为了证明儿童的发展，教师有必要认真且系统地记录儿童的表征、活动和对话（Edwards & Springate，1993）。在这个阶段，教师可以指导儿童的探索，帮助他们纠正第一阶段的错误概念。例如，通过海滩生物项目中父母（专家）的到访，让儿童了解软体动物和鱼的差别。这与他们对鱼和贝的问题有直接联系。通过不断观察儿童的进程，教师也能关注到需要更多强调哪些内容和标准。

教师积极参与组织儿童的活动，并且鼓励儿童提出问题，探讨和解决问题。教师通常对大项目下的小项目进行协调，不断找出需要的材料和资源。教师也保持与家长的联系，寻求他们参与活动的同时，让他们及时了解儿童的进步（Beneke，2000）。实地考察后，教师帮助儿童回忆，支持儿童提出问题并进行探索。通过鼓励儿童多画图（现场草图和后期的表征），教师能够捕捉到儿童知识和能力的变化。随着时间的推移，教师不断分析、比较儿童的图画和表征，从而让儿童的学习"看得见"。

儿童形成学习共同体，分享各自的经验，挑战过去的想法，建构新的认识。这种体验式学习，能让儿童之间形成强联系。实地调查还让儿童把学习与真实世界联系起来。

当所有的问题都找到了答案，儿童的调查也结束了，教师应该意识到项目可以结束了。这是转向第三阶段活动的时间节点，让儿童有机会结束调查并且分享他们所学的东西。

第三阶段：概括和总结

正如项目开始时教师和儿童一起商讨活动计划一样，大家可以共同决定如何去结束项目。当教师注意到儿童调查和玩耍的兴趣慢慢减退的时候，要很好地利用这个时间点去引导儿童进行回顾和总结（Katz & Chard，2000）。对整个班级而言，这个过程非常重要。全班可以反思过程，自豪地分享学到的东西。询问儿童想要如何分享他们的项目，也会让儿童的最终满意度提高。毕竟这是儿童自己的项目，所以最后的阶段也应源于他们的想法。

小组讨论时，同样可以围绕相关问题和观点进行头脑风暴，展示创造性方法。可以采取以下方式总结项目。

- 儿童作品展。
- 记录性质的书。

- 纪录片。
- 家庭和社区的开放空间。
- 放映幻灯片。(Helm & Katz, 2001)

教师使用儿童的作品及记录板与家长分享学习过程，吸引家长参与。

  教师和儿童可以一起在众多的可能性中探讨最受欢迎的方式。第三阶段的目标是分享经验，结束项目（Edwards & Springate，1993）。记录最后阶段的成果是教师收集儿童评估数据的另一种方式。录像机、数码相机、录音机是捕捉儿童进步并帮他们记录进程和访谈专家的必不可少的设备。定期使用音频、录音机也会让教师获得儿童对话的真实材料。儿童的谈话记录可以揭示他们的思维过程。

  下面是项目教学需要特别注意的地方，关系到项目教学与最佳实践的契合度。

实施项目教学法面临的挑战和机会

  前面我们已经学过发展适宜性实践、建构主义等，项目教学法也与当下最佳实践有很多相通之处。公认的最佳实践一般具有以下特点。

- 平衡基于能力和基于兴趣的活动。
- 营造好奇和探索的氛围。
- 提供许多积极动手操作的学习机会。
- 儿童之间、儿童与教师之间互相呼应和支持。
- 保持家园之间的开放联系。

• 把游戏作为学习的工具。

我们知道，儿童一出生便是环境的积极探索者。蹒跚学步时，他们充满了问题，甚至对小细节都很着迷。儿童需要积极的指导和悉心搭建的支架，从而充分发挥潜能（Vygotsky，1978）。我们知道儿童需要具体的，对他们的生活有意义的，在时间、内容、环境上具有连续性的经验（Katz & Chard，2000）。所有这些元素都能在项目工作中找到。

项目教学法的支持者提倡儿童在教师指导下获得一些基础的技能，同时儿童也需要自发的和自我指导的活动（Katz & Chard，2000）。因为项目源于儿童自己的兴趣，在项目进行中，儿童的动机一直很强，学习也变得更有意义。同样的，如果将项目的关注点集中到儿童生活中的某些话题，情境也是真实的。这让家长的参与变得相对容易，因为话题也是家庭、社区生活的一部分。深入调查熟悉话题的本质同样保证了儿童家园生活的连续性（Trepanier-Street，1993）。

回想海滩生物项目。这一主题是家庭和社区所熟悉的，是家长和儿童共同经历过的。通过实地调查、假设和发现，儿童天生的好奇心和探索自然的欲望不断得到培养。一些儿童想了解鸟类的生活，他们通过翻阅百科全书做出预测，然后用真实的数据验证预测。因为项目受儿童自身的问题引导，所以他们的求知欲自然地得到鼓励。

超越游戏：项目教学法的不同之处

和其他以游戏为基础的课程模式相比，项目教学法更强调游戏是儿童学习的主要途径。强调以游戏为基础的教育理念通常认为，早期的学习环境应该是完全以儿童为中心的，不需要教师的严格指导。一个有价值的任务，儿童成为活动的核心，是公认的良好实践也是项目教学法的一部分。然而项目教学法倡导者也指出游戏不是儿童提出问题的唯一方式，重点应放在儿童 4 个方面的发展：知识、技能、学习倾向、情感。项目教学法的支持者们同样认为儿童的游戏是自然的、必要的，是早期教育关键。然而，游戏不是让儿童深度参与质疑问题解决、表征等智力活动的唯一途径。有所聚焦的积极探究再结合游戏，是确保深度参与和学习的适宜模式。

实施项目教学法的挑战

有时候，教师会依据学校的发展背景和目标来表述项目教学法面临的挑战，主要是与标准测试相关的课程、作息表和直接教学的需求（Hertzog，2007）。儿童有时被认为缺乏知识，不能保持注意或者缺乏深入研究，这在很多情况下是因为教师缺乏准备或者缺少项目实施的具体策略。当教师为儿童提供支持和深入探究的机会时，效果是显著的。项目中教师的支持包括提供指导、时间和材料，记录儿童的学习——正是通过记录，项目才能明确地与国家要求、国家标准相联系。

儿童有能力参与探究和主动探索，但是他们的能力经常被教师低估。教师经常替儿童做决定，限制儿童的思维。通过探究式的项目活动，儿童发展了积极的学习倾向和情绪情感。通过以技能为基础的教学、以兴趣为基础的活动，并在游戏和社会化之间保持平衡，四大学习目标被有意义地整合到学习环境中。

应用项目教学法

选择主题

保证学习成果的关键在于平衡项目活动，但是项目主题的选择也许更重要。教师负责选定项目活动的主题。绝大多数情况下，教师遵循的是儿童当下或者潜在的兴趣。在根据儿童的兴趣判断某个主题的价值时，有几个重要的标准需要教师掌握。

- 有机会获得一手资料吗（包括实地考察和专家访谈）？
- 主题值得教师和儿童花时间和精力吗？有足够的深入调查空间吗？
- 主题能激发儿童深入调查的兴趣吗？
- 主题与儿童的日常生活有关吗？是他们可以直接了解到的吗？
- 许多儿童都有共同的经验吗？
- 主题是否有助于实现课程标准和学习目标？
- 主题可以通过多种媒介呈现吗？
- 主题太泛或太窄（如消防车项目是具体的，但消防安全的话题太抽象）？

（Helm & Katz，2001；Katz，1998；Katz & Chard，2000）

记住这些重要标准，教师通过观察儿童并与儿童对话来确定合适的主题。此外，教师自身对于主题的兴趣、有关经验和知识也会推动项目发展。这可能意味着在儿童兴趣建立的早期阶段，教师需要自行做一些研究（Katz & Chard，2000）。了解主题及可利用资源（考虑家长、社区成员和网站）是教师的重要职责，也有助于教师设计并成功实施项目。

文化适宜性和融合性

项目来源于儿童的世界，来源于他们的生活、兴趣和对话。从第一阶段的讨论开始，儿童分享他们的经验和知识，这是重要的信息来源。儿童分享家庭常规、活动和传统，是项目基础工作和头脑风暴的一部分。项目是自然生成的，又因为儿童有不同的生活经验，因而有多样性的特征。这种真实性为个性化、全纳性教育提供了一个绝佳的机会。

- 将家庭、社区、和学校整合到课堂中。
- 重视每名儿童独特的家庭、文化、能力背景。
- 邀请家庭、社区成员贡献自己的专长。
- 平等地评估每一名儿童在项目中的贡献。
- 认可儿童已经知道的内容。

在阶段二，儿童开始调查，不同的能力水平决定着他们用不同的方法。有些儿童可能喜欢读写算活动，另一些可能喜欢戏剧表演或者感官操作。每一名儿童都可以参与活动，展示自己的能力，而不论处于什么样的学习层次或能力范围，这鼓励了儿童探索未知世界的信心。分组允许儿童分享任务、共同解决问题并且互相学习长处。一名儿童的优势可以支持（弥补）另一名儿童的弱势。彼此支持、合作允许所有的儿童以自己独特的方式参与其中。重要的是，所有教师尽可能让不同水平的儿童共同参与，这样所有的儿童都能感到受到关注和重视。

付诸实践

倾　听

要确定项目是否有意义、有趣，反映儿童生活，教师必须成为敏感的倾听者，倾听儿童的对话，倾听他们游戏，了解他们在谈论什么话题、想法或者事件。他们自发的游戏揭示了当时他们的兴趣点。这是你可以抓住的。

评估

评估是实施项目教学法的教师的一项持续性工作。很早开始，手工作品就被用来记录儿童的学习。一开始的对话、概念网络图和 KWHL 表揭示了儿童的出发点，在项目结束环节的回顾和比较能很好地揭示儿童取得的进步。教师从项目一开始一直到最后的结束活动，都一直在收集数据。

教师们设置记录板，将儿童工作的照片、语言、笔记等加以
精心布置。

记录板和记录墙是一种很有吸引力且有教育意义的呈现方
式，展示并记录儿童学习和工作的过程。

儿童的各种调查活动和表征提供了一系列丰富的真实评估文件。教师可以利用档
案袋来整理和记录项目有关元素。

- 绘画作品。
- 图表。
- 照片。
- 对话的录音整理。
- 专家访谈记录（儿童），观察笔记（教师）。
- 现场测绘。
- 儿童及其家庭的故事。

最常用的记录主动学习的方法是使用记录板。记录板经过精心设计，可以记录儿童的项目进展和他们的探究过程。可以制成海报，也可以直接贴在开放式墙体上，可以放儿童工作照、概念网络图、工作样本、素描和绘画，以及教师笔记、儿童对话的记录。

结论

在项目教学法中，教师努力为儿童创造尊重并支持儿童思维的学习环境。项目教学法的核心是促使儿童在自己的世界中开展有趣的、个性化的、有意义的探究。它主要通过3阶段结构和概念网络图，支持和协助儿童积极探索。由于主题源于儿童的兴趣，由儿童的问题引导，项目教学法也适合任何年龄的儿童，从蹒跚学步的儿童到小学生，都可以借此开展真正的主动学习。

总结

- 项目教学法深受进步主义影响，特别是受杜威倡导的体验式教育影响。
- 根据项目教学法的指导思想，当儿童积极投入地探索有意义而真实的日常生活时，儿童的学习经验将会得到优化。儿童的兴趣和探究欲望是所有这些活动以及各种生成的主题的源头。
- 调查能产生4个分别是知识、技能、学习倾向和情感方面的积极结果。
- 项目能整合课程目标和各种学习标准，并最大限度地激发儿童好奇心和内驱力。
- 项目教学的实施分3个不同的阶段：计划和质疑、调查和研究、概括和总结。
- 在项目实施过程中，教师通过平衡技能的发展和儿童的兴趣，既关注到了所有发展领域，也支持了儿童不同的学习和表征方式。
- 项目教学法要求儿童相互合作，有时也支持独立的调查，满足了儿童在真实的环境中探究以及相互交流的需要。

本章自评

请在表中写下你所学到的，每个学习目标写3～5个关键点	
阐述项目教学法的历史根源	
考察项目教学法的重要特征	
明确项目教学法的结构和过程	
讨论项目教学法如何反映当今的最佳实践	
探讨应用项目教学法的策略	

应用活动

讨论提示

1. 我们如何引导儿童好问、好奇？

2. 回顾你自己上学的经历。描述一下，你什么时候觉得深受鼓舞，很激动，很感兴趣？

3. 通过一手资料和二手资料来学习，对于儿童建构意义、理解自身的作用有何不同？

在课堂上

让儿童参与项目工作的好处之一就是：通过整合的活动，可以支持以不同方式加工与表征信息的儿童。利用本章开头的海滩生物项目或建桥项目，分析儿童的活动和表征方式，发现不同的思维方式和学习风格。可以思考以下问题。

- 教师是怎么整合各领域的？
- 整合了什么内容或学科领域？
- 用头脑风暴找出至少 3 个跨领域整合的主题，记录各领域可以开展的活动。与小组分享。

接下来，使用加德纳多元智能理论或其他有关学习风格的理论对儿童的活动进行分类。例如，你有没有发现哪些活动能够支持语言、数学或逻辑、空间知觉的发展？使用下面的表来分析目标项目的不同活动。

信息加工风格	支持活动或表现

莎莉和芭芭拉班搭了一座桥

一天早上，露西带着她最喜欢的书走进了教室。它是法国印象派画家克劳德·莫奈的作品集。她标出了她最喜欢的一页：池塘上有一座拱桥，池塘中是美丽的睡莲。露西在圆圈时间分享了她的图片。教师莎莉和芭芭拉感觉孩子们可能会有兴趣去探索莫奈的生活和工作。

但是孩子们兴趣点却与老师们不同，他们感兴趣的是桥，问了些关于桥的问题，还有桥底下的水，还分享了他们过桥的故事。跟着孩子们的步伐，老师们鼓励他们在整个圆圈时间提问和分享。第二天，孩子们的兴趣仍然很高，莎莉和芭芭拉开始将孩子们的问题列成清单，并开始构建概念网络图。很快，孩子们决定：要找到更多的桥的图片。

他们开始自己画桥，也有的照着书画桥。孩子们还学习了很多新单词，如桁架、悬架、斜拉索和桥墩。除了画画，有些孩子开始制作统计表，统计桥墩和斜拉索的数目。有些孩子写了自己与桥的故事，分享了家庭度假和旅行的故事。孩子们开始使用积木搭建模型。这最后演变成了利用积木建一座笔直的桥。孩子们还制订了计划，讨论了如何让桥升高，同时也要结实，人可以顺利通过。

老师开始规划去附近的一座人行天桥进行实地考察。在实地考察时，孩子们录了视频，拍了照片，画下了他们所看到的东西。一些孩子还测量了长度和高度，在一张大纸上标注了形状和尺寸。莎莉和芭芭拉还与家长讨论了这个正在进行的项目。从事建筑工作的家长马蒂自告奋勇来协助这个项目。他能让当地木材市场提供一些免费材料。

马蒂成了该项目的不可分割的一部分。他帮助孩子们在操场和花园里规划和建设真实的人行天桥。孩子们采访了马蒂，了解桥是怎样建造起来的，还问了一般性的建筑问题。在马蒂的帮助下，孩子们探索了整个建设进程，包括工具使用安全，如何制作蓝图和计划，直到实际施工。负责监督项目不同方面的孩子成了项目经理。他们促成全班讨论决定桥的形状、大小和位置。当孩子们设计完后，持续几个星期的施工就开始了。孩子们参与建设的方方面面，轮流使用真实的工具。

有一小组孩子又回去看最初的图画，对画上的花产生了兴趣。这组的子项目，是在桥的周围设计一个花园。他们翻阅园艺的书籍，采访了园丁，并让家长帮助他们找植物。他们决定建一个蔬菜区，一个鲜花区。他们画了草图，确定了色彩。最后，在另一位家长建的栽培床上，他们建成了一个真实的花园。

儿童的桥建在花园之中，桥梁工程完美结束。

在整个项目中，随着孩子们的兴趣逐渐发展，莎莉和芭芭拉忙着提供各种各样的资源。她们寻找材料，计划考察活动，鼓励家长参与，并支持小组和个人活动。她们还仔细记录了这个过程。莎莉拍了照片，芭芭拉收集了工作样本，同时两位老师还对孩子们的对话和问题做了记录。最终，老师们创建了一个大档案袋来记录这个项目。在回顾的时候，她们强调都涉及了哪些发展领域和学习标准。她们在谈到整合孩子家庭生活时（通过假期故事和照片）笑了。当她们谈到每个孩子无论能力和技能水平如何，都发挥了重要的作用，并用自己的方式做出宝贵的贡献时，不停点头表示称赞。

桥完成后，全班一起讨论如何分享他们所学到的和创造的东西。孩子们决定举行一个花园派对，在那里，家人、伙伴、老师和参观者可以来过桥，看看这个项目的成果。在派对的那一天，孩子们兴奋地分享他们的经验，并重新审视自己的工作。

在实践中

本着使儿童有意义地学习的宗旨，要真正理解项目教学法的结构、过程、价值，最好方式就是去实际做一个项目。以班级或小组形式，考虑有趣和值得深入学习的主题。请记住教师要用什么的标准判断主题。

对于每一个主题，记录：已经知道什么，有什么问题你想了解更多。把这个环节视为形成概念网和 KWHL 表的环节，尽可能地想出相关理念、概念和问题。请一个人记录大家的想法。把想法组织成一张网络图，看看其间的关系和项目可能的方向。一旦这个概念网形成，就可以分小组探索特定的概念或者想法。

在小组中，探讨可能的一手资料来源，进行调查。想想能去哪里实地考察或与专家交谈。继续第一阶段活动，直到你和你的团队准备好为止。进入第二阶段，记录所有活动和调查。保存照片、笔记、草图、访谈和对话记录以备后用。让 KWHL 表和概念网的问题引导你的调查。根据时间和调查情况，进入第三阶段。全班或分小组总结。你应该回答这个问题：我们如何分享我们所学到的东西？我们如何学到的？

你的档案袋

当你完成这个项目之后，思考以下问题。

• 在第一阶段，你惊讶于你已有的相关知识吗？或者你有多少个问题？
• 第一阶段活动是怎样指导你的调查的？
• 当你参与调查时感觉怎么样？
• 你的小组发生了什么令人激动的事吗？
• 对于通过实地考察来获得经验，你有什么想法吗？这跟利用二手资源有什么不同？
• 你通过调查发现新信息了吗？什么信息？
• 你喜欢什么样的表现方式？你发现自己使用各种技能和知识了吗？

作为小组最后一个活动，在你的记录板、概念网或 KWHL 表中，标注都涉及了哪些学习标准。

在你反思时，要包括照片并进行相关描述。这个反思可以放到你档案袋的"教与学"部分。

相关网站链接

项目教学法主页（Project Approach home page）
www.projectapproach.org

伊利诺斯的项目教学（Illinois Projects in Practice）
http：//illinoispip.org/

第九章
瑞吉欧课程：儿童的世界

CHAPTER 9

本章学习目标

⊙ 描述瑞吉欧课程的核心价值观和实践。

⊙ 了解瑞吉欧课程发展过程中的重要历史事件。

⊙ 描述瑞吉欧课程的儿童观。

⊙ 认识教师在瑞吉欧课程中的关键作用。

⊙ 探索瑞吉欧课程中学习和记录的目的和过程。

⊙ 讨论在美国借鉴瑞吉欧课程面临的挑战。

⊙ 了解应用瑞吉欧课程的策略。

　　瑞吉欧是意大利北部一个小而富有的小镇，这个小镇有很多早期教育和保育中心，这些早期教育和保育中心体现了当地在学前教育方面的卓越成就。在过去20年，大量关于他们教育方法的书籍、展览和观察报告面世。全世界都被这个优雅美观的、有专业合作性的地方所吸引。从第一眼看到瑞吉欧学校的照片开始，美国的早期教育专业人员就视它为一个理想的典范。瑞吉欧课程模式的核心价值是强调对儿童能力的尊重，强调家庭的影响，强调对美以及细节的关注。瑞吉欧的理念、教学方法和环境非常有吸引力，但同时也需要付出巨大的努力。本章介绍了意大利瑞吉欧早期教育的历史、理念和实践，还介绍了在美国借鉴瑞吉欧的机会和可能面临的挑战。

瑞吉欧理念概要

　　瑞吉欧教师所做的所有事情都基于其指导思想——相信儿童是有能力的。这个系统所依靠的最重要的理念是：儿童、教师和家长每一方都有核心权利。在强大的

《权利宪章》（Charter of Rights）声明中，瑞吉欧课程模式奠基人洛里斯·马拉古兹（Loris Malaguzzi）这样描述了儿童的权利。

儿童有权利被视为……自身经验的来源和建构者，主动参与身份的建构，主动地发展。在有自主权的组织中，积极主动地与同伴互动，与成人互动，与思想互动，与材料互动，与互相交流的世界中真实的和想象的事件互动。（Edwards，Gandini，& Forman，1996，p. 214）

瑞吉欧教师认为儿童有能力回应彼此，回应具有丰富细节的真实的艺术作品。他们可以独自或与教师和同伴合作，开展复杂的、美丽的、有意义的工作（Gandubu，2002）。虽然瑞吉欧理念完善了发展理论，但是他们的关注点是每一名儿童的潜在发展，而不是不同年龄和阶段的发展标准（Warash，Curtis，Hursch & Tucci，2008）。换句话说，瑞吉欧课程模式认为，如果给儿童提供恰当的时机，让他们创造性地参与时，每一名儿童的能力都是超出我们预期的。瑞吉欧教师就像关注儿童其他领域的发展一样关注儿童美感（对美的事物的感受）的发展。正是对儿童生活中艺术和美的尊重和重视，使得瑞吉欧学校的儿童有可能创造出极富表现力的、引人注目的作品。

瑞吉欧教师强调让儿童用自己所有的感官去体验世界，并获得学习经验。教师为儿童提供机会和工具，帮助儿童按照自己的意愿去探索世界，自己引导自己学习。这样，儿童能理解更深入，更加个性化。他们的研究主题可以持续好几个月，会不断发展，直到他们感到真正理解才会满意（Seefeldt，1995）。通过详细、丰富、成熟的表达，儿童的理解自然而然变得深刻。

小组互动也是瑞吉欧课程模式的一个重要元素。教室是一个热闹的地方。在教室里，小组成员互相讨论甚至争论，然后开始探索他们所讨论的主题（Gandini，1997）。在整个调查过程中，教师仔细地记录全部的过程，这样教师、儿童和父母就可以看到儿童的学习过程，并反思学习过程（Warash et al.，2008）。这是你可以读到的关于知识的社会建构很好的例子。这个过程可以促进他们进步，验证他们的理解。这是可能的，因为教师和儿童共同创造了一个环境，一个重视和尊重彼此的想法、差异以及表达的环境。

瑞吉欧教师会教有深厚传统的艺术和社会关系，会投入很多精力准备环境，使班级成为美丽的、精致的、舒适的、有视觉趣味的地方（Edwards，2003）。教师关注灯光和阴影、结构、形状、尺寸、颜色和质地这些审美元素，关注材料展示、班级家具的选择等。环境被看作第三位教师，需要精心准备和思考（Danko-McGhee & Slutsky，2003）。最重要的是，教师认真观察儿童的注意力，并通过材料选择和教室布置来激发他们的兴趣。

瑞吉欧课程模式十分重视展示儿童的作品，将儿童尊为艺术家。

材料可能是教师找来的、买来的，家长捐赠的或者本来就有的，都进行了精心的、有计划的分组，吸引儿童与之进行互动。教师选择、准备、提供材料，挑战儿童，引导儿童"回应自然世界，回应文化遗产，回应自己的内心世界"（Tarr，2003，p.37）。通过材料、展览、交谈，教师扮演了支持者的角色，激发儿童的想法。

要充分理解与欣赏瑞吉欧课程模式，需要清晰了解是什么造就了这一切并使之经久不衰。让我们先花点时间去一间瑞吉欧教室看看。

教室一瞥

参观美国的一间瑞吉欧教室

在一个小而有序的小镇，一位儿童保育中心的主管对瑞吉欧学校所出版的丰富、翔实而又美丽的图片产生了兴趣。具有几十年历史的课程所体现的是自然发生的、有活力的、反思性的、合作性的瑞吉欧教育的本质。对社区、对儿童和对一起创造美好事物的承诺，使中心的改革成为可能。

想象你正在一个阳光明媚的但寒冷的冬日访问该中心。这个中心从外面看像住宅。在入口是一个门厅，有一个长沙发，茶几上放着写满信息的小册子，还有介绍瑞吉欧学校的书。灯光很柔和，整个房间因为盆栽显得充满生机。在沙发边上有一张小桌子，上面放有茶和咖啡。有一间办公室紧挨着门厅，方便接待到来的参观者。长长的走廊从入口通向3间教室、一间大的集体活动室和一间艺术工作室。整个中心的墙壁漆成白色，木地板在从窗户射进来的阳光下闪闪发亮。孩子们的嬉闹声传入你的耳中。大厅里回响着对话和爽朗的笑声。

入口乃至整个中心的墙上挂着很多图片，用相框装饰。在这些相框、工作灯光的点缀下，房间看起来像博物馆。事实上，这些精心摆放的作品是孩子们在长期工作中利用各种媒介创造的作品。作品旁边是对孩子们对话的摘录，用来提供额外的信息。

儿童创作雕像、简笔画、水彩画时的样子，儿童参与对话的样子，以及他们全神贯注观察世界时的样子，都被拍成照片记录了下来，作为项目的资料。孩子们的面部表情表明他们享受老师精心创造的以人为本的真实环境。这是一个属于孩子的世界。这个世界非常美丽，充满养分又令人激动，由一群珍视孩子的惊人潜力的老师创造。

走廊尽头的教室是空的，此刻孩子们在覆盖着白雪的花园里。有一组孩子聚集在松树下，正指向一根被雪压住的大树枝。他们和身边的小伙伴以及老师交流着。还有的孩子在铲雪，把雪堆成不同的形状，如小动物、高楼，而不只是我们平常所看到的雪人。一个小女孩小心翼翼地在一片没人踏过的雪地里走着，不时回头观察她的脚印。她大步小步变换着走，创造了一种模式。她一边走路，一边笑着唱着。

光线透过一侧的玻璃墙和另一侧墙的 3 扇大窗户进入室内，照亮了整间教室。房间里有一块大且开阔的空间，有几间小的壁凹和 3 套桌椅。毗邻的房间是一间小美术室，在意大利称为迷你工作室。这间工作室摆满了落地架，其中一排摆满了干净罐子，里面装着东西，包括在大自然中发现的物品，如贝壳、石头、松果、树叶、小树枝、木屑、坚果和种子，还有加工过的材料，包括木片、棉球、绒球、布片、亮片、发光饰品、纱线、电线和珠子。另一些罐子放有回收材料，如瓶盖和各种各样的包装材料。其他架子上放有艺术家工具篮，包括泥塑工具、画笔、海绵、钢笔、铅笔、蜡笔，各种画（水彩画、蛋彩画、丙烯画、手指画等），不同大小和颜色的纸，装有黏土、小托盘、小罐子和小杯子的塑料盒。孩子们的画正放在一个架子上晾干，也有些画用夹子夹在绳子上。

画画也是孩子研究的过程。他们用白色、灰色、蓝色和紫色来画。孩子们选择这些颜色来表示户外的雪景和他们在户外的体验。室内有两个水槽，低一点的是为孩子准备的，高一点的是为成人准备的。有一个柜台和衣柜，用来存放老师们的材料。在教室的中央，有一张又长又宽的矮桌子，周围摆着一圈小椅子。尽管小房间里摆满了物品，但看起来很整齐、很宽敞且吸引人。材料分门别类、井然有序地摆放着。

在主教室中，保育中心的典型特征十分明显。我们可以看到积木、戏剧表演服装、厨房用具，一个被书架围绕、放有枕头的壁凹，一张放有拼图的桌子，还有放着各种操作材料如玩具、汽车、纸和笔的矮架子。头顶上挂着投影机，大屏幕在一个角落里放着，紧挨着一个装满各种不同形状物品的篮子。房间的那一角有一个鱼缸，里面有一条鱼。一本班级日记放在鱼缸旁边。翻开这本日记，可以读到孩子们创编的关于班里宠物鱼死亡的故事。这本日记里有一些扫描图片，记录的是孩子们在一个早晨发现小鱼死后举办葬礼以及埋葬小鱼的过程，以及孩子们回忆这条小鱼的绘画作品。图片旁边也打印了孩子们的评论与对话，包括对这条小鱼的记忆，以及失去它的心情。老师解释说他们首先与家长讨论了这个主题活动，家长们都决定把这当作一次真实的学习，让孩子们体验这种失去的感觉。

孩子们回到室内，很快大艺术工作室中传来了对话声。孩子们在艺术室中进行长时间的主题活动创作。大艺术工作室同教室一样，资源丰富，但它材料更多。工作室里有几张又长又宽的桌子和很多小椅子，还有一张为老师准备的稍微高一点的桌子。一长排窗户和宽敞的窗台保证了充足的自然光。窗台上有排成排的松果、橡树子和鹅卵石。这些都是孩子们在最近一次自然徒步中发现和收集的材料。

在其中一张桌子的中间，有一本关于桥的书，打开的那一页是旧金山金门大桥俯视图。两个孩子坐在书旁，手边是大画纸、铅笔和记号笔。他们专注地画着属于自己的桥梁。坐在孩子们旁边的老师展示如何使用手指来创造柔和的阴影。

在另一张桌子上，3个孩子收集了各种碎片、木棍、细绳、牙签和鹅卵石。他们非常投入地讨论如何创造桥的三维模型。他们在讨论如何使桥足够高——高出小石头。一位老师切了足够多的黏土，供两个孩子捏桥。另外3个孩子聚集在窗户边的地面上，继续进行着从昨天就开始的编织工作，交替添加树枝、叶子、松果和其他可用的物品。孩子们选择绿色和蓝色这些温柔的色调来表现他们最近一次外出实地考察时所看到的河水和青草。他们一边工作一边交流，激动地描述着每一贝壳、海藻和树枝，就好像它们都有个性一样。

"这个小松果是一个小宝宝。让我们把它和它的妈妈放在一起。"

"这木头看起来在跳舞，转圈，转圈，转圈。"孩子把小木头转得像陀螺。

"这叶子在水下吐泡泡，吐泡泡，吐泡泡，吐泡泡。"这个孩子摸着叶子的表面说道。

瑞吉欧教师鼓励儿童与其周围世界建立联系，并认为这是学习过程中的一个重要部分。"我们相信孩子们能与自己的世界建立联系。"老师解释道，"这对他们来说并不陌生，他们与松果和小树枝交流，就好像它们有生命一样。对孩子们来说，它们确实有个性。它们是在孩子们日常生活中具有生命力的要素，是他们故事中的角色。这种联系使他们的学习及对世界的探究变得更有意义。"当孩子们在院子里设计、搭建桥梁时，孩子和老师都在探索。这种

长期项目是由孩子们的兴趣和动机引发的，代表了孩子世界中的新经验。在许多方面，瑞吉欧的孩子们开展的项目，与项目教学法相一致，与桥梁项目一致。

一日作息表示例	
8：30	入园、问好、游戏
9：00	圆圈活动和主题讨论
9：20～10：40	选择时间、主题活动、艺术活动、游戏（可能是户外活动）
10：40	一起吃点心
11：00	户外活动
11：30	准备午餐（上洗手间、洗手、摆放餐具）
11：45～12：45	分组用餐
12：45～13：30	休息时间
13：30～14：00	吃点心
14：00～15：20	游戏、选择、艺术活动、主题活动（可能是户外活动）
15：20	整理、集体活动、故事、一日活动回顾
15：45～17：00	户外活动、游戏
17：00	离园

瑞吉欧课程的历史和背景

第二次世界大战期间，意大利人目睹了战争的悲剧。瑞吉欧的艾米利亚人民在反法西斯运动中扮演了重要的角色。在战争结束后，他们积极加入战后恢复重建工作（Caldwell，1997）。他们怀抱美好愿望和奉献精神，决心把他们的社会重新建设成为一个自由、平等的社会。一群父母行动起来，为他们的孩子建设新的学校和新的世界（Gandini，1997）。父母们通过销售废弃的武器装备来确保资金，获得新建学校所需的资源。1945 年，第一所由家长运营的针对普通人群的幼儿园在瑞吉欧·艾米利亚成立（Gandini，2002）。

洛里斯·马拉古兹，一位当时正在学习教育学和心理学的教师，很快加入这一行动中。这些热情的父母们给他留下了很深的印象，他开始相信教育是推动社会变革的力量（Day，2001）。在马拉古兹的组织下，其余的学校在不久之后陆续开办起来。经过近 20 年的倡导，瑞吉欧市在 1963 年支持开办了第一所市政幼儿园，并在接下来建立国家早期教育系统的 5 年中发挥了重要作用（New，2003）。瑞吉欧教师有持续反思和学习的传统，他们一直活跃在教育和相关领域中。受皮亚杰、维果茨基、布鲁纳和杜威理论的影响，瑞吉欧教师加入探索和促进教育的革新中，并且在 20 世纪五六十年代获得了政府的支持（Gandini，1997）。

1968 年，意大利立法对服务所有 3 ~ 6 岁儿童的早期教育机构提供公共资金（Hewett，2001）。该公共资金的结构不同于美国的大多数幼儿园。对今天的美国来说，为早期教育机构的设施、课程和教师提供充足的资金始终是个挑战。特别是在没有足够的资源的情况下，许多美国教师对于应用瑞吉欧的教育理念感到无望，但是仍能从瑞吉欧中找到灵感。在很多时候，瑞吉欧依靠的是创新地利用现有资源，尤其在资源不足的情况下。回想瑞吉欧开始时多么艰难：通过出售遗弃的战争设备来筹集资金，依靠志愿者的努力获得发展，依赖于"发现的材料"充实教室中的架子。

最初的实践者们努力地为儿童创造一个美丽的、学习的地方，时至今日，人们仍然在努力反思与追求这个目标。父母们的奉献和参与仍然在发挥推动作用。现在瑞吉欧·艾米利亚有 36 多家幼儿园和婴儿—学步儿中心，分别招收了大约 50% 的幼儿、35% 的婴儿和学步儿（Hewett，2001；New，2003）。在瑞吉欧有近 99% 的儿童参加某种（政府办、私人办或教会办）幼儿园（Gandini，2002）。这些令人印象深刻的数字表明，家庭和社区的坚定承诺能够使儿童的发展最优化。这个城市证实了非洲的谚语："抚养一个孩子需要一个村庄。"

1981 年，为了回应社会对瑞吉欧学校日益增长的兴趣，马拉古兹和瑞吉欧学校创办了一个展览来展示他们学校的精神。他们将展览的主题定为"儿童的一百种语言"，因为他们认为儿童的沟通方式有多种。这个展览在各个国家进行，同时展出的还有各记录文件，在世界范围内引起了对瑞吉欧学校理念、文化、实践的广泛关注（Edwards et al.，1996）。马拉古兹最后一次传播有关瑞吉欧学校的信息是在 1994 年——创立了"瑞吉欧儿童"这一组织，同年马拉古兹去世（Gandini，1997）。瑞吉欧儿童组织每年通过书籍和录像以及组织到校考察来不断推进瑞吉欧教育方案。通过所有这些努力，他们的合作原则、对关系的价值的强调受到领域内专业人士的鼓励和肯定。

意大利的影响：关怀的文化背景

要成功地将瑞吉欧价值观引入美国，需要认真的、批判性的反思以及对传统实践标准的再思考。虽然这值得人们为之努力，但是对新老师来说确实是一个不易的任务。美国许多教育工作者都试图将瑞吉欧课程模式引入教室，并且取得了不同程度的成功。瑞吉欧教师首先提出警告：不能忽视文化背景的重要性。独特的文化环境是他们方法的基础。

意大利是一个具有悠久传统的国家，它颂扬美、艺术、美食、家庭和交流（Edwards，2003）。这个国家到处都是简单而古老的住所和教堂，也有体现国际化都市的新颖华丽的设计。意大利在地貌上也有很大差异，北部山峰绵延，土地肥沃，南部炎热多岩石，还有被地中海包围的西西里岛。意大利到处都是美丽的风景，乡村风景如画，博物馆数不胜数，教堂壁画和马赛克工艺美不胜收。意大利生活的核心是家人温暖亲密地生活在一起。

以家庭为核心是意大利至关重要的文化。儿童被视为民族美好的未来。在这种大背景下，瑞吉欧仔细与周密地设计学校不足为奇，学校成为培养儿童和成人从不同的角度去看、听、感受周围世界的地方（Caldwell，1997）。

变化的实践，不变的价值观

瑞吉欧教师认为他们当前的理念是对教育创新进行反思和再创造。他们不断学习各种理论，并借鉴各种传统的和现代的教育方法。在这里，他们每天都探索各种理论、指导思想、方法，并形成自己的教育理念。瑞吉欧的思想深受社会建构主义理论的影响，认为学习基于关系（Edwards，2003）。创建瑞吉欧学校的初衷，仍是当前实践的基础。瑞吉欧课程模式是"紧密相连的，每个人都影响别人，并且每个人都受其他人影响"（Gandini，2002，p.16）。这种相互关联性决定不能将瑞吉欧课程分解成不同部分。然而，在整体了解瑞吉欧的背景下更深入地了解瑞吉欧学校对儿童、教师和社区的基本看法，有助于了解其核心价值观。

- 儿童、教师和父母的权利和能力。
- 学校所有人员的团结协作。
- 儿童、教师、家庭、经验和材料之间的关系。

● 发光桌板

发光桌板是瑞吉欧学校里的一种启发性的材料。在教室里参观时，你会看到投影仪和屏幕。投影仪、屏幕和发光桌板为儿童提供了一个有趣的空间，让儿童利用影子、形状、光和阴影来创作。通过将物体放置在亮表面（光来自上面或下面），儿童能够关注体积或形状而不是所有的三维细节。这只是引发儿童视觉感知、促进儿童审美发展的一种方式。

发光桌板可以让儿童探索光与影。

瑞吉欧的儿童观

为了让参观者充分了解瑞吉欧课程模式，瑞吉欧学校首先会介绍瑞吉欧教师的儿童观。瑞吉欧教师认为所有的儿童都是能干的、聪明的、好奇的（Gandini，2002）。瑞吉欧教师所做的一切鼓舞人心的事就是尊重儿童的潜力。

- 儿童与周围的世界（人、事件和材料）相互作用的潜力。
- 儿童在周围的世界中发展个人的、有意义的人际关系的潜力。
- 儿童建构新的、复杂的含义和知识的潜力。

教师通过分享自己对课堂的权力和控制来体现对儿童权利和能力的尊重，具体包括让儿童充分参与课堂生活的各方面，推进小组项目。儿童很强大，且自身能产生复杂的、有意义的想法。环境设计、材料选择和活动中的互动和指导，都与最大限度地尊重和欣赏儿童所有的能力有关（Bredekamp，1993）。瑞吉欧教师坚信每一儿童都具有独特的能力和个性，因此尊重和支持不同发展水平的儿童的特殊能力的发展。最近的研究证实了瑞吉欧教育方案能成功支持不同能力的儿童（Massey & Burnard，2006）和双语学习者（Zhang，Fallon，& Kim，2009）。

访问瑞吉欧婴儿—学步儿中心，你会看到学步儿正在用线、黏土和小珠子进行建构。基于安全考虑，这些材料在美国是被禁止使用的。同样，你会观察到儿童自由地爬上城市广场上 2 米多高的大狮子雕像顶部。他们想看看上面什么样，体验骑在狮子上的感觉，感受狮子的视角（Reggio Children，1980）。瑞吉欧的教师会支持他们的兴趣。而出于安全考虑，美国教师常会阻止儿童进行这样的体验（Tarr，2003）。因此，一个需要美国教师考虑的关键内容是：如何将其核心价值观应用到美国的独特背景下？

所有的教学实践应注重引导儿童学习去看他们的世界，并且从尽可能多的方面看。事实上，人们也确实鼓励儿童去观察以及真正地看周围的世界。正是这种经过训练的眼睛，与心灵和想象力紧密相连的眼睛，引导儿童深入地探索并建立关系。瑞吉欧教师根据儿童的需要，随时准备提供支持和指导，同时尽可能少地影响儿童的工作。任何此类干预都会影响儿童强大能干的角色形象（Reggio Children，1994）。

儿童也被视为群体中的独特个体。他们有不同的空间和时间，独自进行工作，或分小组、学习共同体工作。大部分的校内时间儿童都按自然形成的小组工作。教师通过教室的设计（如组合桌子）鼓励互相合作。他们形成一个学习共同体，或与家庭和社区合作。例如，在桥梁项目中，一位家长被邀请来帮助儿童建造实物大小的桥梁。他非常了解工具和架构，同时，作为一位父亲，他敏锐地意识到安全问题并且支持儿童积极参与计划和建设。这位父亲还与儿童一起开展了其他项目，继续协作。

儿童与同伴、成人、环境和材料的关系被视为瑞吉欧教育的核心。通过积极的互动与开放性的对话，教师、儿童、家长和管理者之间的关系受到重视并得到促进。学校与家长之间深度合作，家长被视为有价值的资源、支持者。学校定期欢迎家长参加开放日活动，参与项目活动。

瑞吉欧教师的角色

教师被视为儿童学习的合作伙伴，而不是指导儿童学习的外部力量。他们激发儿童的想法，问开放式的问题，提供可以满足儿童需求或能扩展他们思维的材料（称为"激发"），并不断观察儿童（Caldwell，1997）。教师通过仔细、系统地观察和记录儿童的对话，了解儿童感兴趣的话题。根据这些信息，教师可能会提供相应材料或计划一次实地考察。通过这种方式，他们让儿童把自己定位为有想法的创造者和再造者，对周围世界更加好奇。教师的参与度根据儿童的身心发展阶段而不同。除了促进儿童开展项目，教师的另外两个主要角色是儿童的观察者和倾听者，评估儿童的活动水平并自然地加入儿童的活动中（Danko-McGhee & Slutsky，2003）。

当教师不必协助儿童开展项目工作时，可以专心记录儿童活动的展开过程。参与儿童的活动时，他们也会经常使用录音机来捕获儿童的语言，之后再进行转录。在教师的观念中，最重要的是倾听儿童的对话（Caldwell，1997）。这时，教师是研究者。他们不断地收集数据，分析数据，并与其他教师和儿童保持共同思考（Gandini，2002；Hughes，2007）。

"教育即关系"原则也适用于教师。教师的工作与儿童、其他教师、家长和社区都有紧密的联系。他们与儿童一起进入自我发现的学习过程。在一日作息时间表中，有专门的时间供教师和艺术老师、教育协调员聚在一起讨论他们的实践和儿童的工作。他们真诚、公开的交流往往还伴随着某些问题上的对抗和冲突。然而，尊重与合作的文化氛围鼓励教师之间的对话，这些对话是反思和发展的必要一环。大家以开放的心态接受建议，正如他们心怀对彼此的尊重而提出建议一样。

这种充满热忱和敬意的交流是意大利文化的一部分，而美国典型文化不是这样（Caldwell，1997）。想象一下你自己和同事的工作冲突，它可能并不让人愉快，可能是你希望避免的。瑞吉欧教师接受可能的冲突，他们通过礼貌而公开的协商来化解这一冲突。这可以让教师们相互学习，正如课堂冲突也可以成为儿童很好的成长机会一样。还记得皮亚杰说认知冲突（新的经验挑战已有的想法）对于发展来说是必要的吗？在瑞吉欧教师看来，这是非常正确的。

● 提供刺激

本章"教室一瞥"中，教师注意到儿童对缠绳子感兴趣。他们摆弄细绳并开始编织。为了支持和扩展这个（活动），教师决定提供一个刺激。他们发现一本好的故事书，讲述的是南美洲的一个奶奶和她的孙女精心编织传统毯子的故事。教师给孩子们读了这本书，然后把书放在编织区旁。同时又放了一个篮子，里面有各种线、丝带、布条、树枝、树叶、珠子、羽毛和其他各具特色的物品。他们把有关作品放在走廊里，这样所有的孩子都看得见。他们告诉儿童展示区在哪里，并鼓励他们去观看，加入集体编织活动。过了几个星期，他们注意到编织物不断增加，因为所有儿童都在这里或那里添加了一些编织品。展示区放满后，他们谈论自己创造了什么，拍了一些照片，又拆了编好的作品以便开始新的编织。

一个刺激物：邀请儿童探索编织。

　　同样，教师通过非正式或正式的方式与家长进行对话，讨论教育、儿童和社区问题。这些对话的核心，或者说瑞吉欧学校所有努力的核心是在不断反思中不断改进。教师的倾听有助于教师与儿童之间发展互惠关系，就像教师和家长的关系一样。为了给儿童提供最好的、最大可能的经验，教师要保持开放的心态，相互协作，相互支持（Gandini，2002）。

　　大多数瑞吉欧教师在开始工作时接受过少量的职前教育。学校被视为教师和儿童一起学习的实验室。这是可行的，因为所有瑞吉欧教师在一起工作，有经验的教师会指导新教师。在瑞吉欧学校，精神状态、心态和态度像正式的教师资格证书一样重要。在合作性的学校环境中，通过专业发展和经验积累，瑞吉欧教师对儿童发展和学习的理解会越来越深入（Bredekamp，1993）。1998 年，意大利通过了一项法律，要求幼儿教师都接受过大学教育（New，2003）。

瑞吉欧的学习和记录

　　教师认为儿童的学习能力主要是通过交谈、表征和关系来发展的。瑞吉欧教师相信教育必须关注儿童生活的时代和社会。这意味着儿童与同伴、教师、家庭和社区的关系塑造了他（她）的学习（Caldwell，1997；Krechevsky & Stork，2000）。

　　瑞吉欧教师坚信学习环境的教育力量，视环境为儿童的第三位老师（位于家长和教师之后）（Gandini，1997）。美和复杂性是渗透在瑞吉欧教室中的关键因素。学习空间设计遵循两个重要的原则。

- 鼓励儿童用新的视角感受世界（从不同角度看事物，听新的声音或声音的组合，用新的方式思考熟悉的东西）。
- 激发儿童思考、提问、假设、表征和分享。（Edwards，2003）

　　儿童大部分的项目围绕着他们生活的社区。瑞吉欧教师认为，儿童与学校、家庭和社区的相互影响会激发他们对于某个项目的兴趣。儿童痴迷于观察院子里的小鸟、窗外的母猫和小猫、街道和建筑，街上熙熙攘攘的人群，以及人们的日常活动，如逛街（Edwards，Gandini，& Forman，1996；Reggio Children，1980）。阿拉斯加爱斯基摩村幼儿园使用瑞吉欧的方法，探索他们的村庄经历了怎样的时代变迁，体验了传统的钓鱼。儿童探索冰封的湖面、钓鱼工具、家庭故事和村庄丰富的历史（Hughes，2007）。教室内外的生活相互联系、相互依存。瑞吉欧教师始终强调教育是一系列关系。

学习是一种社会协商过程

小组调查和交流离不开教师的精心计划和儿童的积极参与。甚至连这里的建筑都能促进对话，如连接相邻房间的小窗口，位于城市中心的公共空间（在意大利被称为"城市广场"）。在小组交流的时候，瑞吉欧教师期待出现挑战和认知冲突。这些环境促进小组成员更深入地探究概念，从而创造新的理解（Gandini，2002）。

这里到处都充满流畅的对话。儿童与同伴交谈，与教师讨论，借助表征来发起对话。必须牢记：关系指导一切。关系来自交谈——对话。对话借助各种各样的展示与交流方式：绘画、舞蹈、光影剧场、雕塑、讨论、音乐和戏剧。每一种活动都让儿童有机会加工自己的经验，与他人分享自己的想法。艺术活动不仅是自己与自己的想法对话，也是与那些欣赏他们作品的人对话。

这些螺旋上升式的对话、表征、再对话是儿童加工信息的过程。在儿童活动和展示过程中，他们通过这种循环来不断解构和重构。儿童通过建构意义、与自己和他人交流习得了无数种语言，因此，他们在自己的世界中变得非常强大。记住：儿童有一百种语言。

瑞吉欧教师认为，正是通过图像表征，儿童得以整理自己混沌的经验（Reggio Children，1994）。你也可能会发现做笔记、画草图、制表有助于你理解新的信息。在某个阶段，你也可能会利用图表来整理或记忆信息。更深入一点，你可能利用图表进行反思或者用非文字的语言来表达你的理解。

在瑞吉欧学校，由儿童兴趣引发的长期项目是课堂的主要活动。瑞吉欧学校给予了儿童充足的空间和时间开展这些项目。因为儿童是他们项目的领导者，他们有权与教师商讨自己的学习，让教师有效地、深入地支持他们的探索（Edwards，2003）。瑞吉欧教师认为一个有价值的项目包含 3 个关键点。

- 儿童有浓厚的兴趣。
- 儿童经过深入思考后有目的地探索。
- 以人和材料、人和人之间的关系为核心。（Reggio Children，1994）

通过细致的描述，儿童进行的丰富的、复杂的、真实的项目被记录下来。

记录是学习、评估和计划的工具

随着项目的开展，教师仔细记录了儿童活动的过程、发展和转变。记录的工具（照相、录像、画画和对话），可以用来促进教师和儿童的反思，同时也有利于引导调查方向、发现思路中的错误，制订未来的计划。这是将记录作为反思和计划的工具，与美国常见的将记录主要用于评估目的不同（Turner & Krechevsky，2003）。记录不是简单地作为教师计划的工具，儿童也借助课堂上的艺术创作反思自己的工作，并制订未来计划（Warash et al.，2008）。所以就如同教师借助儿童作品"看见"他们的学习，儿童也能够从中看到自己的学习。瑞吉欧教师明白这种细致记录的重要性，只有通过收集和反思相关的记录或者儿童的作品，才能使儿童的学习过程变得可见，使儿童的知识建构成为可能（Rinaldi，2001）。

因为强调"完整儿童"以及儿童内部复杂的心理过程，用考试的方式来评估是不合适的。教师寻求捕捉丰富的细节，收集对儿童学习和成长各个阶段具有重要意义的照片。这种评估需要更加深入的观察和交流，绝不是简单的考试就可以完成的。如果你也曾因为感觉一次简单的考试并不能准确反映情况而感到沮丧，你可能会理解瑞吉欧教师选择真实评估的原因。

● 记录板

精心设计的记录板是用来展示儿童项目进展以及探究过程的工具。记录板包括儿童工作过程中的照片、样品、图纸、绘画或其他图形表征、教师的笔记和对话转录。教师记录儿童项目进展、了解儿童的兴趣、收集未来项目可能性的方式是捕捉儿童的对话（Tarr，2003）。记录板可以是海报，也可以是整个学校的墙壁。

你的看法

现在你了解了瑞吉欧学校的指导思想和理论基础，其中有任何一条适用于你现在或未来的工作吗？你认为瑞吉欧实践中的哪些方面会给美国早期教育工作者带来挑战？仔细回顾你以前在教室所做的观察，并把它与瑞吉欧学校做对比。你能看到什么相似或不同之处？你能想象做什么样的改变能发展儿童的审美、学习和经验吗？当你审视瑞吉欧教育理念在美国的实践时，请记住这一点。

瑞吉欧在美国面临的挑战

瑞吉欧课程模式的前提是珍视并尊重每一名儿童独特的生活环境。瑞吉欧课程模式的理念之所以获得支持和尊重，主要是因为其与周围社区的信仰、价值、目标协调一致。将瑞吉欧课程模式简化成一份检核表，有违瑞吉欧的精神——关注社区的特殊文化环境。简单地把瑞吉欧迁移至美国会适得其反，而且也是瑞吉欧倡导者所反对的（Linn，2001）。基于社区的情境化学习是很难被适当地运用到其他的文化环境中的。将瑞吉欧课程模式理解为一个灵活的框架，一个价值观系统，以及合作学习的范例，是向瑞吉欧学习的必要前提。

瑞吉欧课程是一种理念，而不是课程

许多到瑞吉欧学校的参观者们犯的第一个错误，就是认为瑞吉欧学校实行的是一套课程。"课程"这个术语被定义为"一个有组织的框架，描绘了学生将要学习的内容，学生实现预设课程目标的过程，教师帮助学生实现这些目标的方式，以及教和学发生的环境"（Bredekamp & Rosengrant，1992）。瑞吉欧课程模式是流动的、自然发生的、动态的，呼应儿童生活的独特背景，并且对教师的持续观察和儿童的反思保持开放。它不是一种预先规定和规划的课程。

瑞吉欧教育者建议，与其将瑞吉欧看成一种课程，不如将瑞吉欧核心的信仰和指导原则当作一种生成反思、对话的方法（Goffin，2000）。一旦将相互依存的学校文化看作一个整体，有价值的课程以及鼓舞人心的实践便终将出现。

瑞吉欧课程需要家庭的参与

瑞吉欧·艾米利亚学校最令人印象深刻的特点是其来自家长与社会的异常强大的支持以及他们之间的互动。瑞吉欧教师相信家长有权利参与，就像儿童有权利参与一样。家长被尊为儿童的首任教师，有权利积极和自由地参与他们孩子的教育中。这种公开的合作对儿童的安全感以及获得最佳学习体验至关重要（Gandini，2002）。

鉴于家长们努力参与设计学校物理空间、确定学校教育理念，家长受到学校高度欢迎和尊重也就不足为奇了。这种程度的参与和尊重可能对于许多美国教育工作者来说非常陌生。在学校、家庭和社区之间建立真正的合作关系的确是一个挑战，但这是建立在学校和家庭之间互相信任和尊重、共同为儿童提供最好的保育和教育这一目标基础上的。在瑞吉欧学校，儿童有"特殊权利"，合作的关系更为重要。与那些需要适应、需要特别关注或者某种矫正的儿童及其家庭进行友善而亲近的交流是非常必要的，并且能创造一个融合性的课堂。由于瑞吉欧强调所有儿童都是有能力的、强大的个体，强调由儿童主导活动与游戏，因此，瑞吉欧自身就意味着一种有意义的融合（Zhang et al., 2009）。

开端计划的原则在某些方面类似于瑞吉欧，具体表现在以下几个方面。

- 兼收并蓄，整合蒙台梭利、皮亚杰、维果茨基、杜威、福禄贝尔的思想以及高瞻研究成果，形成一种独特的教育方式。
- 必须进行持续的自我反思和批判性分析，确保教师和课程走在领域前沿。
- 鼓励教师涉猎其他相关领域，确保对一定生活背景下的儿童（心理、社会性、健康）有一个综合的、完整的理解。
- 为特殊儿童预留空间。
- 强调家庭参与——家庭参与是开端计划的核心组成部分。

就开端计划来说，家长的参与是美国国家纲领规定的（USDHHS, 2005）。一些开端计划幼儿园也做了修改，以与瑞吉欧的思想一致（Hughes, 2007）。虽然教师和家长反映瑞吉欧的原则有些难以理解，但是还有很多人对改变以及儿童在学校中的选择和兴趣表示满意。当然，教师与家长就实践中的改变保持高水平的沟通是必不可少的，这是课程成功的关键（McClow & Gillespie, 1998）。

瑞吉欧课程关乎情境

瑞吉欧·艾米利亚给人的最大启示是情境。瑞吉欧·艾米利亚学校有着悠久的历史，家长与教师的互动令人印象深刻，他们共同为儿童创造了一个美丽而丰富的空间。他们相互合作，专注于为儿童创造最佳环境。瑞吉欧课程模式诞生于这样一种社会传统中，即始终将家庭看作一个整体，爱美并且拥有丰富的资源。正是因为这种环境和历史，瑞吉欧学校才能不断发展。国家财政立法支持、家长参与以及教师的持续反思，是成就瑞吉欧学校的最重要的关系。

瑞吉欧课程模式最重要的部分是充分利用儿童的生活环境，并且坚定不移地将这种环境完整地融入儿童的学习环境中（Strozzi, 2001）。强调自然发生的、真实的学习，与预先规定的结果或标准不一定一致。美国的教育系统严重依赖于标准的使用以及预先设定的课程，将课程作为计划和评估儿童学习经验的媒介。根据最终结果来制订计划对于生成课程是个真正的挑战（New, 2003）。生成课程意味着对儿童兴趣、动机和内在心理过程的尊重。教师和儿童分享权力，教师关注儿童的语言和活动过程，从而指导儿童学习。这种呼应需要持续的反思、规划，占用大量时间。

例如，瑞吉欧教师每周花 6 小时用于协作计划和讨论（Gandini，2002）。这几乎是整整一天的时间。这些投入对于压力已经很大的美国教育者来说经常是不可逾越的挑战。然而，这是关键，因为生成课程需要教师计划的东西表面上变少了，但实际上却更多了。瑞吉欧对于花时间进行思考和讨论以及计划的强调又一次体现了其核心信仰，即教育与社会关系紧密相关。

学校和家周围的世界是课程的重要组成部分。

从更广泛的角度来看，美国早期教育工作者正在争取着国家的认可——财政投入和专业信任。很多有能力的教师选择了离开，因为感觉失望、无助，看不到积极的改变（Linn，2001），提供有价值的教育经验与外部有问题的标准之间存在不可逾越的鸿沟。这种恶性循环与瑞吉欧教育形成了鲜明的对比。在意大利，自 20 世纪 60 年代后期以来，国家立法要求政府投入早期教育，延长家长假期，男女同工同酬（Gandini，1997）。同样，作为意大利文化的一部分，教师被尊为有思想、有爱心、深谋远虑的专业人员（New，2003）。

因为瑞吉欧课程有这样田园诗般的背景，所以在美国容易被搁置。连瑞吉欧的教师都非常清楚瑞吉欧不是一个可以被照搬和迁移的菜单或者预先设计好的课程（Linn，2001）。然而，瑞吉欧的精神、核心价值、指导原则为所有早期教育工作者提供了有价值的经验。全国性的示范项目展示了瑞吉欧巨大的成功。瑞吉欧课程的核心包括如下几点。

- 社会互动。
- 有意义的参与。
- 积极的反思。

- 互相尊重与合作。
- 真实的探究。

思考这5个核心。想想你自己什么时候学得最好。分享个人的兴趣并进行有意义的讨论，亲自开展真实的研究，与已有经验和学习联系起来，自由地提问、思考、尝试，并获得成功。这些值得所有学生或教师去努力，也是世界各地的教育者在瑞吉欧·艾米利亚学校中所获得的启示。

启示和应用

在过去的几十年里，美国的教育工作者对瑞吉欧学校的实践和理念越来越感兴趣。对瑞吉欧实践的热爱，以及对其核心价值标准的认同，推动了瑞吉欧课程在美国幼儿园和小学的广泛运用。幼儿园这样诠释和重塑瑞吉欧精神的核心。

- 细心磨合学校与社区之间的关系。
- 重视在教学实践中反思、分析和合作。
- 敢于冒险和从失败中学习。

瑞吉欧·艾米利亚学校的核心价值在于美、关系、能量，它让为儿童提供高质量教育成为可能。

建议

从探索瑞吉欧教育理念以来，许多美国教师就开始自我反思，这是探索瑞吉欧教育的起点。首先，教育工作者必须仔细研究自己的儿童观，以及这对他们的实践意味着什么。只有认识到传统儿童观和直接教学模式的不足，才能从更积极的、合作的视角看待学与教。

你的看法

开始探索瑞吉欧，方法之一是思考那些描述儿童和学习的著名的隐喻，如儿童是海绵，幼儿园是一个花园，或儿童都是小天使。在对这些隐喻思考时，可能会发现一些固有的思维，如儿童是海绵，就可能意味着儿童被动吸收周围的环境。如果是这样的话，那么他们怎样在形成新知识的过程中积极主动地构建和重组他们的环境、经历和想法呢？

> 如果幼儿园应该像花园一样，那意味着儿童需要一个受到保护的空间，可以自由地生长，但教师的作用不明确。儿童像天使一样，可能意味着一个天真、浪漫的观念，阻碍儿童从矛盾中、从生活中通过解决问题和建构知识获益的能力。
>
> 如果儿童被看作强大的、有能力的、聪明的合作伙伴，就有可能被看作社会团体的一部分，从而得以体验复杂、真实、有价值、有意义的活动。反思自己的理念是打造或再造实践的第一步。

反思性实践

在反思性实践中，教师必须考虑环境传达的信息。对细节（色彩、设计、材质选择和布置、美观）的关注程度传递了教师对儿童的重视程度。实际上，学习空间可能不是理想的家庭式的，如有很多窗户，光线充足。现实是只要有可能，幼儿园就会建起来。打造适宜的环境，并不意味着建新的幼儿园或装备花哨的教室，配备昂贵的家具和材料。因势利导是成为一位优秀教师的第一个技能。

重视材料的细节并加以精心设计，让环境有吸引力，这在任何预算和建筑条件有限的情况下都能实现。精心设计环境是在发出邀请，鼓励参与和真正的兴趣。材料可以直接取自大自然（如棍、石头、贝壳、树叶和坚果），重复使用是可能的。事实上，对自然材料进行有趣的展示和组合，而不是将材料当作新奇的玩具，能激发儿童对周围世界进行探索与实验。教师通过参与儿童的探索与实验，肯定了儿童值得被珍视、尊重，是有能力的。鼓励并促进儿童运用多种语言进行表达，可以让儿童更充分、深入地处理信息和经验，以及更有技巧地交流想法。无论儿童在哪里生活，提高儿童信息处理能力和沟通能力这个目标都是有意义的。

最后一个建议是：教师应当与同事和家长进行交流与联系。其他教师和家长都是教师的合作伙伴，共同为儿童提供最美、最高质量的学习经验。家长作为联系社区的中介、资源提供者，能拓展儿童的学习。这也是对儿童生活环境（包括学校、家庭和社会）的认同。既然家长参与儿童的学习过程，他们也应该参与记录和反思过程。通过集体的记录和反思过程，每个人都以新的视角看待儿童和教学（Grieshaber & Hatch，2003）。以新视角看待事物正是瑞吉欧的核心，这是最大限度地推进所有教育实践的结果。

结论

瑞吉欧学校虽然诞生于一个独特的背景下，但与美国的理念与实践有很多相似之处。它是美国早期教育改革的机遇。为了能充分理解并成功应用瑞吉欧实践，教师需要将瑞吉欧精神与当地的文化背景结合，探索经验。思考家长在学校中的作用，与家庭建立互惠的合作关系，这样教师就可以建立家长和学校之间新的更开放的关系。虽然不能简单移植瑞吉欧模式，但是合作的精神和对关系的强调，对儿童权利的承诺，能让任何早期教育实践变得更加成功。

承认瑞吉欧是教育的、合作的、反思的学习环境的典范，有利于教育工作者探索瑞吉欧的传统并进行不断变革。瑞吉欧学校对于人们真正的启示在于其精神。这种精神也是所有教育工作者的目标——为所有儿童提供一个美好的、能获得尊重的地方。它重视社会关系，重视为教师和儿童提供有意义的、合作的学习经验。

总结

- 瑞吉欧从"儿童是有能力的"这一观点出发，认为以创造性的方式给儿童的世界提供适宜的机会的时候，每一名儿童都比所期望的还有能力。
- 在瑞吉欧，环境、材料和项目都以儿童为中心，成人提供支持，促进积极的人际互动和学习。
- 第二次世界大战结束后，意大利瑞吉欧一小部分家庭齐心协力，创造了充满希望和可能性的、美丽的学校。
- 瑞吉欧学校创立于风景如画的意大利北部，那儿艺术传统和家庭观念浓厚，最初靠的是少数家庭的远见卓识，现在在"为了所有的儿童"思想的指引下不断前行。
- 瑞吉欧学校的核心价值理念是：儿童是强大的、有能力的。儿童通过积极的、社会性的、建设性的过程学习，艺术与美是教育环境的基础。家庭是教育过程中的重要合作伙伴。社会关系是学习的基础。
- 因为相信每名儿童都有着独特的能力，所以瑞吉欧教师欢迎并支持不同能力水平的儿童。

- 瑞吉欧学校的儿童主要通过探索生成课程、对话、对经验的反思和表征来学习。
- 教师的主要工作是观察和倾听儿童，激发儿童的思维，并通过收集代表性的作品和对话来记录儿童的学习过程。
- 教师通过仔细记录儿童的探究和对话，捕捉儿童的学习过程及其变化。
- 要借鉴瑞吉欧课程模式，教育工作者必须了解当地文化，并让家长积极参与儿童的学习。
- 美国教育工作者在应用瑞吉欧课程模式的过程中学习协商，不断反思，勇于承担风险，在儿童学习过程中充当一名真正的伙伴——他们已经取得了成功。

本章自评

请在表中写下你所学到的，每个学习目标写3～5个关键点	
描述瑞吉欧课程的核心价值观和实践	
了解瑞吉欧课程发展过程中的重要历史事件	
描述瑞吉欧课程的儿童观	
认识教师在瑞吉欧课程中的关键作用	
探索瑞吉欧课程中学习和记录的目的和过程	
讨论在美国借鉴瑞吉欧课程面临的挑战	
了解应用瑞吉欧课程的策略	

应用活动

讨论提示

1.列出瑞吉欧课程模式的核心价值观，再列出你自己的教育观，看哪些元素是相似的，哪些是不同的。你是怎么确定你自己的教育价值观的？

2.回想瑞吉欧学校的环境。你将如何把美渗透到儿童的生活中？

在课堂上

思考你所听到的关于儿童的隐喻。小组讨论的时候，至少写下 3 种，讨论其中的微妙含义，以及它们如何影响实践。梳理自己心目中的"儿童形象"，用图表示。

在实践中

瑞吉欧学校强调美，强调让儿童学习从不同的视角看周围的世界。你可以做一个 2.5cm × 2.5cm 的观察器供儿童使用。自己先试试。把观察器放在眼前（约 30 厘米远）。闭一只眼，另一只眼集中看观察器内。仔细观察并且记住你所看到的，注意形状、线条、颜色等。之后，花 10 分钟时间画出你所看到的东西。不改变观察器的比例，只需把你所看到线条、形状、颜色等如实画出来，就好像这些部件独立存在一般。这个练习可以让你从新的角度看一些熟悉的东西，一个新的世界。看某个东西的一小部分，能让你停下来真正去观察你偶尔瞥到的或者看了一整天的事物。换句话说，你通过观察器的全新角度进行观察。请再次调整你的视角，看看你都可以看到什么！

你的档案袋

儿童观是教师与儿童互动、制订计划、选择教学方法的驱动力。儿童观可以指导教师，并最终影响儿童的经验和学习。教师向儿童清楚地阐明自己的价值观是必要的。瑞吉欧课程模式认为所有儿童都享有权利。你认为所有的儿童应该被赋予什么核心权利？许多教育工作者和社区会想到宪法权利。你可以在有关网站（www.newciv. org/ncn/cbo 和 http：//educators.boulderjourneyschool.com/charter-of-childrens-rights. html）浏览相关内容。

相关网站链接

北美瑞吉欧联盟（North American Reggio Emilia Alliance）
www.reggioalliance.org

博尔德之旅学校（Boulder Journey School）
www.bouldejouneyschool.com

美国瑞吉欧儿童（Reggio Children USA）
zerosei.comune.re.it/inter/index.htm

第十章
蒙台梭利教育：
环境、材料和方法

CHAPTER 10

本章学习目标

⊙ 了解蒙台梭利生活和工作中的重要事件。

⊙ 探究蒙台梭利教室中儿童发展与学习的重要方面。

⊙ 剖析蒙台梭利教师的基本角色。

⊙ 描述蒙台梭利教学法5个关键课程领域中的教具（材料）。

⊙ 了解对蒙台梭利教育法的批判、赞誉及其实际应用。

蒙台梭利教育法在如今的美国家喻户晓，在儿童发展和教育领域产生了十分重要的影响。玛利亚·蒙台梭利一开始研究的是贫困且发展迟缓的儿童，这是其具有开创性意义的事业的起点，随后她设计了适用于所有儿童的教育方法与教具（材料）。蒙台梭利关于儿童意志力与智力发展的那些证据充分的理论，影响了实践一百多年。蒙台梭利还有许多曾经很激进的理论，如今已被内化为优秀教育实践的一部分。当今，有数以万计的蒙台梭利学校，遍布世界各地（年龄段从婴儿跨越至高中生），仅在美国就有近5000所蒙台梭利学校。

玛利亚·蒙台梭利对我们如何看待儿童以及教育儿童有非常深远的影响，所以教育者了解蒙台梭利本人及其教育方法是非常重要的。为了真正理解她的教育方法，我们必须对其理念有一个基本的认识，包括在蒙台梭利眼中儿童是如何发展的，蒙台梭利如何逐渐形成其观念，以及她的理论是如何指导其实践的。本章展现了蒙台梭利所处的历史背景以及她的理论观点，同时探讨了其教育方法的关键元素，包括教具（材料）、环境和教师角色。同时，本章还会涉及有关争议，诸如游戏在蒙台梭利课程和其他早期教育课程中所处的不同地位。

　　为了深入理解玛利亚·蒙台梭利教育法的基本指导思想，让我们花一点时间走进精心准备的蒙台梭利学前儿童教室。这是一个阳光明媚的秋日，我们走进了温馨的蒙台梭利学校，参观3～6岁混龄班。教室很大，是开放的，那边用半堵墙隔开的地方是盥洗区。在盥洗区的旁边是迷你厨房区，包括供成人使用的水槽和工作台，另有一套小一些的，是为孩子准备的。在厨房的旁边，有一张小桌子，上面放有切好的橘子、一盘饼干、一些小的餐具和一瓶果酱。这些食物将会在桌上放一个小时，供那些想要吃点心的孩子自主享用。

　　老师们解释说，让孩子在需要的时候自主加餐，就不必为了一个规定的集体点心时间而去打断孩子的工作。"作为蒙台梭利教师，最重要的是，我们必须注意避免打断孩子的工作。"一位老师解释道，"这是我们尊重他们内在心理过程的方式，我们相信，当孩子操作教具（材料）时，他们的内在心理过程是活跃的。我们不会因为已经为他们制定了时间表而去打断他们。我们力求在早晨留出近3个小时时间，让他们自主选择，全身心地投入到他们的工作中去。在这里，孩子自主驾驭他们的学习。"

　　当你环视整个房间时，你会看到干净的粉白相间条纹窗帘和适合孩子的柳条编织沙发，赏心悦目。沙发被摆在房间内一个看起来好像娃娃家的角落里。白色的墙壁上零星地装饰着莫奈和凡·高的画。大大的窗户和明亮的顶灯，使得整个教室很是亮堂。可以说，整个房间给人井然有序、明亮和整洁的感觉。此时这样一个满是学前儿童的教室，（也许）会让你觉得不同寻常，（因为）它看起来比你参观过的任何教室都安静。

当你继续去观察时，便会注意到教室的一边有一个三级爬梯，还有一些矮架子和小桌子，是它们将这个开放的空间分隔开来。在带窗户的这侧墙边，是一块大大的、绿色的地毯（工作毯）。这块地毯沿着低矮的架子铺开，架子每一层摆放着各种教具。接下来你将会注意到孩子。他们中的大多数都正在独自操作着自我纠错的材料——材料放在托盘上，占据着地毯的一小块。孩子专注于各自的活动：一些孩子正把水从一个小的玻璃罐倒入另一个玻璃罐，一些孩子正在把粉色的立方体按序堆成一座塔，还有一些孩子则在系带子、扣扣子和拉拉链。另有一些孩子正小心翼翼地用手触摸用砂纸剪成的字母。他们如此专注，可以说超出了你所见过的其他4岁孩子。事实上，你会被他们专心操作手中教具（材料）时的那种安静所震惊。

老师们看起来似乎也出奇地安静，他们密切地关注着专心工作着的每一个孩子。一位老师慢慢地、从容不迫地示范着一个新教具（材料）的正确使用方法。她安静地向一个孩子展示着如何用3个手指捏起一个圆柱体，并把它放入底座。当她把这一系列圆柱体都放好后，她便询问这个孩子是否愿意尝试这个工作。孩子点点头，开始安静地重复老师的动作。

孩子们小心地在教室里走来走去。他们安静地来到矮架子前，取下用托盘装的教具（材料），小心地、反复地操作着。当他们决定结束某一项工作时，他们会将教具（材料）放回托盘，并把托盘放回原来的地方。这些教具（材料）看起来很新，（但是）你会很惊讶地发现，其实它们在这个教室的时间已超过15年了。这些孩子清晰地展示了他们对于环境的高度尊重，他们知道每年都会有新孩子来使用这些材料。

一位老师注意到你的惊讶并解释道："作为教师，逐步培养每一个孩子学会尊重自己、尊重对方、尊重他们的环境，是我们最重要的任务之一。孩子一天中的一大部分时间都会用在照顾自我、照顾环境上。他们把桌子和教具（材料）清洁干净，并擦去植物表面的灰尘。他们学习如何自己穿衣以及自我服务。蒙台梭利认为这些技能对于学龄前儿童来说是十分必要的。"

在紧张的自主工作时间之后，孩子们会被召唤到工作毯上。在这里，他们将和老师们一起参与圆圈活动。今天老师介绍一种新的物品——菠萝。孩子可以去摸和闻这个水果，下午的甜点时间还可以尝一尝这个水果。在相对比较简短的圆圈活动过后，孩子和老师们准备去户外活动。（毕竟）在这样一个专注、独立的工作时间之后，孩子和老师们都十分渴望享受新鲜的空气、阳光、社会性互动，到攀爬器械上锻炼身体。

儿童使用彩色圆柱体来发展他们的精细动作，学习排序。

一日时间安排示例

	蒙台梭利认为儿童应该不受教师干扰地自由选择活动， 于是，儿童就有了一大块自选工作时间
8：00	入园、如厕、洗手、早餐（如果有需要）
8：30	自选工作（提供点心）
11：00	圆圈活动
11：15	户外——自由活动、园艺、运动
12：15	整理、摆桌子、准备午餐
午餐	
12：45	安静休息
14：15	如厕、整理、户外活动
14：30	自选工作（提供点心）或自由游戏
17：00	整理、准备离园

蒙台梭利的生平

玛丽亚·蒙台梭利于1870年出生在意大利一个富足的家庭。当她还是一个孩子时，就以超群的智力引人关注。在那个时代，女性是不能得到与男性同等的受教育以及工作的机会的，（但是）蒙台梭利通过她的才能证明了她是值得被特殊对待的。进入一个全是男生的技术学校时，她便确立了自己对医学的兴趣，即使因为当时男女不能共同学习的社会传统使她不得不独自完成临床学习（Lascarides & Hinitz，2000；Shute，2002）。在入学的第一年，蒙台梭利便迅速展现了她作为一名学生和一名临床医生的非比寻常的实力（Gettman，1987）。由此，人们开始逐渐认可蒙台梭利非凡的才能。

很快，蒙台梭利成为罗马大学毕业的第一位女博士。随后，她又花了10年时间去实践外科医学，同时呼吁妇女享有平等权利（Gettman，1987）。当她的学习和工作扩展到心理学，并且开始在附近的精神病诊所出诊时，她对被安置在社会福利机构中那些所谓有缺陷、精神失常的儿童产生了浓厚的兴趣。无论在何种情况下，即使在今天，这些儿童均会被界定为发展滞后儿童。蒙台梭利深受浪漫主义哲学家卢梭、裴斯泰洛奇、福禄贝尔的著作（Elkind，2003）以及发展建构主义理论的影响（Edwards，2002），但是对她影响最深的应该是伊他（Jean-Marc-Gaspard Itard）和他的学生塞贡（Edouard Seguin）。作为两位内科医生，伊他和塞贡提出一个激进的理念：对于智力缺陷儿童，更多的是教育方式问题，而不是医学问题（Cossentino，2006；Lascarides & Hinitz，2000）。

蒙台梭利教育实验的开始

蒙台梭利一贯秉承科学严谨的态度，观察和记录了社会福利机构的儿童如何为了一丁点面包屑而打架。她开始去证明她的假设——这些儿童只是急需刺激，而不是生理上存在缺陷。蒙台梭利开始了为期两年的实验，观察儿童操作她所创造的各种教具（材料）（Gettman，1987）。在操作这些教具（材料）达两年后，这些有缺陷的儿童便能够像该年龄段的典型儿童一样通过学校能力测试（Shute，2002）。这一发现坚定了她的信念：富有刺激的环境加之专注的、有目的的活动能够促进每名儿童认知的发展。

在这一成就的激励下，蒙台梭利将她的注意力转向当时的教育系统。她认为当时的教育环境是令人窒息的，是压制儿童意志力、内驱力和自然生长节奏的。于是，她开始改革早期教育，指出早期教育并非基础教育的微缩版（Shute，2002）。

蒙台梭利证实了儿童的本能是触摸任何唾手可得的物品以及从环境中吸收刺激（有吸收力的心智）。蒙台梭利教育法的核心信念是：儿童是通过有目的的感官体验以及吸收环境（中的刺激）来进行学习的。这促使她去关注儿童环境的设计以及教具（材料）的选择。她同时认识到儿童非常活泼好动，应当设法支持而非一味抑制这种天性的发展。1906 年，蒙台梭利受委托照顾近 50 名来自罗马低收入家庭的儿童，这是她第一次有机会与社区的儿童一起工作，在她的眼中这又是一个实践和扩展关于儿童学习和发展理论的难得机会。1907 年，第一个儿童之家（Casa dei Bambini）创立，标志着影响 100 多年实践的教学理论和方法产生。

付诸实践

制作你自己的砂纸字母和数字

蒙台梭利创造了一种薄木片，上面的数字或字母都是用砂纸写的，其目的是为儿童提供一种感官体验。你可以将写在（中等粗糙程度的）砂纸上的字母、数字用模板拓下来或者剪下来，然后把他们粘在厚的卡纸或者木片上。我们也可以引导儿童睁着眼或是闭眼来探索砂纸。这些体验能够带给他们有关字母和数字线条、形态方面的触觉感受。

用观察和反思来检验她的方法

蒙台梭利采用了呈现教具（材料）和客观观察儿童活动相结合的科学方法。通过认真翔实的观察记录，蒙台梭利开始有了一些令人惊讶的发现。她发现这些 2 ～ 6 岁爱哭、易害怕的儿童，能够专心致志地操作这些有用意的教具（材料）。当她移开那些不相干的玩具时，她发现这些儿童更喜欢不受成人干扰地、自由地进行有意义的工作。当他们越来越熟练地反复操作自主选择的教具（材料）时，蒙台梭利感受到了他们内心的平和（Gettman，1987）。在观察的基础上，蒙台梭利改善了环境和教具（材料），以让每名儿童在有准备的环境和结构化的教具（材料）中尽可能地自主活动。这套有限制（纪律）的自由系统成为其教学法的特色。

蒙台梭利进一步记录了不同年龄段儿童不同的活动和能力水平。通过这些记录，她开始注意到儿童发展具有敏感期，即在这一时期，儿童对某一特殊的发展任务十分感兴趣。蒙台梭利认为，儿童最大限度的发展要求成人具有洞察力——一种尊重儿童内驱力和观察儿童自由选择教具（材料）进行工作的意识（Montessori，1966）。由此，蒙台梭利认为，教师应该作为一位观察者和环境准备者，而不是知识的传授者。

蒙台梭利不断发展和推进她的教育方法，此间既有赞扬，也出现了一些批判。在蒙台梭利1913年访问美国期间，其理念被广泛接受。特别是1915年世界博览会上儿童安静且专注地进行自选活动时所表现出的非凡注意力，激发了人们极大的兴趣（Sobe，2004）。然而，幼儿园的倡导者和教师们，如帕蒂·史密斯·希尔（Patty Smith Hill）和威廉·赫德·克伯屈（William Heard Kilpatrick），拒绝这种要求儿童反复操作教具的死板、结构化的工作（Cossentino，2006；Lascarides & Hinitz，2000）。与此同时，有关创造性表征缺乏、游戏缺失以及说教性教具用法苛刻等方面的质疑逐渐出现。虽然一些上流社会的家庭选择接受这种教育方法，甚至还创办了蒙台梭利学校和专业协会，但对于绝大部分进步时代的早期教育工作者来说，蒙台梭利教学法一直是一个不太受欢迎的选择。

付诸实践

制作你自己的色卡

蒙台梭利创造了颜色逐渐变化的色卡，让儿童可以辨别最浅至最深的颜色。你可以在油漆店或家居店购买颜料小样来创作属于你自己的色卡。每种颜色选两份，将其中之一分成两半，打乱，然后对照完整版进行配对。或者更难一点，将渐变卡剪成几段，指导儿童按由浅到深的顺序排列。

蒙台梭利教师示范正确使用教具的方法，然后观察儿童工作。

蒙台梭利去世（1952 年）几年后，她的教学方法开始真正流行起来。20 世纪 60 年代，3 个关键的转变使得人们对蒙台梭利教学方法产生了新的兴趣。当时，更多的理论家开始在早期经历和之后的成功之间建立联系，针对有风险儿童的早期干预也开始流行，教育工作者开始寻找关于儿童发展与教育的更加科学的方法。因为蒙台梭利的深厚科学背景，加之对自然观察的强调以及特殊教育的根基，蒙台梭利方法在 20 世纪 60 年代之后的 80 年代再次在美国成为焦点。独立的蒙台梭利学校在美国蒙台梭利协会和国际蒙台梭利协会这些新兴机构的赞助和指导下迅速建立。这两个协会均倡导严格遵循蒙台梭利思想。尽管蒙台梭利学校不一定要采用蒙台梭利教学法（蒙台梭利教学法没有专利），但是那些学校的人们会更严格遵循蒙台梭利的思想。

随着越来越多蒙台梭利学校的开设，更多的学校熟知了蒙台梭利方法。近几十年来，美国受到蒙台梭利教学法启发的学校已经增长到 5000 所左右，同时蒙台梭利方法已在 200 多所公立小学得以运用（NAMTA，2013；Lillard &Else-Quest，2006）。蒙台梭利唯一的儿子马里奥于 1952 年接管国际蒙台梭利协会，并在其 1982 年逝世前，一直致力于推进蒙台梭利方法（Gettman，1987；Henry-Montessori，n.d.）。

蒙台梭利教学法的正式确立

在整个职业生涯中，蒙台梭利充分利用了一切能够自然地观察儿童的机会，并从这些观察中得出了深刻的见解，随后开始逐渐关注成人是如何曲解并阻挠儿童的需求与内驱力的。换言之，具有高精神追求的她，开始关注到了儿童精神层面的幸福。她做了大量有关儿童苦恼的观察记录，发现（其实）这些苦恼皆源自大人无法识别儿童外部表达所内含的精神（Montessori，1966）。通过撰写著作、开展教师培训和对大量有关儿童活动过程的刻画，蒙台梭利精心验证她的教学方法，以求重塑早期教育实践。与此同时，蒙台梭利还规定了教师在介绍活动、示范动作以及邀请儿童尝试工作时的每一步语言和行为。蒙台梭利一直坚持严格遵守她的教学法，因为她确信这是使儿童先天能力得到最大限度发挥，从而获得发展的唯一最佳途径（Goffin，1994）。蒙台梭利教学法也许可以通过一些指导她事业的关键原则来理解。

- 关于儿童发展的信念。
- 关于教师在教室内角色与作用的看法（认知）。
- 受到诸多好评的独创教具（材料）。

下面我们依次探究每一原则，因为这对于我们全面理解蒙台梭利教学法以及她在早期教育领域的贡献密切相关。

蒙台梭利的儿童观和发展观

蒙台梭利认为，儿童来到这个世界时，天然带着一种灵性和好奇心，有能力，有目标，所有这些都是儿童发展和学习的驱动力。蒙台梭利同样认为，新生儿身体内部处于一个混乱的状态，因此他们需要努力变得有意义和充满秩序。她认为这种努力是他们提高目的性和生产性的（最初）表现。蒙台梭利用大量的文章阐释她的信念。她相信童年的秘密是当儿童从不恰当的成人要求中解放出来时，他们自然和自发地去参与一些活动，这些活动指导其发展并使其逐渐成为有秩序、有生产力的成年人。按照蒙台梭利的说法，发展是一个内部调节的过程，这一过程需要与环境和材料精心互动（Montessori，1966）。

敏感期

蒙台梭利认为儿童应该自然而然地去经历一些阶段，这些阶段为他们今后在某些领域的学习做准备。这些阶段便叫作敏感期，即在这个阶段，儿童已经准备好去掌握一些特殊的、在其他时期不能完全掌握的技能或概念。从婴儿期开始，这些敏感期受到儿童身心发展水平的影响，在影响儿童吸收周围世界所提供的刺激和线索的同时，也促使儿童成长发育。由此，蒙台梭利认为儿童的大脑是充满吸收力的，渴望模仿任何刺激（Montessori，1966）。

这个观点有多个例证，如婴儿模仿照看者的面部表情，学步儿高兴地重复从成人那里听到的单词或短语，再或者幼儿模仿兄长的身体动作。通过这些例子，我们可以看到儿童是如何被他或她周围的环境所影响的。这同时强调教师有重要的责任去给儿童提供最适宜的模仿对象。

我们从人的典型（可普遍观察到）发展可知，人的很多生长发育发生在人生最初3 年。正是在这个时期，儿童学会说所处文化的语言，并对自己身体进行相对的控制。这两个关键领域的发展进步，确保了之后儿童认知、社会性和情感的发展。因此，早期的几年是确保儿童今后发展的极为重要的时期。蒙台梭利认为，正是成人认为儿童的成长依赖于成人，才导致了专横、过度保护等问题。虽然（看似）是爱——因为他们渴望为儿童做任何事情，但最终会产生诸多问题。（换言之）为儿童做太多反而会阻碍他们运用天生的内驱力来感知世界，使儿童与其自我教育的工具相脱离。出于对儿童先天能力的尊重，蒙台梭利力求使儿童都能够（通过自给自足）指导自我的发展

（Montessori，1966）。

你曾经见过一个成年人和一个有自己想法的儿童之间的较量吗？或许你曾见过儿童拒绝在儿童车中安静地坐着，坚持要自己走；儿童在吃饭时拼命伸手去够食物，想要自己吃，或者将食物涂抹在她的头发上。如果是这样，你可以开始尝试着去了解，即使是年幼的儿童，也会有对他们来说十分重要的心理过程，纵然他们缺乏成人指导，没法描述出来。蒙台梭利曾经富有激情地写下，说这是"对儿童施加不必要的权威"。她坚信"限制"，但是她坚持这些"限制"要合理而且不会削弱儿童的意志和自主（自主权）。她把这些视为儿童发展和学习中两个必要的组成部分（Lascarides & Hinitz，2000）。

蒙台梭利同样认为，学龄前阶段（3～6岁）是建立儿童秩序感的必要时期，这将为其今后理性思维的发展奠定基础。虽然"儿童的早期经验对其今后的发展具有巨大影响"的观点现在已被广泛接受，但是在蒙台梭利身处的那个时代，其对于早期阶段的强调却遭到了质疑。蒙台梭利始终坚守着她的信念，开发了教具（材料），同时规定了使儿童内部得以自然发展的最佳活动，堪称（学前教育）永远的先驱。

迅速发展的独立性与意志力

为了使儿童天然的发展计划得以实现，蒙台梭利意识到，儿童需要有独立的能力。她将此定义为儿童有满足自己需要且不依赖于他人帮助的自由。她认为，如果儿童掌握了一些自给自足的基本技能，他们就可以自由地选择材料、活动和经验。这种自主使用教学材料或所谓的自动化教育，会自然地最大化儿童当下敏感期的发展成果（Goffin，1994）。这被她称为日常生活练习，并被她用作其课程计划第一阶段的框架。日常生活练习关注现实生活中的技能，如穿衣服、洗漱和收拾房间。蒙台梭利被儿童全神贯注的观察所触动，从而开始从根本上改变当时社会关于儿童注意力的观念。

蒙台梭利还发现，儿童能够自发去操控和探究周围的世界以及其中的一切。她似乎越来越不满意父母和教师——他们总是与不听话、不安静坐着或拿成人贵重物品的儿童发生冲突。因为坚信这种意志冲突有损儿童自发的内驱力，蒙台梭利公开表达了自己对当时儿童保育和教育做法的异议（Rambusch，1992）。例如，一个学步儿不愿意被放进婴儿车中，但父母坚持让其坐在婴儿车里，因为他们赶时间——推着车能加快速度。儿童自身有着强烈的愿望——希望检验他正在发展的行走技能，儿童不一定理解父母（繁忙的）时间表。他只知道，在他生命的这个时间点上，他需要通过练习来掌握行走技能。因此，蒙台梭利主张让儿童走一段路，即使父母的行程将会被耽误。蒙台梭利报告称，在这些冲突中，当儿童再次回到自己的发展道路上时，他们会从极度悲伤迅速变得神采奕奕（Montessori，1966）。现在让我们看看蒙台梭利如何看待教师在儿童教育发展中的角色。

付诸实践

制作自己的衣饰框

你可以利用木框（无玻璃）以及旧衬衫、夹克，创造属于你自己的衣饰框。如果你没有带纽扣、拉链的衣服，可以去旧货店找找看。或者你可以在新买的面料上缝上拉链、纽扣，（然后）按照木框的尺寸裁剪。如果有需要的话，可对顶部与底部包边。使用钉枪或装饰钉子将布料/衣服固定在木框的两侧，确保扣子/拉链放在中间。孩子们可以将扣子、拉链等解开并扣上，锻炼自我照顾的技能（学习给自己穿衣）以及小肌肉能力。

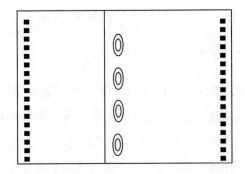

儿童利用衣饰框或马甲进行工作，锻炼自理能力，同时发展精细动作技能，如扣纽扣、拉拉链、系鞋带（编织）。

教师的角色和功能

蒙台梭利学校中的教师都接受过经过专门设计和认证的蒙台梭利教师培训。他们学习儿童发展的基本原则、蒙台梭利的儿童观以及与儿童工作与交谈的正确方法。蒙台梭利所期望的是，所有的学校和教师看上去做得都一致——严格遵循蒙台梭利教学法。

蒙台梭利用教具来充当儿童的教师，这意味着儿童可以脱离教师的指导或协助自行使用教具（材料）。她发现，当向儿童有目的地、仔细地介绍教具的正确使用方法时，他们会根据自己的意愿选择并使用教具（材料）（Montessori，1965）。这使得教师得以退后一步，让儿童指导自己的学习，自己则成为课堂活动的导演，成为引导者（directress）和观察者。教师是环境中的背景，引导和支持儿童逐步发展，不逼迫儿童或者强加个人的意志。蒙台梭利解释道："我们在这个不可思议的进程中的目的是间接的。我们在这里是为了给自发进入世界的生命提供发展所需的必要媒介。同时，我们必须带着敬意等待其发展。"（Montessori，1965，p.134）

蒙台梭利把重心放在教具的正确使用上，同时认为教师对儿童的生命有着十分重要的影响（Lascarides & Hintiz，2000）。教师可能对儿童心理和精神产生积极或消极的作用。蒙台梭利认为教师应充分尊重儿童的权利与能力，并履行以下 3 个重要职责。

- 精心准备环境。
- 恰当地介绍和示范教具（的使用）。
- 密切观察儿童并记录学习。

环境准备

布置和设计儿童可利用的教室（环境）和教具（材料），对于现今早期教育者来说可能是理所当然的，但是在蒙台梭利（提出）之前并不被理解。她坚持认为儿童不能生活在成人主导的环境中。为了培养独立性，蒙台梭利为儿童创建了教室，教室里包括轻型的、按原比例缩小的家具，儿童可以轻松搬动并取放教具（Mooney，2000）。她认为，儿童渴求在他们的世界中建立秩序，（所以要）营造出符合美学意义上的令人赏心悦目的空间——整洁、有序，摆脱不必要的混乱，这些成为她理念的标志。

与我们今天在幼儿园通常看到的一切相反，蒙台梭利不赞同（在幼儿园）使用复杂的墙面装饰和艳丽的油漆。她提倡的是洁白的墙面，有组织的设计，配上精心挑选的教具以及适量的艺术品。换言之，蒙台梭利力求提供一种没有过度刺激和不易使儿童分心的环境，提供一个整洁的背景，让儿童参与具有自我发展意义的工作。再者，木架不能摆放过多，且教具均应整洁并完好无损。因为对于蒙台梭利来说，这种秩序感和视觉上的和谐是极为重要的。她曾满怀热情地写下了她的信念：正如儿童的发展受到内驱力的强烈影响一样，其发展也同样强烈受到他们所处环境和经历的影响（Goffin，1994）。与此同时，为儿童创造一个尊重和自由的心理环境也是十分重要的。在这种环境下，儿童将最大限度地进行个性化学习。

蒙台梭利认为，教师需要经过大量的培训和工作才能了解儿童先天的内驱力与需求，不能自由放任或袖手旁观。教师需要更加努力地去创造一个教室，让儿童有机会发挥其内驱力并满足其需求。蒙台梭利认为，这需要通过以下途径来达成。

- 设定明确的限制。
- 示范教具（材料）的使用方法。
- 退后一步，让儿童自主探索教具（材料）和环境。

教师作为示范者和指导者

教室是儿童不受成人干扰的地方，与教师作为指导者似乎听起来有些矛盾。然而，蒙台梭利谨慎地指出，不受成人干扰是指，当儿童能够独立行事时，儿童便会从对他人的依赖中解放出来。而独立性是通过模仿教师并获得相关技能培养出来的。为了支持儿童独立性的发展，蒙台梭利开发了能够发展儿童自理能力的教具（材料）和方法。虽然蒙台梭利教具强调一些相当普通的活动，如穿衣服和打扫卫生，但是她坚信教师应严格遵循其具体做法。

儿童不能长时间安静地接受集体教学，也不是以同样的速度发展。因此，蒙台梭利认为，个别指导是向儿童介绍教具（材料）的首要方法。考虑到混龄分组，即不是所有的儿童均将在同一时间准备好使用同样的教具（材料），因此，介绍和使用教具（材料）——为那些做好准备并且有兴趣接受的儿童提供特定的教具（材料）将是非常个体化的。通过观察和对每一名儿童的深入了解，教师将逐渐了解每一名儿童需要特定教具（材料）的意愿及其准备程度。当教具（材料）被引入后，如果发现儿童对其不感兴趣或无法正确操作，教师只需移除工作，让儿童自由选择另一项工作，并再次准备新的教具（材料）（Montessori，1999）。

需牢记蒙台梭利将使用教具（材料）进行工作（并不是教师上课）视为儿童学习的首要途径。她坚持认为，引入时要做到明确、简单、客观，尽可能使用较少的话语（Montessori，1999）。教师需要慢慢地演示如何正确使用教具，如需通过以下步骤来引导儿童正确操作纽扣衣饰框。

- 从架子上小心地取出衣饰框。
- 简短地说"这是衣饰框"。
- 将衣饰框放在桌子上，并让儿童坐在教师左边。
- 平静地宣布："我现在要向你展示如何扣纽扣和解纽扣。"
- 指导儿童："首先观察我做，然后，如果你愿意，可以自己尝试着去做。"
- 安静完成衣饰框的工作。

之后教师慢慢地、仔细地向儿童展示解开扣子和扣上扣子的一系列过程，并且在解开和扣上的纽扣上贴上标签。之后，教师便邀请儿童独自尝试这个工作，儿童既可以当时做，也可以以后做。虽然解、扣纽扣的动作看起来很简单，但是依据蒙台梭利的要求，教师实际上需要遵循 25 个步骤。事实上，蒙台梭利课程的每一个活动，包括清扫木屑（34 步），拿一本书（42 步），说"谢谢"（16 步），把一个水壶的水倒进另一个水壶（26 步），都有向儿童展示（如何操作）的十分详尽的方法（Gettman，1987）。与此同时，蒙台梭利限制教师讲话的次数，是为了把儿童从教师过多的控制中解放出来（Cossentino，2006）。

在教师（向儿童）展示完成之后，教师便让儿童用新教具（材料）或自主选择的其他教具（材料）展开独立工作。在早晨（理想的情况是有 3 个小时的工作时间），儿童会各自选择教具（材料）并且有目的地开展工作。儿童的独立让教师可以自由地处理另一件重要的事情，也是教师首要的任务，即对工作中的儿童进行观察。

● 教师培训

为了确保教师们能够正确地展示，蒙台梭利坚持亲自监督、培训教师。随着蒙台梭利教学法的广泛运用，也为了维护蒙台梭利教学原有（培训）方式，一些经过批准的专门机构开始承担培训教师的职责，不仅强调教师应该理解儿童，还注重对教师如何呈现教具（材料）进行严格指导。我们需牢记：蒙台梭利坚信儿童的心灵是具有吸收力的，并且易受环境和成人的影响，这些影响或是积极，或是消极的。基于以上框架（原则），我们可以自然而然地得出，向儿童介绍对其发展有引导作用的教具（材料）时，必须是小心谨慎、循序渐进的。如果你想了解更多关于蒙台梭利教师培训的历史沿革与实践，请浏览 www.montessori-ami.org。

教师作为观察者

在蒙台梭利的整个职业生涯中，她一直都在和反对其教学模式的舆论做斗争。蒙台梭利称其教学方法是科学的和合理的（Rambusch，1992），整合了医学、心理学和教育学，建立在与儿童多年一起工作的经验之上。蒙台梭利对于教师作为经过训练的、客观的观察者的强调，是其专业的、科学的教学模式的重要组成部分。她坚信，儿童期是一个特殊时期，是儿童独特的发展阶段，儿童并不是成人的缩小版（Goffin，1994；Montessori，1966）。这种对儿童的充分认识以及仔细观察儿童的能力是蒙台梭利教师培训的首要方面。

只有通过对提问及观察的科学方法的认真学习，以及与自身个性和自我的完全分离，教师才有可能做到真正观察并看到儿童的发展进程。这种与自我的分离对于蒙台梭利教师是非常重要的。蒙氏教师被训练成指导者，并只关注儿童的成长与学习（Swan，1987）。虽然你可能觉得这种方法听起来太激进，但本质上，它与以儿童为中心的课程具有相同的目的。

首先，这个阶段应给儿童提供精心准备的环境以及对具有自我纠错性质教具（材料）的谨慎指导。然后，教师可以自由支配时间，当然并不是浪费在对儿童工作的有害干扰上，相反，教师会带着敬意与关心去观察儿童的发展。此外，亲眼见证儿童的发展，也能让教师学会仔细记录他们所观察到的行为表现（Montessori，1966）。最后，教师对于这些观察记录的进一步分析，将指导他们今后为每一名儿童制订计划，指导他们选择教具。

这种细致的观察和文字记录会让教师了解儿童的能力与需要。在所有高质量的早期教育实践中，你都会看到对"将儿童观察和记录作为评估与计划的手段"的强调。由此，希望你能明白为什么教师要在课上给你布置那么多的观察任务。

蒙台梭利的材料（教具）与活动

这种研究性实践提高了教师的职业地位，使教师由看护者提升为专业人士，即从确保儿童的安全与健康提升为确保儿童身心得到最优发展。这种专业态度，外加严格的教师培训，即使在蒙台梭利教学法已然风靡世界的今天，仍然有必要去保持（正像她当初精心研发一样）。

付诸实践

制作你自己的气味瓶

用旧盒子或小瓶子制作一套可用来给气味配对的瓶子。将彩条或者是其他有特点的标志贴在瓶子上，使儿童知道哪个是测试瓶，哪个是匹配瓶。利用各种提取物、香料、咖啡渣或者其他安全可闻的物体。在测试瓶和匹配瓶中分别放入同一种带有气味的棉花球，并在瓶上方粘上与瓶盖大小相匹配的网片或遮挡物。随后，让儿童选择一个匹配瓶，接着去闻每一个测试瓶，从而辨别出与匹配瓶气味相同的测试瓶。当然，你可以用相同的办法去做声音筒，使用多样的材料，以在摇晃瓶子时发出不同的声音。

也许是因为这个事实，即教具（材料）是在多年观察儿童活动的基础上精心设计的，所以蒙台梭利坚称只有购买了她的原创教具（材料），才可以使用她的方法（Goffin，1994）。事实上，精心制作的蒙台梭利教具（材料）是十分昂贵的。为一间教室配备一套完整的教具（材料）需要花费 25000 美元（AMS，n.d）。虽然真正的蒙台梭利教学不提倡投机取巧，但是当费用是一个问题的时候，我们可以精心准备其他材料（来替代真正的教具），从而达到相似的学习目的。制作精良、精心设计的高质量蒙台梭利教具（材料），加之对指导儿童适当地保护环境和教具（材料）的强调，的确能够确保一套蒙台梭利教具（材料）使用几十年。

这些年有很多关于蒙台梭利自我纠错教具（材料）的讨论。基于她关于儿童发展的观察与信念，这些教具都是有目的的、形象的、具体的。它们经过精心设计，并有序排列，以求为儿童提供符合他们当前发展任务的经验。这些教具（材料）也还能为儿童今后的学习、生活奠定基础。正如教师们所观察到的，当儿童参加蒙台梭利课程时，他们将要从较简单的活动开始，逐步获得更具挑战性的教具（材料），活动的进度是由他们自己的发展步调所决定的。

以下是 5 个非常重要的课程领域。

- 日常生活。
- 感官活动。
- 文化。
- 语言。
- 数学。

虽然大多数活动均包含了各个领域的经验，但是在蒙台梭利环境中最初的活动里，是没有明确的数学活动的。儿童对于其他领域教具（材料）的体验将会为其之后的数学活动做好准备。

日常生活

早期日常生活活动包括：将水从一个容器倒入另一个容器；完成简单的衣饰框（如扣纽扣、摁扣）；学习礼仪如表达谢意；做一些家务工作，如挂东西、叠衣服和梳头发。另外还有一些运动，如坐下和起立，端托盘以及擦土。当儿童对蒙台梭利教具更加熟悉时，他们会在更加复杂的实际生活活动中取得进步，如清洁并擦拭不同物品的表面，保持安静，问候他人，阅读图书，使用更加复杂的衣饰框，学习捆绑物品、系带子、熨烫衣服，并且会做一些简单的烹饪。一旦成为混龄班上年龄较大的儿童后，其实际生活活动便包括照顾和安慰一些年龄较小的儿童，布置环境，分发餐点，向新来的儿童展示早期的实际生活活动。

通过一系列的日常生活活动，我们可以看到蒙台梭利对于积极的社会行为，如照顾自我、关心环境以及他人的强调。儿童所展示出的对自我、环境和周围人的尊重，经常会使蒙台梭利教室的访客感到不可思议。本章一开始的"教室一瞥"中，教师非常强调这种品质的必要性并且把它作为儿童获得经验的核心。蒙台梭利为儿童之家的贫困儿童创造的蒙台梭利教学法，成了这些儿童获得人生成功以及基本健康保障的不可或缺的一部分。

粉红塔可以发展儿童的视觉分辨力和动作技能。

感官活动

感官活动是用来唤醒和训练儿童的感觉的。蒙台梭利坚定地认为儿童通过他们的感官才能得到最好的学习。早期感官活动包括：将一系列的圆柱体放入与其尺寸相符的槽内，从而探究大小；搭粉红塔（逐渐缩小的立方体）；操作几何图形嵌板、发音筒等。更高级的感官体验包括：探究毕达哥拉斯正方形；通过触摸来辨别各种布料；探索神秘袋，或进行其他蒙眼识物工作；使用嗅觉筒和味觉瓶；用铃铛创造声音，以及将早期感官活动展示给稍小的儿童。

即使是在最初的感官活动中，我们也可以看到其为儿童今后数学、逻辑、空间思维的发展打下的基础。儿童从中学会区分形状、顺序、大小和体积。随着儿童逐渐从更加困难的工作中取得进步，随着他们的思维开始从具象变为抽象，学习重点就会逐渐从感官活动和实际生活活动提升到文化、语言和数学领域了。

文化

蒙台梭利提倡人类的学习不仅仅是通过本能（否则和动物没有区别），而是应该通过共享文化以及个人对文化经验的适应来达到一种属于人类的特有的学习，因此要具备以下情感特征，如对事物的好奇以及进一步探究的愿望，和同伴分享、交流经验的需要，对计算的兴趣，愿意努力去达到高尚目标，即对独立的追求。这些特征能确保我们成为一个独特的人（有别于动物）。在文化领域里，儿童探索一些概念，如水的形成、地图、分类、过去与现在、空气、重力、声音、光学、植物的生命周期、地理、自然以及人类历史。在文化领域，我们可以看到蒙台梭利如何强调儿童意志和情感的需要，除此之外，她还让儿童逐步意识到应该对环境与人类充满敬意（Williams & Keith，2000）。

语言

除了这些文化的品质，掌握和运用语言的能力可以使我们在社会中（与他人）建立连接，并且将我们的思维组织成连贯的、复杂的形式。正如我们观察所知，儿童主要的发展任务是掌握语言。可以说，掌握语言占据了早期教育的首要位置。蒙台梭利开发的早期语言活动，最初是让儿童去探索图片、书和声音，之后是通过用手指摸砂纸字母、金属嵌板，并通过操作可移动的字母去拼写单词和句子。

语言活动的顶峰是儿童能写出自己的想法，能阅读和理解他人所写内容。同时在蒙台梭利教室中可以观察到，儿童在小组对话以及想象性游戏中均使用了交流技巧。尽管在教室里没有戏剧性游戏的区域（蒙台梭利不重视早期的想象性游戏），但是儿童仍然在创编着富有想象的故事并将这些故事讲给其他儿童听（Soundy, 2003）。通过在该领域的活动，儿童的语言以及相关的认知技能得到了发展，而且变得更加独立。

数学

蒙台梭利活动的最后一个方面是数和计算。蒙台梭利注意到（也许一些家长和教师也注意到了），儿童乐于进行数学活动，如分类和比较（"他的那一片比我的大！"），进行简单的计算（"现在我从他那儿拿走一个，这样我会拥有更多"），儿童天然有一种探索数学概念的倾向。这些自然的倾向通过在固定时间引入教具（材料），如数棒、砂纸字母、豆子、数字卡片、复杂的十进制计数小珠得以加强。儿童还会进行分数练习、数字记忆游戏和复杂的计算练习（减法、乘法、除法）。

正如曾经提及的，许多早期感官活动为之后更加抽象的数学技能发展奠定了概念上的基础。考虑到早期经验能为今后的发展奠定基础，蒙台梭利课程有很多复杂的任务。人的发展建立在前一个阶段技能掌握的基础之上（比如，我们要先学会站立，之后才能学着走路，走路平稳之后才能跑步）。这个例子同样可以证实蒙台梭利的方法是如何努力与儿童自然发展进程保持平衡的。

批评、赞誉和应用

通过我们对蒙台梭利独特方法的介绍，你可能会注意到其中一些令人惊叹的要素（其实）存在着矛盾或争议。思考一下你所知道的早期教育课程计划或是你自己的教学经历。你对课程的每个方面都分析得像蒙台梭利那样细致、有序吗？你注意到材料和活动中存在大量的互动和对话吗？或许你已经注意到了有关儿童想象性游戏的理论和实践之间存在冲突。以上所提及的所有方面，均引起了早期教育专家（包括蒙台梭利教师）的激烈争论和批判性思考。

与目前广泛认可的观点相反，蒙台梭利认为玩耍、想象、玩具和游戏对儿童的学习是毫无价值的。与让儿童有目的地参与现实的、实用的活动相比，她认为上面所提及的活动是达不到预期目标的（Montessori, 1966, Cossentino, 2006）。通过观察，蒙台梭利写道："在一段时间内，儿童游戏时和玩玩具时会很开心，但是一旦获得了生产性的工作和工具，儿童就会不满意自己现在所玩耍的玩具并把它们丢在一边。"她还写道："如果儿童手头有重要的事情可以做，他就不会对游戏感兴趣。"

（Montessori，1966，p.122）她坚信成人对儿童通过游戏来学习和让童年充满愉快和想象的设想无非是成人的理想，与儿童对具有生产性的工作需要矛盾（Gettman，1987）。蒙台梭利认为教师应该引导儿童远离毫无价值的游戏和沉闷的知识课程（Montessori，1967）。出于对儿童能力的尊重，蒙台梭利力求通过重视儿童的能力，使其能够有目的地、愉悦地专注于生产性探索。她认为正是这些探索满足了儿童神秘的内在发展需要（Montessori，1965）。

蒙台梭利主张用有限的口头交流去展示课程的程序，同样引起了现代教师以及学生的反对。同时，蒙台梭利对于教师与儿童对话的限制，与积极提倡温暖的师生互动的研究者的观念相悖。今天，许多早期教育项目提倡为儿童提供尽可能忙碌的、愉快的、喧闹的环境，并鼓励儿童与同伴互动，鼓励儿童对话和探索学习中心。游戏作为儿童学习与发展的重要载体已被提升为高质量实践的标志。这种持续的紧张与对话正是早期教育课程模式多样化、丰富化的体现，并且可以为专业的争论提供一个有趣的话题。

在早期教育领域里，很多人对于这种近乎僵化和狭隘的方式表示担忧，（因为）在这种方式下儿童被指挥着去使用材料，而且还缺乏对儿童想象性游戏的强调。要知道这些担忧并不是可以轻而易举应对的，教育者不断去分析可供选择的方法和理论便显得尤为重要。通过你的反思和对话，你会选出不使用的元素，但是同样会找到一些提升自己思维方式和教学方法的元素。这便是贯穿在你学习以及研究中的一项任务。

蒙台梭利的永久遗产

在批判声中，蒙台梭利方法几乎影响了所有的早期教育教室。她的几何立体组活动（长短、高低、宽窄）、感官分辨任务（嗅觉、触觉、味觉、听觉）、衣饰框活动在绝大多数幼儿园被视为主要的活动。她关于儿童是积极的感官学习者的理论对目前早期教育领域的实践和认识起到了很重要的作用。她要求教师认真了解每名儿童的发展并制订个性化计划，这对于任何课程模式中高质量的保育和教育来说都是至关重要的。

学生成就

蒙台梭利法的研究者通常会对蒙台梭利

有目的地提供自我指导的活动是蒙台梭利实践的标志，如今被整合在各类早期教育实践中。

课程的有效性进行比较研究。虽然研究基础相对薄弱，但是有研究报告显示，上过蒙台梭利公立幼儿园的小学生在数学和科学测试中取得更好的成绩（Gartner，Lipsky，& Dohrmann，2003）。另一项研究显示，5岁时上过蒙台梭利公立幼儿园的儿童在语言和数学技能，特别是在解决推理以及公平等社会问题上，表现更好（Lillard & Else-Quest，2006）。蒙台梭利课程强调文化研究和冲突解决，如给儿童提供一张谈判桌，使其共同解决社会冲突，这被誉为对积极的社会变迁和民主教育做出了创造性的贡献（Williams & Keith，2000）。

蒙台梭利记录了大量关于儿童全神贯注地工作的例子。她写到儿童似乎是进入了一个"流"。目前研究者对这种有目的的工作和"流"产生了兴趣，而且试图去评估这种有目的的工作以及其他有关学习倾向或情感的体验。一项关于300多名中学生的研究报告表明，参加过蒙台梭利课程的学生在情绪、情感方面具有更高的满意度（Rathunde，2003）。该报告称：参加过蒙台梭利课程学习的学生比传统学校的学生感觉更舒畅，更有被支持的感觉，更有成就感。关于参加过蒙台梭利课程的学生内部动机的报告就增加了这些重要的发现，指出参加蒙台梭利课程的学生在学习中感受到更多的内部驱动和自我满足。随着研究的积累，更多有关蒙台梭利教育的具体影响终将被探究、发现。

应用

早期教育机构一般这样应用蒙台梭利方法。

- 使用托盘、小篮子、餐垫或方形地毯，从而为不同材料和每一名儿童的工作界定空间。
- 整合培养具体自理能力（如穿衣、清洁）的材料。
- 为儿童提供充足的时间去开展工作。
- 维护一个有秩序的、整洁的、有准备的环境。
- 通过有关信息如课程来提升儿童对环境、自我和他人的尊重。
- 花时间去观察儿童个体，详细记录他们的动作与语言，并制订下一步发展计划。
- 提供多个领域的材料和经验。

结论

蒙台梭利的理论和方法已经存在了100多年，仍有很多值得我们学习的地方。

最重要的是，我们开始崇敬和尊重儿童，这是蒙台梭利理论和实践必不可少的部分（Williams & Keith，2000）。蒙台梭利强调精心准备环境，有目的地互动，通过观察去评估儿童，并在尊重儿童的前提下去制订计划，这些（强调）都是有实践依据的。通过细致的记录和大量的著作，蒙台梭利重塑了教师的角色并且设计了一个能更好反映儿童需要的环境。教室现在已成为儿童自主选择和使用材料的地方。材料和活动都是可以感知和操作的，并且教师一直坚持认真地把自己训练成为儿童独立的、积极参与工作的客观观察者。教师依据其对儿童的观察，为儿童制订计划并指导儿童进一步利用材料来进行工作。

尽管蒙台梭利方法中的一些要素可能与你自己的理念有些不一致，但是当你形成你自己的教学模式时，认真地去思考蒙台梭利的信仰、理念和实践是十分重要的。你的教学方法将会结合很多模式的关键元素，并将这些关键元素进行调整使其更加适合儿童。正是这种共享的理念和富有个性化的创造，使得教育专业实践成为一个动态的、渐进的领域。

总结

- 玛利亚·蒙台梭利的工作开始于她对福利机构儿童的关注以及对儿童操作她专门设计的材料的观察。
- 1907年，蒙台梭利创办了第一个儿童之家，对来自意大利罗马贫困家庭儿童进行干预。
- 蒙台梭利观察到儿童是通过没有成人过多干涉的、自发的感官活动发展的。
- 蒙台梭利认为儿童在敏感期（学习特定内容的最佳时期）发展是最理想的。
- 在蒙台梭利教室里，儿童通过专注于材料和有目的的工作，满足自己探索秩序与结构的需要。
- 蒙台梭利教师有3个主要的角色：精心准备（有准备的）环境，介绍并示范材料的正确使用方法，观察和记录儿童的学习。
- 专门设计的材料包括5个关键的课程领域：日常生活、感官活动、文化（教育）、语言和数学（教育）。
- 对蒙台梭利方法的批判，包括对材料性质与使用方法的规定的担忧，以及对儿童想象性游戏（角色）的争议。

本章自评

请在表中写下你所学习到的，每个学习目标写3～5个关键点	
了解蒙台梭利生活和工作中的重要事件	
探究蒙台梭利教室中儿童发展与学习的重要方面	
剖析蒙台梭利教师的基本角色	
描述蒙台梭利教学法5大课程领域的材料	
了解对蒙台梭利教育法的批判、赞誉及其应用	

应用活动

讨论提示

1. 你如何看待蒙台梭利法在介绍材料时，规定详细的、模式化的例行步骤？你觉得这在哪些方面帮助或阻碍了教师／儿童？

2. 你认为教师还有哪些很重要的角色，可以体现在你自己的教学中？

3. 当你正在观察时，应当如何与儿童互动呢？是在观察时积极教还是避免接触？二者有什么区别吗？

在课堂上

两两一组，假设现在你有机会和蒙台梭利共进午餐，选择 3 个你想要问她的问题。把它们写下来，在课上与你的老师分享。随后，利用网络资源（如各蒙台梭利协会网站上的文章），同时也可联系当地蒙台梭利学校，努力寻找问题的答案。

在实践中

参观当地的蒙台梭利学校。采访一名主管或教师，同时观察教室。如果附近没有蒙台梭利学校，也可安排一次电话采访。该校与某个蒙台梭利协会有联系吗？招收多大年龄的儿童？教师经过培训吗？他们又在哪里完成的培训呢？教室和学校的哪些方面体现了蒙台梭利的原则和方法论？分析和描述真正的蒙台梭利材料。

你的档案袋

蒙台梭利坚持使用她的商业化的教具，但是其实很多是可以自己制作的。研究她的材料（www.montessori-ami.org），并尝试自己做出两个，尽量使你自己制作的版本与原版相接近。

例如，做自己的几何嵌板（目的：儿童学习形状并可以正确插入）。找一张厚卡片，用刀刻出正确的几何形状，要严丝合缝。在几何块上面粘一个小旋钮（如铅笔顶端的橡皮擦、小积木块、小珠子），这样便于儿童拿取。之后，儿童就可以取出形状，并正确放回去。

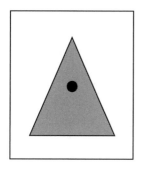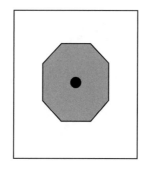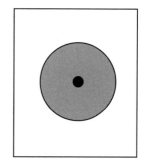

相关网站链接

北美蒙台梭利教师协会（North American Montessori Teachers' Association）

www.montessori-namta.org

国际蒙台梭利协会（Association Montessori Internationale）

www.montessori-ami.org

美国蒙台梭利学会（American Montessori Society）

www.amshq.org

第十一章
华德福教育：
和谐发展的全人教育

CHAPTER 11

本章学习目标

⊙ 探索华德福教育的历史和哲学基础。

⊙ 确定华德福教育中儿童发展的重要方面。

⊙ 描述华德福早期教育实践的主题。

⊙ 审视华德福教师的重要角色。

⊙ 讨论华德福教育中完整的螺旋式的课程。

⊙ 探索华德福实践中的多样性。

⊙ 了解对华德福教育实践的评价及其应用。

　　华德福教育是一种独特的教育方法，它将儿童视为完整的人，认为儿童在身体、思想、精神——或者身、心、灵方面均要得到发展。华德福教育哲学以这种综合的教育方法为基础，并遵循自由教育的原则。华德福学校致力于创造一种环境，在这种环境下儿童可以自由地探索自己和周围的世界，并最终成为能干的、体贴的成年人。这种教育方法致力于发展儿童创造性以及分析和思考的能力。在这个极富创意的教育模式中，教室里总是充满对话、故事、建构、绘画以及富有创造性的想象游戏。华德福教育寻求提供一种革新和发展社会的教育模式。

　　华德福教育的目的是培养多才多艺的个人。本章展现了构成华德福教育方法的关键要素，包括它的历史、哲学基础和教学法，同时特别强调了早期教育。

教室一瞥

华德福幼儿园

　　想象一下，初秋的晨光透过一个拱形窗户照亮了房间。晨光透过窗外高大的树木，在地毯上留下了斑驳的阴影。窗户上挂着柔和的粉色窗帘。墙壁是淡淡的桃红色，木头柱子从地板伸向天花板。圆形的房间、柔和的色调给人一种包容的感觉。这个空间很温暖，就像已自然发酵好的面包，即将进入烤箱。所有的这些感觉让人感觉舒适、自在、温暖、温和、惬意、诱人。

　　木架上放满了石头、松果，还有几篮子珠子和木块，柔软的手工娃娃，以及常见的手工编织的小矮人。还有几个篮子里装着用色彩柔和的纱线缠绕而成的球。儿童厨房用矮木板隔开。木板上盖着一块彩色的布，这块布是从一件大人的衣服上剪下来的。一排白色的小拖鞋摆在了孩子们的储物柜旁边。储物柜上都贴着手绘的图片，图片上一一写有每个孩子的名字。房间的另一边有几张矮桌子。在房间的中心位置，有一个矮树桩，上面放着用石头围起来的未点燃的蜡烛、树枝、叶子、小矮人。孩子们的椅子摆在周围。你的周围充满着软面包、蜂蜡和松针的气味，你深吸了一口气，神清气爽。

　　孩子们来了。他们换上小拖鞋，安静地进了房间。教师用带有旋律的声音与每个孩子热情问好。孩子们进到房间后，开始忙于选择材料。有几个孩子进了儿童厨房区，从架子上取下柔软的玩偶并开始运用想象和它们玩耍。有的孩子安静地围坐在老师身边，老师正坐在摇椅上缝毛绒玩具。她轻轻唱着歌，孩子们拿起用蔬菜染色的纱线开始手工编织。

等所有孩子都到了，老师唱了一首歌，温柔地引导他们来到各自的椅子。她点亮蜡烛，孩子坐在他们的位置上渴望地等待着。老师从篮子里拿出蜂蜡分给孩子们，孩子们满怀崇敬和喜悦地用双手接过来。老师深吸一口气，欢迎孩子们的到来，并介绍今天的故事。

老师静静地讲着小矮人、精灵、森林生活的故事，孩子们捧着蜂蜡，随着故事时不时动一动手。他们的手温暖了蜡块，为雕塑做准备。故事结束，老师让孩子们注意在他们手里此刻已经软化的蜡块，然后他们便开始做起来（老师温柔引导孩子们雕塑："孩子们，这样做，让蜂蜡变成你想要的形状。"）。当孩子们完成雕塑，老师就熄灭蜡烛，和孩子谈论他们的作品。每一个雕塑都不一样。一些孩子做了动物，有个孩子做了树，还有个孩子做了个碗一样的东西。

华德福幼儿园典型的一天就这样开始了，充满自然、和谐、歌声、社会互动、游戏以及幻想，充满对生命和自然的崇敬。它珍惜童年的纯真与伟大，并且体现了儿童游戏的重要性。

你的看法

花一分钟时间反思你所见过的一些幼儿园环境。将你头脑中刚刚浮现的画面与你在华德福教室观察到的场景做一个对比，思考一下你感觉到的这些空间及其情感氛围。

- 与你之前感受到的幼儿园有什么差异呢？
- 两者对儿童游戏和学习的看法是什么？
- 华德福教育环境与你自身的教育经历相比如何？

华德福教育的历史和理论基础

华德福教育运动发端于一个社会危机时期。在混乱的 20 世纪的前几十年，大部分欧洲人忙于应对第一次世界大战带来的毁灭性的打击。就是在这个时期，奥地利哲学家鲁道夫·史代纳（Rudolf Steiner）致力于探索人类的潜力、精神成长和发展。史代纳认为人类只有在身（body）、心（mind）、灵（spirit）这 3 个主要方面得到发展后，才能达到真正意义上的完整。史代纳开始探索教导欧洲大众认识到为社会重生而去团结全人类、形成集体合力的必要性（Oberman，1997）。史代纳的黄金机遇出现了，华德福阿斯托利亚烟草工厂（位于德国斯图加特）的员工子女需要一所学校。

作为一位高度关注精神发展的人，史代纳发展了自己的精神科学，称为人智学（anthroposophy）。人智学被描述为对人的本质认识和意识，相信存在着一个精神世界，这个精神世界是可以被人的最高智力系统所认识的（Steiner，2005）。这依据的是对人的 3 个组成部分及其之间的连接纽带的深层次考察。尽管人智学构成了史代纳教育方法的基础，但是华德福学校并不明确地教授人智学（Nicholson，2000）。因为史代纳相信整体（全人）观，所以他主张学校倡导的生活和教育应当强调构成人类的 3 个重要元素。"全人教育家"努力去实现"对包容、同情、好奇的态度的培养，对生命的尊敬和敬畏"（Miller，2006，p.8）。史代纳开发的教育课程反映了如下信念。

- 儿童成长经历 3 个不同的发展阶段。
- 教育的最高追求应该是培养完整的儿童，使其成为自由、有创造力的思想者并拥有自我实现的能力。
- 所有儿童都有权利和途径接受这种教育方式。

1919 年，第一所华德福学校在德国创办。1928 年，北美的第一所华德福学校在纽约城开办（Nicholson，2000）。史代纳坚持华德福学校的开办必须符合以下 4 个条件（这些条件在今天看来或许十分激进）。

- 学校面向全部学生开放（无论种族、阶层、民族、能力水平）。
- 混合教育（接受男孩和女孩）。
- 基础教育阶段课程是统一、完整的。
- 教师承担学校管理的主要责任，将外界干预最小化。

史代纳坚信这个社会迫切需要革新，且只可能通过精心培养完整儿童的教育来达成（Fenner & Rivers，1995；Steiner，1997）。他研究这激进的替代性教育模式是为了使不同背景的儿童都获得成长，并让他们获得跟得上后工业时代需求和挑战的必要能力（Easton，1997，p.88）。史代纳相信每所学校不仅需要保持一些共性，还需要反映特定的文化和当地社区的需要。因此，史代纳力求每所学校呼应其独特社区时，能确保其相关性、真实性和服务性。自从 1919 年第一所华德福学校创办以来，华德福教育运动已在世界广泛传播，成为世界最大的独立的学校运动之一。截至 2009 年，大约有 900 所学校以及 1600 所幼儿园，遍布在世界范围内的 83 个国家。北美华德福学校协会（Association of Waldorf Schools of North America，AWSNA）列出了世界范围内的 107 个华德福教师培训中心，并报告有 250 所华德福学校，以及 102 所幼儿园。

华德福教育的儿童观

史代纳关于儿童发展的理论是其课程发展、教室空间设计、教学关注点的基础。如同其他几位重要的发展理论家（如皮亚杰、埃里克森、科尔伯格），史代纳相信儿童的成长和发展经历以下几个截然不同的阶段。

- 儿童早期（0～7 岁）。
- 儿童中期（7～14 岁）。
- 青少年期（14～21 岁）。

儿童早期

儿童早期阶段从出生延续到大约 7 岁，这段时期乳牙开始被恒牙取代。在换牙之前，史代纳相信儿童依然与他们出生的那个精神世界相连接（Iannone & Obenauf，1999）。在这个时期，史代纳相信儿童深深地受到他们所处环境的影响。证据就是儿童对成人模式的毫不犹豫的模仿和对外界刺激的高度敏感。想想学步儿跟着家里的狗在地上爬，或者重复他听到的所有声音。保护儿童远离不健康、不自然或者不合适的体验、榜样、刺激——与此同时体现一位受尊敬的教师的榜样——是成年人在儿童世界中最重要的事。像任何一种发展适宜性的课程模式一样，史代纳早期教育实践的核心是教师—儿童关系。华德福教师通过精心安排的故事、游戏和创造性的表达，与儿童建立坚实的联系（Mitchell，2007）。

史代纳坚信，在刚出生的几年，儿童的精力应该集中在发展身体和想象力上。他警告不要强迫发展儿童的智力。这种反抗早期学业指导的观点得到了教育者和研究人员的支持（NAEYC，Lillian Katz），也得到全世界的教育政策制定者认同（Clouder，

2003）。举个例子，儿童在华德福幼儿园的早期读写经验包含口述故事，但不是正式的遣词造句或者书写训练。非正式的读写经验比比皆是，比如听教师讲故事，通过画画和雕塑发展精细动作，还有儿童自己讲故事。这些经验奠定了有组织的读写的基础，也叫作"读写萌发"。这些经验被看作思考和感受的基础，能够发展今后学业技能所需要的读写能力。本章开篇展现了华德福"读写萌发"的过程，在那里你可以看见儿童听了一个短故事，当他们在头脑中创造图像来描述所听到的内容时，他们就在学习故事结构和情节。他们根据这些想象的图像，用蜂蜡进行制作。

史代纳认为学习和发展是一生的事业，因此他抵制强迫儿童去经历超越他们自然发展范围的事。这与福禄贝尔的观点相似。史代纳相信智力的培养会带走儿童天生的能量，这种能量本应尽力花在创造性游戏、模仿和生理发展上（Steiner，1997）。史代纳相信身体健康、协调是后续学习的必要基础。他进一步解释道，儿童的先天智力或发展需要，一定不能"过早地从这些基本的任务（身体的发展）转移到智力学习上"。因此，在华德福幼儿园没有学业指导（Schmitt-Stegmann，1997，p.4）。儿童在经过非常精心布置的环境中进行想象游戏。想象游戏是日后的学业知识和技能的基础。

儿童中期

在史代纳看来，儿童进入儿童中期的标志是乳牙换成恒牙，他们的发展依然牢牢锁定在想象领域。他相信儿童通过想象力来学习专心和更复杂的思考。正是在这个阶段，儿童的语言水平提升到成人水平，学业学习与智力工作开始，并且儿童已准备好更深刻、更自觉地体验世界。在这个时期，教师开始介绍所有学科，包括文学、戏剧、故事、艺术、运动和语言（Fenner，Rivers，1995）。

在这个全面综合的课程中，跨学科概念贯穿儿童整个学校生活，这能让儿童对这些概念理解得更深入、更丰富。儿童每天参加创造性的实践活动，以把握和操作抽象概念的具体表现（Nicholson，2000），这从对艺术、音乐、手工（针织、缝纫）、木工活、舞蹈的强调中可见一斑。如当儿童学习基础数学概念时，他们同时将这些概念应用于编织作品。几何形式可以在数学课中探索，通过各种形式如上色、画画、雕刻和一种叫音语舞的特殊舞蹈（跳这种舞蹈时，胳膊要以不同角度伸展）。这种身心的优化整合是完整的华德福课程的标志。

华德福学校在儿童早期关注对物理环境的模仿，儿童中期强调语言、感觉和想象力的探索，但教师们都接受多种表现方法。教师们经常使用故事、唱歌、音乐、视觉艺术、戏剧以及图表（Nichlson，2000）。反过来，儿童可以用多样的方式去探索和分享他们的理解。

青少年期

青少年期标志着儿童向青年的过渡，显著标志是"躁动"。史代纳认为这是一个年轻人开始形成个体认知和社会性的时期。在这个时间段，年轻人会产生人类深远长久的爱——尊敬、道德、性格和社会意识（Steiner，1997）。尽管所有传统学业领域是要求分科（如科学、数学、语文、艺术、科技、外语和健康等），但是华德福整个高中阶段还是使用整体学习法。除了对学业的期望，社会意识仍是今天华德福高中教师所关注的。这可以从高中学校课程的社区服务内容和大部分华德福学校都有的国际交流项目中得到确认。

华德福早期教育项目

华德福幼儿园的教室被设计得和谐、漂亮、温馨。在这里，天真无邪的童年得到了保护和尊重。经过专门训练的教师，表现为最为纯洁的模仿对象（榜样），因为他们相信儿童最初是通过模仿来发展。儿童世界中所有的教具都是自然的、可激发创造性游戏的。这里的食物是有机的、有营养的，并且通常是儿童自己种的。这里还为儿童提供长时间户外活动的机会，以鼓励健康的身体发展以及与自然的精神联系。那些开放式的、让儿童自己动手操作的材料和课程美学，鼓励了包括有特殊需求的所有儿童的成长（Edwards，2002）。

与蒙台梭利一样，史代纳发现了儿童模仿和吸收周围世界的现象。因此，他相信成人应通过细致、精心的动作，准备并展现对儿童有利的环境。然而，与蒙台梭利不同的是，他认为儿童早期应该是一个充满创造性游戏和想象性游戏的关键时期。我们看到华德福幼儿园的儿童听完故事后过渡到蜂蜡雕塑活动。

儿童通过教师讲故事和展示，从而熟悉天使、精灵、森林守护神等角色。传统教学中，童话故事用的是原始版本（如《格林童话》和《安徒生童话》）。这些版本包含一些教师担心的关于死亡和痛苦的内容。然而，在华德福教师讲故事时，他们会用一种叙述事实的方法而忽略这些细节，不唤起孩子们的情绪（Astley，Jackson，2000）。华德福教师喜欢这种真实、温和的讲述方式，反对改编版本，因为那会曲解故事的深层内涵（本意）和目的。

华德福教师同样坚持不在课程中隐藏学业内容或者尝试用游戏包装学业课程。史代纳相信教育必须适合儿童，而不是颠倒过来。他反对在发展准备好之前强迫儿童学习（Ogletree，1975）。教室里一般没有书、信或者打印出来的数字。然而，对儿童自然的发展的滋养是基础教育阶段完整学业课程的一部分。这是用谨慎的建构来发展强大的认知、社会、情感和身体，贯穿儿童早期、中期和青少年期。史代纳创立了从幼儿园到中学的统一体系。早期教育是此后若干年发展的基础，即寻求形成一生对于学习的热爱，而不仅仅是学会一些特定技能。这个宏图，或者说对发展中儿童的未来发展的认识，始终是华德福教育者首先考虑的。

儿童早期的经验是为了发展强大的智力，儿童：

- 在精心建构的环境中模仿榜样；
- 在每日大量户外游戏和园艺活动中与大自然交流；
- 在故事和游戏中发展想象力；
- 画画、涂色、运动等，为今后的读写技能打下基础。

儿童主动与自然的、开放性的材料互动被视为这个阶段最适宜的发展方式。幼儿园的材料包括纱线、积木、玩偶、颜料、雕刻材料、手工作品、乐器、自然界的一些材料与可装饰用的围巾。

尽可能让儿童的游戏自由（流动）且不受束缚。提供足够长的且不被打扰的时间和充足的开放式教具，让儿童开展自发的集体与个人游戏。儿童大量参与戏剧表演，可能需要用丝绸和衣夹搭像房子一样的帐篷，照顾布娃娃。积木（一般是用光滑的树枝切片做的）和其他用来建构的自然材料都唾手可得。蜂蜡雕刻、编织、园艺和缝纫也是日常活动。教师退居后台，示范烹饪、编织、整理、园艺等活动，儿童可以按照自己的意愿自由地在教室活动。华德福幼儿园充满和谐、温柔、梦幻和平静的氛围。这是由柔和的光线、温和的颜色、旋律优美的歌声，还有温和的、深思熟虑的教师共同营造的。

这些外形简单也没有表情的手工编织娃娃，是华德福教师为儿童准备的典型玩具，教师特意使娃娃们没有体形和表情，以鼓励儿童发挥想象力。

表 11-1　华德福幼儿园一日计划示例

8：00	教师为儿童的到来做准备
8：20	儿童到达，开始玩材料，围在一起听教师讲故事，雕刻蜂蜡，进行运动（律动）和音乐或特殊庆祝活动
8：50	自由游戏，戏剧游戏，烹饪活动
10：00	一起吃点心
10：20	户外自由活动，园艺
11：30	共进午餐
12：30	准备离开

华德福教师的角色

史代纳指出，儿童深受周围环境和经验的影响。他开始越来越关注那些童年时期生活在缺乏关爱的环境中的儿童，这些儿童早期有许多消极的经历，成年后有功能障碍（Waldorf Kindergarten Association，1994）。因此，特别是在华德福幼儿园，教师的角色被认为特别重要。回忆自己的童年，你能更加了解教师的角色。

教师的准备：自我与环境

正如前面提到的，教师认识到在儿童早期，儿童深受周围环境的影响，喜欢模仿成年人。教师肩负着做一个理想的榜样（在行动和语言方面）以及保护儿童的纯真的任务。最重要的是，教师努力为儿童提供一个安全的环境。成为一位华德福教师之前，需要有许多准备，参加专门的培训，并且获得专门的教学资格。培训的一部分内容侧重于史代纳的哲学思想基础，另一部分侧重于创造性技能，使教师之后可以为儿童示范这些创新品质（Oberski，Pugh，Maclean，& Cope，2007）。

在教师培训期间，除了学习人智学，教师还要探索以下角色。

• 讲故事的人。

• 父母角色的化身。

• 儿童内驱力和创造力的保护者。

• 儿童游戏的培育者。

教师花费大量时间精心准备环境，以营造一种家的氛围。教师做布娃娃，并且从大自然中收集材料，支持儿童的游戏。教师学习诗歌、故事和歌曲，以幻想和惊喜来充实儿童的一天。教师创作艺术作品，美化教室环境。教师学习如何针织、编织、缝纫，以及如何使用各种材料作画（Waldorf Kindergarten Association，1993）。

教师作为榜样

史代纳设想的教师扮演着理想的家长角色：有爱心，深思熟虑，小心谨慎，专注，愿意支持，乐于提供帮助而不是强加于人。教师满怀喜悦和满足感，进行类似家庭生活活动，如园艺、烘焙、做木工，布置教室空间，并与儿童进行有意义的互动（Fenner & Rivers，1995）。当要求儿童做事情的时候（如整理、为外出做准备），教师首先会示范这种行为，并且通过柔声唱歌来吸引儿童参与。

教师绝不会使用刺耳尖锐的声音或者大的动作，而是保持和谐宁静的环境，努力用歌声和故事引导儿童。事实上，教师所有的行为都应该是经过深思熟虑后做出的，永远要记住儿童会吸收周围环境中的一切，要为他们维护一种梦幻般的环境。当你观察华德福教师时，你会有一种看到一位优美的、有思想的舞者的感觉。教师在扮演环境创造者和示范者的角色时，投入了很多心血，并且经常反思（Astley & Jackson，2000）。华德福教师谨慎对待自己的一切行为，并随时关注儿童的需要。

教师作为观察者

当儿童在教室活动的时候，教师不仅会参与有目的的活动，也会仔细观察儿童。在华德福教师的角色中，了解每名儿童是重要的方面，而这往往是通过观察、与家长密切联系和沟通来完成的。正是通过对每名儿童独特个性的深入了解，华德福教师才能够支持每名儿童的成长，尊重每名儿童的个性。为了允许儿童自然表达天性，也为了给教师提供充分的观察机会，华德福教室的时间安排是比较开放的。

每天一开始都有长时间的自由活动，之后还有园艺，自由散步，以及在操场游戏这样的户外活动。全班同学还可以聚在一起分享诗、歌曲、营养点心，包括由教师制作的面包或汤，或者是在班级花园里种植的水果和蔬菜（Waldorf Kindergarten Association，1993）。如果由于空间或季节的限制，不可能亲自种植食物，教师就会为儿童提供本地农场的有机全麦食品。在所有活动中，包括在对材料和食品的选择上，儿童都能感受到一种与大自然的亲近。

日常活动、常规、自然是华德福早期课程的基本要素。因此，教师不依赖标准化考试或智力测试来评估儿童的发展，相反，教师会使用观察和作品档案。各年级教师会反思和记录每名儿童取得的进步，这些评估会配合儿童的作品汇编，一起反映个体的发展。任何评估计划中很重要的一点是，使用的评估方法要能反映儿童的经验，通过使用真实的评估方法如行为观察和作品样例集，华德福教师努力发现每名儿童的特点和进步。

华德福课程

通过园艺、雕塑、绘画和缝纫等动手活动，儿童发展了之后学习写字、舞蹈等课程所需的能力。通过创造性游戏和故事分享，儿童发展了之后智力、社会性、想象任务所需的能力。教师用这种方式，为儿童在小学阶段的学习奠定基础。各个年级教师都对整个课程非常熟悉，并且相互之间都保持着密切的联系。与史代纳最初的理念一致，即学校管理是教师工作的一部分，教师定期开会以计划和讨论教学与课程目标。这能帮助教师把他们的工作纳入一个更大的、统一的框架下，以螺旋式上升的视角来看待课程。

华德福的课程是经过精心设计的，基础教育阶段的课程是一个统一完整的整体。因为课程是螺旋式上升的，各种内容、技能、态度与知识领域都会在不同年级里反复涉及。这意味着儿童在小小年纪探索了某一主题后，随着成熟水平和认知水平的发展，他们会再次探索相似的主题。这确保儿童能够持续获得既熟悉又新鲜的真实经验，不断发展。因此，该课程能够适应发展的水平，并且满足了使学习发生的最重要的条件：学习活动应是有意义的，适宜年龄和发展水平的。学习需要建立在早期经验的基础之上，后者为儿童提供了参考框架，帮助他们更好地理解越来越复杂的概念。

培养想象力——智力的先驱

华德福教室通常是基于幼儿园的模式，儿童上午来，有时候一周只来两三个上午。除了呈现一个纯洁的和理想化的世界，为了保护儿童的天真无邪，教师尽力鼓励、尊重儿童的想象与创造性游戏。因此，教师不让儿童接触印刷品，认为它们只有一些成人画的插图。如前所述，教师通过故事讲述来让儿童不断接触语言，这样儿童就可以自己设计和想象画面。这也意味着在早期课堂中，儿童不会被过早地要求学习阅读和写字——等到了二年级或三年级再引入正式的阅读和写作训练（Oppenheimer，1999）。然而，儿童会通过雕塑、绘画和在游戏中探究形状来发展精细动作技能。幼儿使用蜂蜡制成的蜡笔块而不是更类似于书写工具的蜡笔画画。他们通过听故事来接触不同类型的情节、人物和作者。这些经验为之后的读写活动奠定了合适的基础，那时儿童智力发展就准备好了（Fenner & Rivers，1995）。

外行人可能会对这一点感到惊讶，而且在当前早期教育界十分关注学业能力的背景下，这可能会引发担忧。尽管已有许多杰出的教育专家证明，过早逼迫儿童学习学业知识可能具有潜在的消极影响（Oppenheimer，1999，Clouder，2003），但是仍有许多人对此持批评态度。现在你可以先停下来闭上眼，想象有一只拥有各种冒险经历的会说话的老鼠。你是不是立刻想起了迪斯尼的米老鼠？实际上，你不是唯一一位这么想的人。许多人都是这样想的。但是这只是迪斯尼想象出来的一个形象。为什么我们之中那么多人都想象出了同一个形象？我们为什么不能想象出另一只老鼠呢？

华德福教育者相信，过早地接触印刷品和图像会阻碍我们自己去创造和想象。当我们不被允许或不被鼓励去发展自己的想象技能时，这种积极的、创造的潜力可能永远无法得到锻炼。这可能会使我们在这个充满各种媒介的环境中被动地依赖于别人的想象力。请记住，华德福教育旨在培养独立的、有创造性的思想者。因此，华德福课程的设计应该要防止儿童失去自身独特的想象力。当然，反对早期学业活动，反对在教室里使用技术，反对接触诸如电视和电影这类媒体，可能在当前不是一种流行的观点。另一方面，我们需要记住华德福重视儿童的游戏、社会性互动和对于世界的探索。这些是早期教育非常重要的特征，而当媒体和技术充斥着我们的感官时，它们可能会受到损害。

最近的一项研究考察了4所使用华德福教育法的公立学校中学生的学业能力水平，结果发现，虽然华德福学校二年级学生在语言和数学测试中的分数"远低于同龄人，但是到八年级时，他们已经赶上了最好的10所公立学校的学生。总的来说，华德福学校八年级的学生通常在语言艺术（阅读和写作）方面的成绩稍低一点，而在数学方面稍好一些"（Oberman，2008，p.12）。此外，其他一些针对私立华德福学校毕业生的研究表明，华德福学校学生在学业能力评估测试中取得的分数高于全国平均水平，而且华德福学校还培养了学生的全球意识，以及批判性思考、关心他人、建立稳定的人际关系和终身学习的能力（Mitchell & Gerwin，2007；Oppenheimer，1999）。这些态度和品质不仅有助于学生在之后的学习生涯中取得更好的表现，而且受到学校和社会的广泛重视。

块状蜡笔由蜂蜡制成，目的是鼓励儿童体会明暗而不是画直线。

整合式课程

华德福基础教育阶段课程也采取了综合性的教学模式，强调课程内容必须是有意义的，可以应用于具体情境的。儿童通过多样化的方式去探究，包括外语、文学、艺术、运动、讨论、实验和辩论等方式。华德福教育是一个真正的动手操作的教育模式，培养学生与世界进行真实互动的能力，并且拓展到更加抽象的精神层面。课程也十分鼓励儿童进行自我表达，帮助儿童将所学内容和个人经验联系起来，有利于个人意义的建构。在华德福教育中，将个人融入各类学习的一种方式是，儿童创作自己的课本（艺术家使用的空白速写本），这种课本一般被叫作"主课本"（main lesson books）。

低年级学生的大多数学习是通过讲授、对话、身体运动和主动实验来进行的。教师和儿童共同积极探索世界，获得一手信息，而很少有儿童会把课本作为主要的信息来源（Nicholson，2000）。儿童会为即将学习的每门新课程准备一个新速写本，在其中写、画和涂色，呈现自己学到的知识（AWSNA，1996）。华德福教育将项目教学法应用在课堂活动以及对学习经验的呈现上。使用丰富多样的学习方式和呈现方式，也使华德福教育符合多元智能理论。

这是来自华德福小学生的主课本。

日常结构

在小学每日作息上，每天早上有大约两个小时的学习时间。通过这两个小时的集中学习，学生可以创造他们的主课本。在这期间，教师和学生会轮流聚焦不同学科的主题。一天中剩余的学习时间，按每 50 分钟一节课安排，学习各门学业课程如语言、科学和数学，以及各种创造性课程如手工、木工、舞蹈、运动和音乐（Fenner & Rivers，1995）。在大部分时间里，所有学生共同参与所有的课程，这使得他们融合成一个大家庭。

从一年级到八年级，理想的状况是华德福教师固定跟着同一个班级。这样的模式被称作"循环模式"，指的是同一位教师一直给同一个班级上课至少两年。这种持续性常见于各种机构，从婴儿照料机构到小学，不过这种方式更经常在欧洲和日本的学校里使用（Hegde & Cassidy，2004）。在华德福学校中，教师会从一年级跟到八年级，许多教师都对这一循环模式越来越满意，因为他们可以和每一名儿童建立深入的关系（Cicala Filmworks，n.d.）。当然不是所有华德福的教师都可以一直教同一个班级，在每个学校里都会存在职位调动、员工流动或其他现象，但循环教学是所有华德福学校追求的目标。尽管这不是华德福学校独有的教学模式，但跨越如此多年级的循环教学仍然是华德福学校的一个突出特点。

许多刚接触到华德福教育的人会感到惊讶，可能会担心一位教师是否有能力为不同年龄的儿童提供全面的学习经验。新来的教师对于这种循环教学也会产生担心，这可能会带来个性冲突方面的困扰。试想你处于这样一种情境：有一个学生经常找你麻烦，而你却要长期面对他 / 她。或者你不得不成为一个对 8 年所学全部内容都十分精通的专家，这是一个多么艰巨的任务啊！

华德福教育的支持者认为，循环教学的价值就在于教师的满意度，建立社会联系，处理这种亲密接触中不可避免的冲突情境。当教师或学生之间发生冲突时，不能消极等待学年结束而不去处理问题。学年结束并不意味着"那个麻烦的学生即将会成为别的老师的麻烦了"。华德福教师应该意识到，生生之间或师生之间的个性冲突应该尽快得到解决。通过积极地解决问题，教师和学生都学会了积极和有效地解决冲突的方式，以及如何与不同个性的人和谐相处。就满意度而言，许多教师认为这种持续会推动他们不断提升自己的知识，并且有创造性地设计能够持续发展技能的课程。此外，这种方式降低了年复一年讲授相同内容的单调乏味。许多循环教学模式下的教师认为这一模式使他们保持了教学的新鲜感和趣味性（Fenner & Rivers，1995）。

华德福教育的多样性和包容性

华德福教育模式适合于低收入家庭的儿童和有特殊需要的儿童，原因有几个。

- 动手操作活动贯穿于所有年级的教学。
- 借助创造性艺术聚焦儿童的个人表达。
- 音乐和音语舞（一种治愈性质的舞蹈）在课程中发挥重要作用。
- 基础教育阶段课程是一个整体。

今天的华德福学校接收来自各种社会经济背景的儿童，并且在农村、郊区和城市都广泛建校。威斯康星州一个饱受贫困和暴力困扰、儿童学业发展水平低的市区采用了华德福教育模式。学校开设后不久，学区、家长、社区和教师都见证了儿童在学习态度、学习动机、学习能力以及学业成绩上明显的改变（Byers et al.，1996）。现在，学校走廊播放着歌曲和音乐，成了展示学生们水彩画的博物馆，而不再是充斥着暴力和冲突的地方，管理者和教师都将华德福教育称为"治疗教育"（Cicala Filmworks，n.d.）。其他学校里也发生了类似的故事。

还有一个应用华德福教育模式进行干预的例子是在美国加利福尼亚州的一个少年管教所（Cicala Filmworks，n.d.；Oppenheimer，1999）。其结果是积极的。教师、学生和家长都称赞这种基于艺术的课程为原本互相竞争的帮派成员、问题青少年及暴力惯犯搭建了沟通的桥梁。对于学生、教师、家长和管理者来说，最有意义的是学生在自己的创作中感受到了一种自豪感。这种感受进一步转化为他们的自豪感和责任感，而这些往往是所有儿童都缺少的东西。

美国加利福尼亚州的一些华德福特殊学校报告，华德福课程中的特殊教学方式，如将艺术融入其他学科领域，所有学科中都包含实践操作活动以及课堂中的人际互动，可以帮助那些来自不同语言背景的学生更好地学习英语。包括音乐、舞蹈、艺术、故事和手工艺品在内的各种各样的表达活动，给不同语言水平的儿童提供了交流的平台。

除了为适应特定的场景（如公立学校）所做的修改，华尔福教育模式被用于满足广泛的学生需求。鲁道夫·史代纳称他的教育法为治疗教育，强调了教育在治愈和促进发展方面所能发挥的强大作用。这类似于蒙台梭利早期教育法。虽然有些华德福学校不具备招收有特殊需要的儿童的条件，但在大多数情况下，华德福学校欢迎所有的儿童。新罕布什尔州有专门服务于具有发展性障碍或生理残疾的儿童的学校，南非有服务于贫困社区儿童的学校，尼泊尔有服务于最贫困地区的被遗弃、极度贫穷的儿童的学校。

对华德福教育的批判与应用

华德福学校的绝大多数家长和教师，都报告称儿童的教育结果是成功且令人满意的。华德福学校的毕业生常常被称为全面发展的人，他们能够思考和应对挑战，成年后取得了成功（Almon，1992；Mitchell & Gerwin，2007）。一些报告表明，学生不仅更加具有反思精神、深入思考的能力，成为坚强的个体，其学业能力测验得分也高于全国平均水平（Oppenheimer，1999）。此外，在华德福高中毕业生中，大约有 94%进入 4 年制大学，这一数据让人印象深刻，因为 2007 年美国高中毕业生升入 4 年制大学的比例只有 64%（Bureau of Labor Statistics，2008；Dancy，2004；Enten，2005；Mitchell & Gerwin，2007）。尽管如此，对华德福教育哲学在公立学校中的应用存在很多批评，其中包括了关于史代纳的精神哲学观的一些争议。

这些批判主要是围绕"宗教应和公立学校相分离"而展开的。虽然华德福教育不提倡任何一种宗教，但是人智学的根基里包含了重要的宗教成分，这也是引发批评的主要因素（Ruenzel，2001）。许多传统的华德福歌曲和诗歌都涉及各种神灵和圣人的内容，儿童从小就开始学习它们，且之后也会反复出现。对于华德福学校生活尤其重要的很多仪式和节日，都围绕着基督降临、精神觉醒这类的事件。甚至像在一些节日期间点燃蜡烛，诵唱诗歌，以及庆祝地球的变化这类的事件，因为通常偏离了主流的宗教节日，有时在刚接触华德福教育的人看来非常新奇。

然而，华德福教育的支持者指出，正是因为这些活动与主流的宗教节日是分离的，所以这些不是宗教活动。支持者还指出了宗教与灵性之间的差异。宗教是由特定的教义和信条定义的，而且往往对其他宗教是排斥的。灵性是更加个人化的一系列信条和对所有生命的敬畏，它不需要与某一正式的宗教保持一致（Miller，2006）。从这个角度来看，灵性作为一种个体的建构，允许人们更加开放地接纳一些信条，而这些可能是一些宗教信仰所不允许的。对此，华德福教育的支持者强调华德福教育强调给予个体独立思考的自由（Ward，2005）。

公立学校系统通过修改课程和教学方法从而更好地适应自己社区的需求和期望，成功地规避了上面的问题。有些学校可能会避免使用某些诗句和庆祝活动。大多数公立的或者私立的华德福学校都没有正式的宗教教育，也不允许歧视或排他现象。最近，欧洲华德福教育协会制定和通过了一项声明，即在所有华德福学校中反对一切形式的歧视，这一声明被称为《斯图加特宣言》（*Stuttgart Declaration*）。这一声明承诺，华德福学校不能选择或歧视他们的学生或将学生分层，而必须认识到人人都拥有自由、平等的尊严和权利，不论其民族、国家或社会出身、性别、语言、宗教、政治或其他信仰（ECSWE，2007）。

华德福教师为儿童提供开放性的材料、户外游戏和充足的时间，让儿童创造想象的世界。

华德福在实践中的应用

当了解了华德福教育最基本的理念和教学方式后，很多教师都会找到将其应用到自己的教学实践中的方法。下面是一些受华德福启发开展的教学。

- 在教室中融入更多的自然材料来支持儿童探索和创造，如：树枝；叶子、贝壳、石头、水晶；和季节相关的材料，如松果和树枝、花朵和干草、长满苔藓的岩石、废弃的鸟巢；纺纱线球；用于雕刻的蜂蜡。
- 用开放式材料取代现成的塑料玩具或者电动玩具，如：由有机棉和羊毛缝制的布娃娃；大方布或丝巾；用木头或布自制的积木；雕刻和搭建用的物品和材料；家庭中使用的一些物品，如烹饪工具、简单工具以及微型寝具或装饰材料。

- 提供鼓励建构游戏、社会性游戏的材料：提供道具和材料，以促进想象力（"我们可以用这些来做什么？""你觉得那块黏土看起来像什么？"）；给儿童足够的时间、空间和自由，一起建立想象的世界；允许幻想游戏（精灵、侏儒、会说话的动物等）；给娃娃编辫子；用天然材料（玉米壳、树枝、松果、羊毛）创造人物形象；烘焙和烹饪营养点心（面包、汤、水果）；尽可能提供户外时间，多和大自然接触。
- 放慢你的动作，认真处理自己的手势和声音：在一日生活和过渡环节中播放温和而舒缓的歌曲；在教室中的举手投足都是流畅、优雅和小心的（不要在房间里大喊大叫，也不要乱跑）；示范如何友好地说话和温柔地触摸，建立友谊；在讲故事时配合使用简单的道具和手势。
- 在每天早上，每当有一名儿童进入教室，要有意识地进行问候。

结论

华德福教育是一场非常重要的教育运动，对所有的教育工作者都带来了重要的影响。该教育法的很多元素都影响了早期教育实践。

- 为了保护童年，成人精心构建环境与组织教学。
- 强调抵制媒体的影响以保护和发展儿童想象力。
- 将教育视为促进社会发展的手段。

从这些基本要素，你可以看到理念与实践之间存在着综合的、复杂的相互作用。华德福最初是史代纳提出的一种哲学观点，主张通过全人教育以赋予每个人力量。而现在它已经发展成一种全球范围内的独立运动，致力于培养全面发展的个体，从而为革新社会做好准备。

总结

- 基于哲学家鲁道夫·史代纳的思想，华德福教育是一种独特的基础教育阶段教育模式，目的是培养独立的、有创造性的思想者。

- 1919年，第一所华德福学校在德国建立，服务于工厂工人子弟。
- 华德福学校环境和课程具有整体性，并且经过精心设计，以培育"完整的儿童"——身、心、灵的全面发展。
- 华德福教育分3个阶段来看待发展：儿童早期、儿童中期和青少年期。
- 在儿童早期，教育的重点是游戏和模仿。
- 华德福教师的角色是保护儿童自然的生理发展过程以及他们对于外部世界的回应。
- 教师提供开放性的材料，示范适当的行为。
- 教师锻炼自己作为观察者的技能，间接地鼓励儿童的游戏。
- 华德福课程强调使用开放式的材料，强调在动手操作中学习，并将艺术融入各个学科领域。
- 华德福统一的基础教育阶段课程是以螺旋式上升的方式组织的，各种概念和内容循环出现，从而加深儿童的理解，提供跨领域的内容连接。
- 在公立学校和针对面临风险的青少年的干预项目中，华德福教学法得到越来越多的应用。
- 对华德福教育的批判主要集中在其课程中与灵性或宗教有关的因素，特别是当公立学校应用华德福模式时。

本章自评

请在表中写下你所学到的，每个学习目标写3～5个关键点	
探索华德福教育的历史和哲学基础	
确定华德福教育中儿童发展的重要方面	
描述华德福早期教育实践的主题	
审视华德福教师的重要角色	
讨论华德福教育中完整的螺旋式的课程	
探索华德福教育实践中的多样性	
了解对华德福教育的评价及其应用	

应用活动

讨论提示

1.学习环境是如何体现学校、教师或教学方法的理念的？环境中的哪些元素能帮助你了解学校或者教师的理念？

2.回顾本章开头描述的教室场景，你发现了体现华德福思想的哪些方面？

3.对于华德福教育的理念和应用，你是否有非常同意或不同意的地方？请具体描述。

在课堂上

访问 www.edutopia.org，搜索 "Waldorf Education"。找到关于华德福学校的文章、照片、视频，如对华德福教育的批评、家长须知、教师培训，等等。对你找到的资料进行总结。在小组内分享你的思考，你学到了什么，以及你对华德福教育的想法。

在实践中

讲故事是幼儿园的重要活动内容。每一位教师都可以通过一些练习来提高他们讲故事的技巧。选择一本优质的儿童读物，并根据这本书准备讲故事活动。练习你的语调、面部表情和肢体语言，将故事活灵活现地呈现出来。可观察别的讲故事的人，这样你可能会找到更多的灵感。也可以找到幼儿园或图书馆，在那里你向一群儿童讲述你的故事。

你的档案袋

采访当地的一位幼儿教师，不一定是华德福教师。询问这位教师对于以下这些概念的看法，将这些回答与你已经了解到的华德福教育的观点进行比较。

- 为儿童准备早期学业课程。
- 发展儿童读写能力。
- 儿童和想象力。
- 美的环境。
- 教师作为榜样。
- 课堂中的媒体和技术。

用两页纸上总结你的对比结果，可以添加到你档案中的"教与学"部分。

相关网站链接

北美华德福学校协会（Association of Waldorf Schools of North America，AWSNA）

www.whywaldorfworks.org

北美华德福幼儿协会（Waldorf Early Childhood Association of North America，WECAN）

www.waldorfearlychildhood.org

家庭华德福（Waldorf in the home）

www.waldorfhomeschooling.org

第十二章
整合：想象和成长

CHAPTER 12

本章学习目标

⊙ 确认教师应该具备的专业品质。

⊙ 准备证明自己专业知识和技能的证据。

　　通过前面的章节，你已经广泛地了解了早期教育领域的一些重要事件、研究、趋势和实践方法。了解这一充满创新、辩论和挑战的漫长历史之后，你现在的任务是要思考自己正在成为一个怎样的早期教育工作者。我用"正在成为"这一表述，是因为考虑到你可能已经将学习到的很多经验和技能运用到了自己的专业实践中。"正在成为"也可用来反映所有教育者所经历的那种动态的、积极的、不断变革的生活状态。通过不断的反思、冒险、尝试、验证、探究和内省，我们得以在这条不断延伸的"正在成为"的道路上不断前行。这是早期教育和保育工作者、提倡者以及充满激情的终身学习者的共同工作。

　　本书案例中的人们都分享了他们在自己的成长道路上所学到的东西。他们的故事就像一盏明灯，照亮了我们共同的历史。现在这盏灯将传递到你的手中，由你将它带入未知的未来。站在前人打下的坚实基础上，现在需要由你来想象自己正在成为怎样的教育者。展望未来，有一些熟悉的话题是历久弥新的，不断变化的世界也给我们带来了一些新的问题。随着技术和社会的进步，整个世界日益全球化，我们拥有了更多交流的机会。这种交流确实能够让全世界在很多方面都越来越紧密地联系起来，然而，在经济水平、能获得的高质量的教育资源、文化习俗、价值观和信念等方面仍然存在着很多差异。教师还能看到在儿童文化和语言多样性上发生着巨大的变化。家庭和社区努力寻找成功的学校和高质量的课程模式。此外，我们仍然提倡所有班级容纳更多具有不同能力水平和需求的儿童。教师需要对自身面对的所有家庭的独特资源和需求保持敏感，同时也要尊重不断增加的教育环境的多样性。教师要发展并展现自身的一些积极的内部素质——"品质"，它会影响我们为儿童及其家庭提供高质量的教育实践的承诺。当你在自己的发展道路上前进时，这些承诺将会陪伴着你，并且指引你的工作方向。

专业品质：尊重、热情、承诺

品质可以指导决策过程，并体现在学术行为和专业实践中。品质是一些内在的素质，如正直、公平、责任、伦理、主动、反思和不断追求专业发展。这些品质会体现在你对待学术及专业任务的方式上，体现在你与他人的合作和关系上，体现在你为儿童及其家庭的服务上。专业品质是教育实践的一个重要方面，包括以下内在品质和行为表现。

- 重视学习：不断反思自身的成长。
- 对于来自同事、导师、管理人员的反馈，能够做出有效回应并认真对待。
- 根据导师、同事、管理人员的各种形式的反馈，反思自己的教学工作，并积极寻求其他反馈。
- 重视学习：吸引所有儿童参与。
- 通过提出开放式的问题，引发深层次的思考，提高儿童问题解决能力，从而促使儿童进行探究式学习。
- 有效地使用评估来识别儿童的优势和劣势，据此进行个性化的教学。
- 表现出一定的灵活性，能适当修正和调整观点、材料、计划、课程实施和日程安排。
- 重视多样性，通过选择和创造具有包容性的材料、课程、评估和环境，促进来自不同背景的儿童参与学习，确保公平的教育机会。
- 重视合作和伙伴关系。
- 与同事、导师或其他学校工作人员合作；以尊重和反思的态度去解决因为差异而产生的矛盾或误解；严格遵守保密规定，在解决冲突时应用职业伦理道德准则。

- 敏锐觉察别人的感受、观点和文化。
- 重视专业性。
- 外表干净整洁、职业、得体，遵守学校的着装规范和要求，这也有助于工作的完成。
- 以一种积极专业的态度和热情来计划、启动并完成任务或课程。
- 尊重和支持教师道德和专业标准，能够承担义务。
- 在自己的职业中寻找为他人做贡献的方式，把握职业发展的机会，如参加会议，加入专业组织。

在本书中，你已经亲身参与了一些自我反思活动，它们可以发展你的自我认识和职业技能。这个自我反省、专业发展的过程将贯穿你的学习和工作生涯。你需要坚持尊重多样性，满怀热情，全身心投入事业。

合作与重视多样性

教师必须具备的素质之一，是对不同服务人群的认知和尊重。许多新教师可能没有与不同人群打交道的经验。你会因为个人经历，很自然地形成一些根深蒂固的观念、习惯和偏见。当你作为教师进入教室时，你曾经受到的教育还会深刻地影响你的教学。反思你的过去和你当下的教学风格之间的联系是很有必要的。你需要有意识地选择自己想采用的教学方式，或你希望儿童采用的学习方式，而且这些方式与你自己的经历不同。只要当你意识到自己的过去并且创建自己的未来图景时，你才能够有意识地做出这样的选择。

每一名走进你班级的儿童，都带着他们自己的独特视角和经验。在新的学习和熟悉的经验之间建立联系，对于一个成功的教育者来说十分重要。要做到这一点，你需要了解儿童，真正认识到每一名儿童背景的价值。与家庭定期进行沟通是将儿童的家庭文化融入课堂的第一步。家庭能提供丰富的资源，而且往往十分乐意与你的班级分享这些资源。你要欢迎家庭的贡献，而不是将其视为多余的。

在你职业生涯的不同时期，你肯定都会遇到这样的同事，即他们拥有与你不同的背景和信念，而这些东西也影响他们的教学。你也许并不总是认同他们，但你总是可以从这些人身上学到一些东西。正如你读过的美国幼儿教育协会的《道德行为准则》，一个专业的教育者的重要工作之一是尊重和支持同事：寻求建议，分享策略，进行开放的交流。提升你对教学工作的满意感和热情的一种重要方式，是在学校建立相互尊重、支持的关系。本书的许多章节都谈及教师之间合作的重要性。有时，与家长和同事建立有意义的联系是一种挑战，但却是提升实践效果的核心。

教师精心设计和整合有意义的活动和多样化的材料，充分地反映每名儿童独特的家庭背景。

对教学的热情

当你回想自己上学的经历时，你最爱的可能是那些充满热情、活力并真诚关心你的教师。你带到课堂上的情感品质，为你与儿童之间的所有互动奠定了基调。儿童，特别是很小的儿童，需要有爱心的、充满活力的教师。要让他们感受到，和他们在一起的这些成人是真正愿意和他们在一起的。你讲故事时，用积木搭建村庄时，玩过家家的游戏时，以及巧妙地处理冲突、挑战和合作关系时，都会传达出你对工作的热情。最重要的是你聆听儿童的方式。真正地聆听他们当下的心声，能反映出你与每名儿童的关系和对其投入的心血。在工作中，你总会碰到一些艰难的日子，所以你需要尽力保持一种如儿童般的好奇心和探索精神。就像儿童探索想象那样，培养你自己的想象力。

对工作的热情不仅有利于你面对的儿童，也有助于提升你自己的工作满意度。当你觉得自己的工作是有意义的，你的贡献得到了认可，你自然会感到实现个人价值和职业目标的成就感。你的活力和热情也能变为想象、探索和尝试的动力。对教学过程中的新经验保持开放，就像阅读一本为你打开新方法大门的书，会使你的工作保持新鲜和有趣。有些想法和策略可能不会像你预期的那样起作用，一些课程也不会像原计划那样进行，但是即使失败，你也会有收获和成长。你会在旧想法的基础上发展新思路，并且发现教学的新方向。作为一个专业教育工作者，这是职业生涯的核心部分。

专业支持

早期教育专业并不总是受到高度重视。近几十年来，美国在提高教师资格标准、教师工资、教师职业发展要求以及对这一有价值同时又有挑战的职业的重视方面，都取得了很大的进步。进入这个领域的新教师们需要继续推进这些重要的工作。教师通过依据有关道德规范和准则来开展工作，并且持续学习，提升自己的专业化程度。

你应该已经听到过人们鼓励你成为终身学习者，这也是成为专业工作者的要求。通过参加专业会议，加入专业组织，与其他专业人士建立联系，参加工作坊和研讨会，你可以实时了解领域最新研究和创新成果。随着你不断积累课堂经验和研究知识，你将能够对未来的研究和创新做出贡献。这一学习、成长、探索和分享的循环周期是专业共同体的标志。正如你所看到的，这仅仅是一段漫长的、令人兴奋的旅程的开始。

祝贺你将成为一名专业教育者，现在请开始你真正的旅程。

重要的是不要停止质疑。好奇心有其存在的理由。

——阿尔伯特·爱因斯坦（Albert Einstein）

美国幼儿教育协会会员

浏览 www.naeyc.org，查询成为会员的方式，研究成为成员的成本和好处。仔细思考一下在网站上列出的以及其他的一些好处，如成为拥有共同信念的社群中的一分子带来的归属感。

创建你的档案袋

在接下来的一系列活动中，你将想象或者将自己直接定位为一个教育者，探索你的信念、目标和愿景。这不仅可以帮助你整合在本书中学到的知识，而且可以不断更新你对于教育以及成为一名教师的认识。你也许会发现下面的一些活动很适合加进你的档案袋里，并且能够为你的教学理念、风格和技能提供证据。精心选择和组织你档案袋里的内容。美国幼儿教育协会的标准为你的档案袋提供了一个清晰的、专业的组织框架，你的学校可能也会认可这一框架，尤其是当你的学校是教育准备认证理事会（the Council for Accreditation of Educator Preparation，CAEP）的成员或美国幼儿教育协会认证单位（Bredekamp & Copple，2009）时。

　　活动1：网格组织法。利用附录里的各种表格（或者选择其他的图形化组织工具），列出你所读到的每种理论、框架、方法和途径的关键要素，这将会帮助你整理想法，并挑选自己最认同的一些做法。尝试整合到自己的理念和实践之中。突出那些能够引起你的共鸣、激发你的活力、赋予你力量的元素。在班上或小组中分享，比较你和别人的异同。

　　活动2：理想的视觉环境。在小组中讨论你认为应该为儿童提供一个怎样的教育环境。想一想理论家们描绘的理想环境。从你认同的专家那得到一些对环境的描述，或者形成自己的观点。用大纸张和各种艺术工具（标记、拼贴、雕塑、绘画）来视觉化地呈现你设想的理想的教育环境。如果你愿意的话，也可以创作一个小短剧来呈现你的想法。

　　活动3：教育哲学。在阅读本书的过程中，你应该会时不时地停下来思考自己的想法。你也许愿意回顾每一章开头或结尾的反思问题来加深你的记忆。根据你对这些问题的回答，陈述你自己的教育哲学。这是所有教师的职业认同的重要组成部分，而且应该将它放入你的专业档案袋。随着你积累的经验越来越多，对教育领域的了解越来越深入，你的教育理念也会发生变化。所以，可以将它看成一个有生命力的、不断更新的文档。这只是一个开始。如果你已经写过自己的理念，那么要花时间来修改它，让其中的内容变得更加合适。你的陈述能反映出很多东西，但它的核心目的是分享你关于如何将理论转化为实践的观点。你可能需要传达下面这些重要信息。

- 你对最佳早期教育实践的观点：哪些是所有儿童的权利？怎样的教学能够让儿童感到受重视和尊重？在你眼里，"好老师"具有哪些品质？
- 你对理想的学习环境的观点：怎样的环境能够让儿童感觉受到重视和尊重？
- 你的儿童观：儿童是如何成长、学习、思考和感受外界的？儿童能否积极地推动自己的学习，或建构自己的知识？
- 教师在儿童的生活中扮演的角色：你希望给儿童的生活带来哪些影响？你认为教师对儿童的责任是什么？
- 教师在儿童家庭生活中扮演的角色。
- 在计划、教学和评估方面如何开展合作：你如何看待教师的团队合作？你如何使用团队工作方式？
- 你为什么想成为教师？
- 要成为好教师，你拥有哪些优势？或正在努力发展什么能力？

　　首先，你可以通过头脑风暴，得出一些关键词来表示你对教育教学的观点，把它们写在便利贴上。将这些关键词分类整理，如分为教师、儿童、学习、教学、环境、自己的技能、自己的动机，等等。在这个过程完成后，你可以开始写下一小段文章，将材料组织起来。

活动4：对儿童的期待。分小组分享在这本书中读到的关于儿童和教师的观点。回忆一些主要的理论的观点。你理想中的状况是怎样的？你可以提出自己的想法，或者借用在本书及其他书里读到的想法。通过视觉化的方式将你对儿童以及教师的观点呈现出来。使用你拥有的任何材料——纸、标记、拼贴、雕塑，甚至是一段舞蹈或小品，一定要清晰地表达出你的观点。

活动5：观察教室的多样性和包容性。基于下面的描述，找出10个体现支持多样性和包容性的具体方面。

案例	如何支持多样性和包容性

    一个雪天的下午，在华盛顿先生的学前班和一年级学生混龄班中，孩子们正在开展关于天气的项目。在进行科学单元活动时，这个班级决定做一个天气报告站。学校有一个教师团队发起了一个项目，旨在将多元智能理论与差异化教学实践融入课堂。华盛顿先生是这个团队中的一分子。他在门口迎接孩子们。

    "3个星期以来，孩子们每天下午都在进行天气报告站项目。这是一个综合的项目。在这个项目中，孩子们以个体或者小组的形式来完成不同的活动。这些活动与收集和报告每日的天气有关。他们要学习的所有内容在项目里都有体现。我们每天上午聚焦不同内容领域的课程，发展儿童的特定技能。下午会有一大段时间，孩子们可以在真实的项目中使用他们的知识和技能。"

大多数孩子是以小组的形式工作。只有一个孩子正坐在桌子旁边，在成人的帮助下写他的个人日志，旁边还有轮椅。有一个小组正在和一位实习老师一起为天气播报桌制作一幅背景地图。他们将一幅本地地图放大，投影在墙上，然后把它画在海报上。一位教师和4个孩子正在一起架设录制日常天气播报的摄影机。两个孩子坐在窗边，用图画记录当前的天气状况，读窗外的温度计和雨量计。4个孩子坐在另外一张桌子旁边，兴奋地谈论着天气报告的脚本，有一位成人志愿者在做简要记录。有一个孩子正拿着橡皮泥，边说话边捏。还有一个女孩正在整理上周的天气信息，使用图片来记录，并把这些图片放在海报上。她的信息来源于她用西班牙语（她的母语）写的观察日记。另外一个小组正在音乐中心工作，研究哪一个音乐片段比较符合季节的主题，可以为他们的天气预报做伴奏。在这个小组中，有个男孩子正坐在一个巨大的瑜伽球上上下蹦。他们每隔一段时间就会暂停录音，来讨论选择哪个片段能更好地代表今天早晨他们在外面感受到的寒冷的、灰蒙蒙的下雪天气。他们的选材范围非常广泛，从古典音乐到说唱音乐。

在房间里，你会注意到墙壁上张贴着一系列展现多元智能理论的标志，使用3种不同的语言。这些标志包括很多图片，反映人们在进行不同思维方式的活动：语言智能（韩语老师），数字智能（街头小贩与客户交易），图像智能（制作戏剧脸谱）、身体运动智能（残奥会运动员）、自然智能（使用显微镜的生物学家）、人际智能（牧师）、反省智能（冥想的僧人）、音乐智能（跳街舞的青少年）。思考一下，你就会发现它们都体现在了孩子们的活动中。孩子们在写作、绘画、测量、搭建、听音乐和交谈。教室的桌子按小组摆放，不是摆成一排，而且在教室里还有很多学习中心。在矮窗户旁边设置有天气观察站、音乐中心、写作和绘画站、数字和数学区域、电脑区域，以及一个开放区域，其中有盒子、积木、丝巾、特殊材质的球等。

你还会注意到，孩子们参与多少种与他们所学的天气主题的科学单元有关的不同活动。即使这是一个科学单元，孩子们仍然可以练习所有的技能和学科领域：数学、社会学习、语言艺术、社会性技能和创造性艺术。实习教师后来解释说，作为气象站报道项目的一部分，孩子们也在研究其他州的天气情况。由此，这个天气项目还包括了地理。教师在谈到孩子们会定期采访学校工作人员和其他班级的同学，了解他们关于天气的经验时，也和孩子一样兴奋。除了制作视频，在三年级学生的帮助下，这些孩子还决定开始制作天气日报，每天在学校分发。

充满激情的教师在探索世界时像儿童那样兴奋。

活动6：理想的幼儿园。以小组为单位，设想自己理想的幼儿园。将你所读到的最吸引你的、最符合你关于早期教育应该如何进行的实践理念的所有元素都整合到一起，形成自己的想法。可以用表格来梳理你想融入的关键元素，记得标明你的具体想法是来源于哪一个模式／方法／理论（哪一章）。

注意包括以下结构元素。

- 名称和标志。
- 使命或者理论依据。
- 总体目标：如何实现你的使命。
- 对教师的期待：教师角色、资质。
- 对儿童的期待：行为、表现、在集体中的位置。
- 对家庭的期待：家庭在幼儿园中扮演怎样的角色。
- 日程表。
- 基本课程计划：为儿童提供怎样的经验？儿童将学习什么？如何促进儿童学习和发展？
- 管理：你的管理模式是什么样的？教师办学，家长办学，还是专业管理人士办学？

现在开始吧！做一个小册子，让大家了解你的幼儿园。绘制幼儿园建筑的平面设计图，充分发挥你的想象。

活动7：与家庭合作。分小组讨论确定在儿童及其家庭的生活中有哪些重要的主题。挑选一个你曾经读到的或者你感兴趣的主题。下面是一些例子：儿童行为、健康和营养、入园准备、如厕训练、读写能力发展、安全和社区资源。

选定主题后，举办家长工作坊，事先考虑以下内容。

1. 工作坊的主题

• 你的工作坊主题是什么？

• 确定一个有吸引力的标题。

2. 工作坊的目标

• 你最希望参与者从工作坊中获得的 3 个信息是什么？

3. 方法

• 你将使用哪些技巧来保持参与者的注意力？

4. 内容

• 你在整个活动过程中将如何引导参与者，传达哪些信息？

• 列出内容大纲。

5. 结束工作坊

• 你如何结束工作坊？

• 你如何评估工作坊的有效性（例如对参与者进行调查或使用检查清单或设置提问环节）？

在家长工作坊中，还可以设计一个小册子来总结和呈现工作坊主题的要点。这个小册子不仅要为家长提供关于本次主题的信息，还要提供进一步的信息来源。你可以在家长会上分发你的小册子。用英语和西班牙语或当地使用的其他语言来制作小册子。如果你双语能力较差，那么你就要寻找支持，来帮助你通过另一种语言交流。可以寻找网络资源、你学校里的学生语言学习社团、语言教学人员和其他社区资源。当你成为教师后，知道如何寻找资源来帮助你与多种语言背景的家庭进行沟通是非常重要的。

活动 8：儿童研究。你至少已经在一个教室或对一名儿童进行了完整的观察。这些一次性的观察仅仅是儿童生活和学习的掠影。只有完成系统和反复的观察，以及了解其他有关儿童的信息时，这样的学习才是有效的。家长访谈、非正式的笔记，有助于整理形成儿童的整体形象。（在家长许可下）选择一名儿童，观察几个月，完成以下工作。

• （每两周一次）尽可能详细地记录 30 分钟内儿童做了什么、说了什么。

• 每周一次逸事记录（简短地记录一天的要点——儿童的语言和行为）。

• 填写正式的发展检核表（包括所有发展领域）。

• 家长访谈 / 家访。写一页总结，说一说你从这个家庭学到了什么（与家庭工作时，一定要保持积极态度，支持和尊重对方。即使他们的家庭环境和你习惯的有所不同，也一定不要进行主观判断）。

- 收集工作样本——绘画、建构的照片或实物，写作样本，口述的故事等。

在你观察的最后阶段，写一个总结性评估报告，将所有的东西整合，提供你关注的儿童的发展快照，并说明一段时间以来的进步和变化。尽量让你的报告客观。这意味着报告你观察到了什么，而不是对你看到的事情发表意见。教师的分析可以添加有价值的见解，但现阶段，你应更多地集中于客观报告。

活动9："看看这里能学习什么。"许多教师尝试与家庭分享儿童在教室里的重要学习与发展，主要关于活动区的选择。强调学习 / 活动中心的价值的一种方法是在墙壁上张贴图表，列出该领域工作、游戏达到的主要目标。表 12-1 是一张可以挂在艺术创造区的海报。以此为例，给以下中心创建系列海报：艺术创造区、语言区、操作区、积木区、感官区、科学区、戏剧区和户外活动区。

表 12-1　看看创意中心能学习什么

知识	技能
• 颜色和形状 • 不同的工具如何画出不同的纹理和线条 • 形状、颜色、纹理、线条如何组成不同的图形 • 颜色混合 • 不同材料的不同物理特性	• 手部精细动作：抓握、捏、挤 • 绘画 • 大动作：混合、揉捏、塑形 • 交流、分享 • 关注材料与形状 • 倾倒 • 测量 • 堆叠、滚动、捣碎、伸长
学习倾向	**情绪情感**
• 坚持性 • 冒险精神 • 愿意尝试新事物 • 好奇 • 愿意表达想法分享 • 接受多元视角	• 成就感 • 确认不同的观点 • 完成新作品的成就感 • 关注自己与他人的想法 • 享受创造、混乱、实验的乐趣

活动 10：**文章 / 研究综述**。利用你学校的图书馆或在线专业杂志（如 www.naeyc.org/yc/ 和 http://ecrp.uiuc.edu），查找最近有关政策或法律影响早期实践的文章，并写一篇综述，一定要包含以下几个部分。

- 参考文献（作者、日期、文章标题、期刊、卷/期、页码）。

- 摘要（关键点或文章的结论）。

- 你对文章的思考（你从文章中学到了什么？你认为文章对教师有用吗？你能将新的见解运用到工作中吗？）。

活动 11：**循证决策**。循证决策是通过整合 3 个关键资源来完成的。

- 家庭目标、观点和知识。

- 对最佳实践的研究的成果。

- 专业知识和经验。

综合 3 个关键资源进行教学决策，支持每名儿童的发展和学习。完成下面流程图，针对每名儿童，简要描述和阐释你决策的依据。你可能会与家人分享一些信息，包括儿童的档案。

案例 1：珍妮弗现在 6 岁 10 个月，10 月份将入园。她家刚从秘鲁搬来。她会一些英语，但不是很流利。她的父母会讲英语和西班牙语，但在家只说西班牙语。父母需要在秘鲁完成一些工作，为了让珍妮弗能尽早上学，因此她将与她的祖母一起生活几个月，但她祖母不会说英语。珍妮弗的身高和体重比同龄人都要"大"，而且她的年龄比班里其他孩子大。

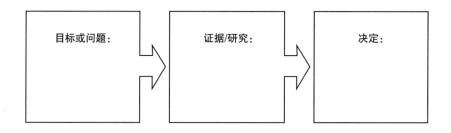

案例 2：马利克是一个 15 个月大的男孩，最近刚被养父母收养。他是在母亲狱中出生的，出生后就没有和父母任何一方有过接触。他的身体发育和语言发展一般。他的养父母说他有睡眠困难（入睡难、不能熟睡），对其他孩子没有什么兴趣。他喜欢玩小车和积木，不喜欢潮湿的活动（橡皮泥、油漆、泥、洗澡）。养父母想先让他融入教室内早上的活动，当他准备好了后再延长到全天在园，希望提高他的社会交往兴趣和技能。

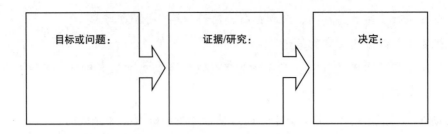

活动12：专业技能自我反思。最新研究已经确定高质量的教学实践有7个关键标准（适用于任何早期教育情境，包括多样化和融合性的教室）（Downer et al., 2012），详见表12-2。在最后一列中，可以描述你的信心和专业能力。你具备什么技能，可以帮助你达到这些标准？哪些领域你还需要加强？

表12-2　高质量早期教育的实践标准和举例

早期教育质量标准	婴儿和学步儿	幼儿	小学低年级	你的技能和能力
明确的总目标和具体目标： • 首要目标基于发展理论、儿童个体和家庭文化 • 每名儿童的具体目标是明确的和可测量的	• 总目标举例：发展和他人的关系 • 具体目标举例：识别情绪（快乐、悲伤、生气） • 整合州和国家早期学习标准	• 总目标举例：发展对于周围世界的好奇心 • 具体目标举例：通过积极的探索发现问题并寻求答案 • 整合州和国家早期学习标准	• 总目标举例：开始发展熟练的读写能力 • 具体目标举例：记录儿童的故事，包括开头、中间和结尾 • 整合州和国家早期学习标准	
有挑战性和启发性的环境： • 根据每名儿童的长处和需要做计划 • 提供选择和以兴趣为基础的计划 • 解决真正的、真实的问题	• 实践、环境和材料反映了婴儿和学步儿发展水平和需要 • 强调关系、身体发展、社会关系的建立、自我意识的发展	• 实践、环境和材料反映了幼儿发展水平和需要 • 强调社会交往、实践经验、探究学习、做选择、问题解决	• 实践、环境和材料反映了1~3年级儿童发展水平和需要 • 强调问题解决、内容整合、丰富的文化、渐趋复杂的材料和经验、独立工作和分享	

早期教育质量标准	婴儿和学步儿	幼儿	小学低年级	你的技能和能力
经过良好设计的、有清楚结构和合适节奏的教学： • 差异化教学 • 螺旋上升的课程 • 对儿童的学习进行回应	• 课程集中于关系和有意义的交往 • 成人与儿童之间的关系是温暖的、有呼应的；儿童之间的互动在游戏中得到支持 • 想象力和好奇心通过探索有趣的材料、合适的环境得到支持 • 一日常规（吃饭、更衣、洗手）关注关系的建立，通过温暖、舒适、游戏化的互动来学习 • 规则和活动因儿童的兴趣、习惯、长处而不同	• 教学集中于促进幼儿对世界的主动操作和探索 • 个人和小组教学可以因人而异 • 集体活动促进集体凝聚力 • 整合视觉、听觉和身体运动等多个学习领域 • 基于真实评估制订个人和集体教学计划 • 短期和长期目标都能依据计划和评估证据调整 • 基于过去的经验学习 • 有一日常规，并且被用来建立儿童与成人之间的关系	• 内容日益复杂并不断回顾 • 学习经验跨领域整合 • 根据形成性评价确定教学的速度 • 根据儿童学习来决定活动的节奏与速度 • 儿童反思自己的学习成果和证据 • 平衡和全体、小组以及个人活动保证了差异化的教学和评估 • 灵活的分组促进关系以及个性化教学	
积极参与： • 每名儿童可以以合适的方式参与 • 调整材料、活动或者环境以包容所有的儿童 • 活动对每名儿童和小组都是适宜的	• 环境是安全的、允许积极探索的 • 提供梯子、小山和斜坡，让所有儿童都"够得着" • 提供多样化材料以减少冲突 • 儿童独特的兴趣和发展能力引导课程和环境设计 • 儿童有多种选择	• 为了吸引注意，环境是随时间变化的 • 灵活分组，鼓励同伴互相支持和挑战 • 在一天中有充分时间进行社会交往 • 有安静的和热闹的空间 • 依据儿童独特的兴趣和能力设计课程和环境 • 儿童有多种选择	• 有效地使用技术，使不同能力的儿童都能参与活动 • 调整教学和环境，以支持不同的能力和思维方式 • 儿童独特的兴趣和发展能力引导课程和环境设计 • 儿童有多种选择	

续表

早期教育质量标准	婴儿和学步儿	幼儿	小学低年级	你的技能和能力
有机会去实践、应用和迁移新的学习经验： • 课程反映真实的活动 • 游戏为新生成的技能和有意义的实践提供了平台	• 灵活和可预测的日程安排 • 儿童有时间和空间实践新技能（穿衣、如厕等） • 材料呼应儿童技能发展，如开/关、系鞋带、拉拉链	• 开放的材料和活动对应技能和知识的产生 • 真实的项目整合各领域内容，并提供练习机会	• 现实世界的问题给儿童练习问题解决提供了机会，使儿童有机会使用发展的技能和能力 • 平衡教师指导的、儿童发起的（和以问题为基础的活动）	
对正确和错误的反馈给予回应： • 成人—儿童的互动是温暖的，成人支持和鼓励儿童自主 • 通过材料、环境、日程安排和成人指导提供反馈 • 档案袋为儿童的学习和发展提供有力的证据	• 成人对儿童的情绪、活动水平和行动给予温暖的回应 • 在儿童试误的过程中，成人用耐心和鼓励支持儿童自主性发展 • 成人示范积极的行为 • 成人通过合适的挑战、语言提示、建议和示范，为儿童提供鹰架 • 开放性和自我纠错的材料允许儿童在操作中学习	• 成人使用语言和非语言提示来引导儿童行为 • 成人使用适当的挑战、语言提示、建议和示范，为儿童提供鹰架 • 开放性和自我纠错的材料允许儿童学习 • 日程计划将对儿童行为的挑战最小化（活动/休息满足儿童的需要、有组织的和及时的过渡） • 成人示范积极的行为，并鼓励儿童自我调节	• 成人用适当的挑战、语言提示、建议和示范，为儿童提供鹰架 • 儿童自我反思和自我评估 • 对儿童行为和任务的期望很清晰（有评量表、检核表） • 通过积极的示范和反馈鼓励儿童自我管理	
提供与不同情境中的儿童互动的机会： • 儿童与班上和社会上不同背景的儿童互动 • 家庭有意义地融入课堂和学校	• 教室布置支持个人和小组活动 • 户外活动和散步将社区和学校联系起来 • 欢迎家长参与课堂活动	• 可能的话，混合能力和年龄编班 • 通过散步、旅行和邀请客人到班上，促进课堂和社区之间的联系 • 来到教室的客人提供了多个视角 • 欢迎家庭参与课堂活动	• 可能的话，混合各小组、各班级乃至全校，一起外出实地考察，或开展社区项目 • 欢迎家庭参与课堂活动 • 邀请、访谈客人，带来真实的视角	

创建档案袋是一个持续反思、永无止境的过程。

活动 13：分享你在家庭生活中的角色。现在我们可以将所有这些活动整合起来。你已经在书中一些章节了解了真实的评估和档案袋法。现在，是时候来创建你自己的档案袋了。你可以使用任何形式组织你的信息，但要记住在你的整个学习和职业生涯不断添加和更改内容。使用灵活的编辑方式，如活页夹、可折叠文件甚至是个人网页。

先思考作为一个学生、教师和人，你是谁。你的信念是一个很好的开端。想想你还有什么其他的东西需要添加，尽可能真实、详尽描述关于你自己的人生画面。要有思考，有选择，有创造。档案袋一般包括目录、自传、目标、简历、信念、照片，以及你的作品，可以是本书要求完成的作业或其他作业。你也可以再想想，并尝试和别人共享。在每一项前，要有一段话，写清楚为什么以某个作品作为封面。

采用美国州际初任教师评估与支持联盟标准（InTASC）的机构可参照下面的范例。

专业档案袋范例

创作档案袋说明

成果：

1. 展示 10 条美国州际初任教师评估与支持联盟标准新教师的专业标准。

2. 确定自己在早期教育领域的角色，并整合对早期教育的认识、反思和批判。

你的档案应该有 3 部分

一、引言

1. 个人简历，包括专业资格、志愿者活动和工作经验等。

2. 两封推荐信。

3. 实习成绩。

4. 自我评价表。

5. 成绩单。

二、教育观

你要单独用一页说明你的教育观，包括你对教、学、教育过程的主要观点。在你的书面陈述中，要包括以下一些重要方面。

1. 做教师意味着什么？

2. 你认为应如何促进学习的？

3. 你拥有什么优势或正在磨炼哪方面的能力，以成为一个伟大的教师？

4. 你认为理想的学习环境是什么样的？

5. 你关于儿童的信念（儿童观）：儿童如何成长、学习、思考、感受？

6. 教师在儿童的生活中发挥什么作用？

7. 教师在家庭生活中发挥什么作用？

三、文件——作品

你的档案袋将根据美国州际初任教师评估与支持联盟标准分类

一、学习者与学习

1. 学习者的发展。

2. 学习差异。

3. 学习环境。

二、内容知识

4. 内容知识。

5. 知识应用。

三、教学实践

6. 评估。

7. 教学计划。

8. 教学策略。

四、职业责任

9. 专业学习和道德的实践。

10. 领导和协作。

每一项需要有一到两页的内容，描述你的成长和实践中的一两个例子，记录你达到的水平。所有条目必须有简要说明以及你选择的依据。

现在开始吧！开始收集、创建、组织、美化你的档案袋。这是你的杰作。

教育的最终目标是促进个体变成自己的"建构师"，并通过这个过程不断"重建"自己。

学校教育最重要的成果不仅体现在儿童获得新概念、洞察力、想象力、新技术，也包括养成新的态度和个性。使人在整个生命中不断学习，或许是学校教育对个人发展最重要的贡献。

——爱略特·爱斯纳（Elliot W. Eisner）

专业档案袋评估标准

组成	基本/不能接受（0~6分）	发展中（6.1~7.5分）	熟练（7.6~8.9分）	卓越（9~10分）
1.介绍材料： • 简历 • 信件 • 实践 • 成绩单	• 有两项或者更少 • 没条理 • 简历内容贫乏 • 没有推荐信	• 缺一项 • 有条理 • 简历充分但不够专业，格式不清 • 缺失重要的学术或者实践内容 • 推荐信丢失或差	• 所有材料都有组织地呈现 • 简历内容和外观上都很好，包括了充足/良好的学术内容和实践经验 • 推荐信良好	• 所有材料都有组织地呈现 • 简历在内容和外观上很好，包括了综合全面的学术内容和实践经验 • 推荐信完美
2.教育观	• 表述不到位 • 缺乏深刻见解 • 书写较差	• 有一些理解 • 写作质量欠佳，个别词汇使用不当，有内容和语法错误	• 表述充分，对儿童成长有良好见解；书写流畅清晰，较少语法错误 • 展示对教学情境的理解	• 表述到位且完整，包括个人见解 • 写作清晰准确，流畅自然，没有语法错误 • 展示了对教学情境的理解，使用很有说服力的例子
3.学习者和学习（标准1~3）	• 缺两项或更多 • 基本原则表述不完整或者书写不佳 • 所有的文件都不能证明能力	• 缺少一项 • 基本原则表述不明 • 写作中有错误 • 有一两项不能通过	• 每一个标准都对应1~2个作品 • 陈述合理 • 书写较好，没有或者较少错误 • 文件展示了良好的水平	• 每一个标准都对应1~2个作品 • 陈述清晰合理 • 经过精心挑选 • 书写良好 • 文件展示了最高水平

续表

组成	基本/不能接受 （0～6分）	发展中 （6.1～7.5分）	熟练 （7.6～8.9分）	卓越 （9～10分）
4.知识内容（标准4～5）	• 缺失两项或更多 • 基本原则表述不完整或者书写不佳 • 所有的文件都不能证明能力	• 缺少一项 • 基本原则表述不明 • 写作中有错误 • 有一两项不能通过	• 每个标准都对应1～2个作品 • 陈述合理 • 书写较好，没有或者较少错误 • 文件展示了良好的水平	• 每个标准都对应1～2个作品 • 陈述良好 • 经过精心挑选、书写较好，没有或者较少错误 • 文件展示了最高水平
5.教学实践（标准6～8）	• 缺失两项或更多 • 基本原则表述不完整或者书写不佳 • 所有的文件都不能证明能力	• 缺少一项 • 基本原则表述不清 • 写作有错误 • 1～2项不能通过	• 每个标准都对应1～2个作品 • 陈述合理 • 书写较好，没有或者较少错误 • 文件展示了良好的水平	• 每个标准都对应1～2个作品 • 陈述合理 • 书写较好，没有或者较少错误 • 文件展示了最高水平
6.专业责任（标准9～10）	• 缺失两项或更多 • 基本原则表述不完整或者书写不佳 • 所有的文件都不能证明能力	• 缺少一项 • 基本原则表述不明 • 写作有错误 • 1～2个文件不能证明能力	• 每个标准都对应1～2个作品 • 陈述合理 • 书写较好，没有或者较少错误 • 文件展示了良好的能力水平	• 每个标准都对应1～2个作品 • 陈述良好 • 精心选择 • 书写很好 • 文件展示了最高能力水平
7.反思和应用水平	• 表述不佳 • 未经精心选择，没有体现反思或者联系实际经验的作品 • 没有展现应用概念的能力 • 与实践的联系不清楚	• 对儿童的成长和理解力发展有一定的见解 • 表现了基本的自我反思或者应用能力 • 个人的技能和能力联系较少 • 所举例子与描述能力不符	• 表述良好 • 展现出良好的自我反思和知识应用能力 • 清晰表达了一些个人技能和性格 • 适当使用实践案例	• 表述很好 • 表现了较高的自我反思或者知识应用能力 • 清晰表达了个人技能和性格 • 使用典型、完整的案例
8.批判性和创造性思维	• 不能充分表现批判性和创造性思维	• 对自身教学有一些初步的批判性反思，但更多的是经验总结 • 与自身和实践经验联系不够	• 能依据相关理论，并联系实践进行批判性分析，反映与自身和实践的联系	• 能依据相关理论，并联系实践进行批判性分析 • 反映与自身和实践的总体联系 • 活动设计或者个人能力展示表现出了创造性

续表

组成	基本/不能接受 （0～6分）	发展中 （6.1～7.5分）	熟练 （7.6～8.9分）	卓越 （9～10分）
9.组织和表现	• 没有明确的标识，较难找寻，没有组织 • 书写不详细，有许多错误，不清晰，不合理 • 展现形式或者设计不清晰或包含不合适的材料	• 标识明确，容易寻找，组织良好 • 书写有部分错误，欠清晰 • 展现不清晰或者缺少美感	• 标识清晰，容易寻找，组织良好 • 书写良好，较少错误，清晰明确 • 展现形式具有美感	• 标识清晰，容易寻找，组织良好 • 书写很好，没有错误，清晰、流畅 • 展现形式非常具有美感
10.及时性	档案袋晚两周提交	档案袋晚1周提交	档案袋晚1～6天提交	档案袋准时提交
	基本/不能接受 （0～60分）	发展中 （61～75分）	熟练 （76～89分）	卓越 （90～100分）

相关网站链接

儿童早期和父母合作（Early Childhood and Parenting Collaborative）

http：//ecap.crc.uiuc.edu

档案袋、课程计划、自制玩具等资源（Resource for Portfolios, Lesson Plan Ideas, Homemade Toys, and More）

www.teachnet.com

语言翻译服务（Language-Translation Services）

www.babelfish.com

早期研究与实践（Early Childhood Research & Practice）

http：//ecrp.uiuc.edu

附录 A　重要时间表

时间	儿童观	教育实践	社会影响	关键人物
1600 —1700	将儿童视为小大人	严厉惩罚	强调《圣经》和道德	洛克
1700 —1800				
1800 —1900				
1900 —2000				
现在				

附录 B　重要人物表

理论家	他（她）在当时做了什么	他（她）影响了哪个地方或来自哪里	他（她）何时较为活跃	他（她）如何对现在或当时产生影响？
卢梭	著书立说，提出儿童应该在田园的、和谐的、远离成人控制的环境中受教育	在欧洲和美洲产生了影响	18世纪中期至晚期	强调远离家庭，接受学校教育，认为人性本善
裴斯泰洛齐				
福禄贝尔				
霍尔				
杜威				
米切尔				
皮亚杰				
维果茨基				
蒙台梭利				
史代纳				
加德纳				

附录 C　你的指导思想：整合众多方法

运用下表将你今后可能在教学中用的指导思想记录下来。对于你所挑选的每一项，写出一个具体的你可以运用的策略。说明你想法的源头（理论家 / 理论）。

教师角色	儿童观	环境设计	理论、使命、计划（课程）目标	对文化/个人的呼应与融合
• 激发儿童的思考、好奇心和了解更多事物的渴望（建构主义）	• 儿童很强大并且有能力（瑞吉欧）	• 美丽的、温和的、可实际动手操作的（华德福）	• 家长是必要的、宝贵的合作伙伴（开端计划）	• 确认每一名儿童的能力与潜能，而不是和其他儿童进行比较（高瞻）

附录 D　多元智能计划网

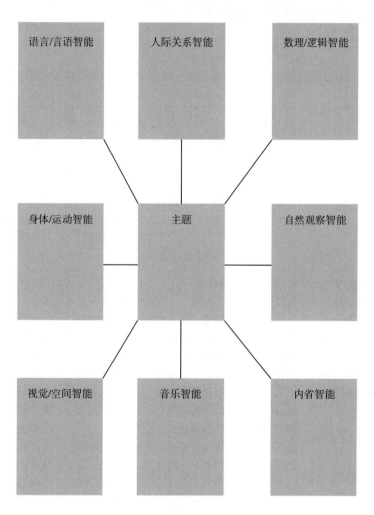

附录 E 专业档案袋评估标准示例
（早期教育机构—学生评估）

基于美国幼儿教育协会、美国各州学习指南以及儿童发展副学士学位的标准和要求。

内容	作业	作业目的	超过 期望值（15）	达到 期望值（10）	未达到 期望值（5）
第一部分材料： • 简历 • 自传 • 成绩单 • 两封推荐信	介绍早期教育实践	• 自我反思 • 专业身份 • 专业发展 • 文凭审核	• 材料齐全 • 书写良好 • 格式便于阅读	• 展示了两份材料 • 几乎没有书写错误 • 电子版或打印稿	• 展示了一份材料或没有展示材料 • 许多书写错误 • 展示没有条理
第三部分标准： 1.儿童发展 • 支持积极行为的两份资料 • 记录儿童行为的一份评估工具，一份空白版，一份完成的 • 每周学习计划 • 4份册子或文章，告知家庭8岁的儿童是如何发展与学习的	• 儿童的成长与发展或发展心理 • 观察、指导以及评估 • 早期教育课程的多样性	• 展示对儿童发展的整体特点与独特性的认识 • 体现了指导儿童发展的能力 • 将发展理论运用到学习中	4份作业： • 打印版 • 最新的信息（最近年份） • 用小册子展示了对于儿童发展理论以及如何与实践结合的基本认识 • 学习计划内容广泛，与发展预期相契合，同时包括合适的评估与反思	3份作业： • 打印版 • 包括过去5年的准确信息 • 小册子展示了对儿童发展的基本认识 • 学习计划内容广泛，并与发展预期相契合	两份作业或更少： • 难以阅读（手写体或复印件） • 信息不准确或过时 • 缺乏对于儿童发展的基本认识 • 学习计划内容不全且没有与发展预期相契合
• 在教室中展出系列文档，记录儿童的发展与学习 • 发展理论家回顾表 • 家庭读写手册	• 儿童的成长与发展或者发展心理	• 将知识运用于教室环境	7份作业： • 打印版 • 精确的、最新的信息（最近年份） • 展示了发展理论的知识	5份作业： • 打印版 • 过去5年的准确信息 • 展示了发展理论的知识	3份或更少： • 难以阅读（手写字或复印件） • 不准确或是过时的信息 • 缺乏对主要发展理论知识的展示

续表

内容	作业	作业目的	超过 期望值（15）	达到 期望值（10）	未达到 期望值（5）
2.家庭和社区 • 家庭营养机构的信息 • 家庭咨询信息 • 面向非英语家庭的资源 • 家长手册	• 早期教育实践中的多样性 • 早期教育机构管理	• 了解社区资源 • 运用社区资源知识	4份作业： • 打印版 • 精确的、最新的信息（最近年份） • 资源和手册展示了以家庭为中心的支持性和包容性的态度与实践	3份作业： • 打印版 • 过去3年的准确信息 • 资源和手册展示了以家庭为中心的支持性的、包容性态度	一份作业或没有： • 难以阅读（手写字或复印件） • 信息不准确或过时 • 材料反映了偏见
• 美国幼儿教育协会关于双语学习者的立场文件 • 计划家庭工作坊	• 早期教育实践中的多样性 • 早期教育机构管理	• 将知识运用到与家庭的互动上	6份作业： • 打印版 • 精确的、最新的信息（最近年份）	4份作业： • 打印版 • 过去3年的准确信息	两份或更少： • 难以阅读（手写字或复印件） • 信息不准确或过时
3.观察与评估 • 3份记录表格样本（事故报告、紧急联系方式等） • 两份发展清单的复印件（一份空白，另一份填好）	• 观察、指导和评估	• 了解评估工具	两份作业： • 合适的资源 • 打印版 • 发展清单上明确展示了评估目的和步骤	两份作业： • 打印版 • 适合的资源 • 适当地完成发展清单	一份作业或没有： • 难以阅读（手写字或复印件） • 资源不恰当 • 发展清单没有完成或是根本就漏掉了
• 为年幼儿童设计的两个标准评估样本 • 美国幼儿教育协会关于幼儿筛查的立场声明 • 记录儿童项目进度的照片（包含分析）	• 早期儿童课程导论	• 展示对真实评估的认识与应用 • 了解专业政策	5份作业： • 精确的、最新的消息（最近年份） • 合适的参考资源 • 打印版 • 记录条理、整洁，包括多种形式的数据，同时包括按时间记述的儿童的学习进程	4份作业： • 打印版 • 过去3年的准确信息 • 合适的参考资源 • 记录条理、整洁，包括一些形式的数据，同时包括按时间记述的儿童的学习进程，但有一些尚需要解释	两份或更少： • 难以阅读（手写字或复印件） • 不准确或过时的信息 • 参考资源不恰当 • 记录没有条理、凌乱，没有包括多种形式的数据，没有包括清晰的按时间记述的儿童的学习进程

续表

内容	作业	作业目的	超过 期望值（15）	达到 期望值（10）	未达到 期望值（5）
4.使用发展适宜性的方法 • 4 首歌曲、诗歌或是手指游戏以促进儿童的语音感知能力 • 10本帮助儿童应对挑战情境的参考书	• 婴儿或学步儿项目 • 儿童文学	• 展示有关发展适宜性实践的知识	• 打印版 • 精确的、最新的信息（包括过去5年的书） • 适宜的资源 • 书单涉及多样的主题	• 打印版 • 过去8年的准确信息（包括8本书） • 适宜的资源 • 书单涉及的主题多样化	• 难以阅读（手写字或复印件） • 信息不准确或过时的（包括5本或5本以下的书） • 资源不适宜 • 书单涉及的主题不多样化
• 记录包括网络、KWHL表并有注释 • 针对挑战行为的计划	• 早期教育课程导论	• 通过项目开展发展适宜性实践	• 适宜的资源 • 打印版 • 项目记录清晰且完整，并明确地展示了儿童学习的进程，包括对话、照片、教师的反思、儿童的手工作品 • 计划含有3个积极的指导策略	• 打印版 • 适宜的资源 • 记录了部分项目并展示了一些儿童学习的进程，没有包括多样化的信息 • 计划含有一个积极的指导策略	• 难以阅读（手写字或复印件） • 资源不适宜 • 项目记录没有展示儿童的进程，且没有相关数据 • 计划不完整，并且没有包括积极的指导策略
5.运用领域知识 • 9个学习计划，涵盖了美国幼儿教育协会的内容领域	• 语言艺术 • 早期科学、数学以及社会科学	• 展示对领域内容的知识	• 学习计划展示了理论知识以及实践应用能力（9个）	• 学习计划展示了理论知识以及实践应用能力（7个）	• 学习计划没有展示适宜的理论与实践知识（6个及以下）

内容	作业	作业目的	超过 期望值（15）	达到 期望值（10）	未达到 期望值（5）
6.专业化 初级急救员认证资格（CPR） • 关于虐待儿童与忽视儿童报告的摘要 • 来自两个全国性的早期教育网站（如美国幼儿教育协会等）的资源 • 儿童保育机构注册手册及美国幼教协会关于教师资格的认证标准 • 至少写下实践中的两个重要需求 • 收集两家服务儿童特殊需要的代理机构的信息	• 基础的 • 急救护理 • 早期教育机构管理	• 证明专业知识的证书	8份作业： • 精确的、最新的消息（最近年份） • 适宜的资源 • 打印版／有格式 • 反映了复杂的分析以及专业问题	6份作业： • 打印版 • 过去3年的准确信息 • 适宜的资源 • 包括4个或更多的语法错误 • 反映了关于学校政策、主张等专业问题	4份作业或更少： • 难以阅读（手写字迹或复印件） • 不准确或过时的信息 • 资源不恰当 • 陈述写得很薄弱 • 非打印版 • 缺乏对于学校政策、主张等专业问题的理解
• 美国幼儿教育协会或者其他专业协会会员 • 国家早期学习指导原则与标准复印件	• 早期教育机构管理	• 接触实践	10份作业： • 精确的、最新的消息（最近年份） • 适宜的资源	7份作业： • 打印版 • 过去3年的准确信息 • 适宜的资源	5份作业或更少： • 难以阅读（手写字或复印件） • 不准确或过时的信息 • 资源不恰当
• 个人成长档案袋的反思			• 非常好，完整，清晰，并且包括个人的成长和理解	• 非常好，包括个人的成长和理解	• 不是特别好，缺乏与实践的联系，还有许多书写错误

续表

内容	作业	作业目的	超过 期望值（15）	达到 期望值（10）	未达到 期望值（5）
• 个人成长档案袋的组织与展示			• 使用标签，内容标记清晰 • 便于放置，组织得很好 • 十分赏心悦目（打印，且版式合适）	• 使用、标签，部分内容有标记 • 便于放置，大部分章节组织得很好 • 赏心悦目（书写整洁）	• 没有明确的标记，部分内容很难找到，没有使用标签，组织得不好，缺少书法技巧，有污迹，或者不整洁
证书水平得分					
学位水平得分					

NAEYC.（2009）. NAEYC Standards for early childhood professional preparation. Washington，DC：NAEYC.

The Child Development Associate/Assessment System and Competency Standards for Preschool Caregivers.（1999）. Washington，DC：The Council for Professional Recognition.

附录 F　看看创意中心能学习什么

知识	技能
• 颜色和形状 • 不同的工具如何画出不同的纹理和线条 • 形状、颜色、纹理、线条如何组成不同的图形 • 颜色混合 • 不同材料的不同物理特性	• 手部精细动作：抓握、捏、挤 • 绘画 • 大动作：混合、揉捏、塑形 • 交流、分享 • 关注材料与空间 • 倾倒 • 测量 • 堆叠、滚动、捣碎、伸长
学习倾向	情绪情感
• 坚持性 • 冒险精神 • 愿意尝试新事物 • 好奇 • 愿意表达想法分享 • 接受多元视角	• 成就感 • 确认不同的观点 • 创造新作品的成就感 • 关注自己与他人的想法 • 享受创造、混乱、实验的快乐和乐趣

参 考 文 献

第一章

Allen, K., & Marotz, L. (2003). *Developmental profiles*: *Prebirth through twelve* (4th ed.). Clifton Park, NY: Delmar Learning.

Baker, A., & Manfredi/Petitt, L. (2004). *Relationships: The heart of quality care.* Washington, DC: National Association for the Education of Young Children.

Barnett, W. S., Jung, K., Yarosz, D. J., Thomas, J., Hornbeck, A., Stechuk, R., & Burns, S. (2008). Educational effects of the tools of the mind curriculum: A randomized trial. *Early Childhood Research Quarterly*, 23(3), 299‒313.

Bayat, M., Mindes, G., & Covitt, S.(2010). What does R TI (response to intervention) look like in preschool? *Early Childhood Education Journal*, 37, 493‒500.

Bodrova, E., & Leong, D.J. (2007). *Tools of the mind: The Vygotskian approach to early childhood education* (2nd ed.). Upper Saddle River, NJ: Prentice Hall.

Bredekamp, S., & Copple, C. (Eds.). (2009). *Developmentally appropriate practice in early childhood programs* (rev. ed.). Washington, DC: National Association for the Education of Young Children.

Bruder, M. (2010). Early childhood intervention: A promise to children and families for their future. *Exceptional Children*, 76(3), 339‒355.

Bullock, A., & Hawk, P. (2001). *Developing a teaching portfolio: A guide for preservice and practicing teachers*, Upper Saddle River, NJ: Merrill/Prentice Hall.

Burchfield, D. W. (1996). Teaching all children: Four developmentally appropriate curricular and instructional strategies in primary-grade classrooms. *Young Children*, 52(1), 4‒10.

Buysse, V., Winton, P., J., Rous, B., Epstein, D. J., & Lim, C. (2012). *Evidence-based practice. Zero to Three.* Washington, DC. Retrieved from http:// main.zerotothree. org/site/DocServer/32‑4_ Buysse_linked_copy. pdf.

Cassidy, D., & Buell, M. (1996). Accentuating the positive? An analysis of teacher verbalizations with young children. *Child and Youth Forum*, 25(6), 403‑414.

Council of Chief State School Officers. (2011). Interstate Teacher Assessment and Support Consortium (InTASC)model core teaching standards: A resource for state dialogue. Retrieved from http://www. ccsso.org/intasc.

Darragh, J. (2010). *Introduction to early childhood education: Equity and inclusion.* Upper Saddle River, NJ: Pearson.

Doorey, N. A. (2013). Coming soon: A new generation of assessments. *Educational Leadership,* 70(4), 28‑34.

Dyson, L. (2005). Kindergarten children's understanding of and attitudes toward people with disabilities. *Topics in Early Childhood Special Education*, 25(2), 95‑105.

Eisner, E.(2004). Multiple intelligences: Its tensions and its possibilities. *Teachers College Record*, 106(1), 31‑39.

Elkind, D. (2003). Thanks for the memories: The lasting value of true play. *Young Children*, 58(3), 46‑50.

Fraser, S. (2007). Play in other languages. *Theory Into Practice*, 46(1), 14‑22.

Gainsely, S. (2008). Learning environments that support complex play. *HighScope Extensions*, 22(3), 1‑4.

Gargiulo, R. (2006). Homeless and disabled: Rights, responsibilities, and recommendations for serving young children with special needs. *Early Childhood Education Journal,* 33(5), 357‑362.

Gelfer, J., Xu, Y., & Perkins, P. (2004). Developing portfolios to evaluate teacher performance in early childhood education. *Early Childhood Education Journal,* 32(2), 127‑132.

Girolametto, L., Weitzman, E., & Greenberg, J. (2003). Training day care staff to facilitate children's language. *American Journal of Speech Pathology,* 12(3), 299‑311.

Grennon Brooks, J., & Dietz, M. E. (2013). The dangers and opportunities of the common core. *Educational Leadership,* 70(4), 64‑67.

Hirsh, R. (2004). *Early childhood curriculum: Incorporating multiple intelligences, developmentally appropriate practice, and play.* Boston: Allyn and Bacon.

Jackson, S., Pretti‑Frontczak, K., Harjusola‑Webb, S., Grisham‑Brown, J., & Mulato, J. (2009).

Response to intervention: Implications for early childhood professionals. *Language, Speech, and Hearing Services in Schools*, 40, 424-434.

Jalongo, M. R., Fennimore, B., Pattnaik J., Laverock, D., Brewster, J., & Mutuku, M.(2004). Blended perspectives: A global vision for high-quality early childhood education. *Early Childhood Education Journal*, 32(3), 143-155.

Jenkinson, S. (2001). *The genius of play.* Gloucestershire, UK: Hawthorn Press.

Landerholm, E., Gehrie, C., & Hao, Y. (2004). Educating early childhood teachers for the global world. *Early Childhood Development and Care*, 174(7-8), 593-606.

National Association for the Education of Young Children. (2011). *2010 NAEYC standards for early childhood professional preparation.* Retrieved from http://www. naeyc.org/ ncate/files/ ncate/ NAEYC%20Initial%20and%20Advanced%20 Standards%2010_2012.pdf.

National Association for the Education of Young Children. (2012). The Common Core State Standards: Caution and opportunity for early childhood education. Washington DC: Author.

National Governors Association Center for Best Practices, Council of Chief State School Officers. (2010). *Common Core State Standards.* Washington DC: Author.

Nikolaraizi, M., Kumar, P., Favazza, P., Sideridis, G., Koulousiou, D., & Riall, A. (2005). A cross-cultural examination of typically developing children's attiudes toward individuals with special needs. *International Journal of Disability, Development and Education,* 52(2), 101-119.

Noddings, N.(1995). Teaching themes of caring. *Education Digest,* 61(3), 24-29.

Noddings, N. (2005). What does it mean to educate the whole child? *Educational Leadership,* 63(1), 8-13.

Pool, C.(1997). Brain-based learning and students. *Education Digest*, 63(3), 10-16.

Ryan, S., & Grieshaber, S. (2004). It's more than child development: Critical theories, research, and teaching young children. *Young Children*, 59(6), 44-52.

Shanahan, T. (2013). The Common Core ate my baby and other urban legends. *Educational Leadership*, 70(4), 11-16.

Spencer, T. D., Detrich, R., & Slocum, T. A. (2012). Evidence-based practice: A framework for making effective decisions. *Education and Treatment of Children*, 35(2), 127-151.

Stanford, P. (2003). Multiple intelligence for every classroom. *Intervention in School and Clinic,* 39(2), 80-85.

The Division for Early Childhood of the Council for Exceptional Children (DEC), National Association for the Education of Young Children (NAEYC), & National Head Start Association

(NHSA). 2013. "Frameworks for Response to Intervention in Early Childhood: Description and Implications."

第二章

Adelman, C.(2000). Over two years, what did Froebel say to Pestalozzi? *History of Education*, 29(2), 103-114.

Aldrich, R. (2002). The first 100 years. *Education Journal*, 65, 8.

Antler, J. (1987). *Lucy Sprague Mitchell: The making of a modern woman.* New Haven, CT: Yale University Press.

Archambault, R. (Ed.)(1964). *John Dewey on education: Selected writings.* Chicago: University of Chicago Press.

Beatty, B. (1995). *Preschool education in America: The culture of young children from the colonial era to the present.* New Haven, CT: Yale University Press.

Berk, L., & Winsler, A. (1995). *Scaffolding children's learning: Vygotsky and early childhood education.* Washington, DC: National Association for the Education of Young Children.

Blow, S. E. (1999). Kindergarten education. In K.M. Paciorek & J.H. Munro (Eds.), *Sources: Notable selections in early childhood education* (2nd ed.) (pp. 179-184). Guilford, CT: Dushkin/ McGraw-Hill. (Original work published 1900)

Bowers, F., & Gehring, T. (2004). Johann Heinrich Pestalozzi: 18th-century Swiss educator and correctional reformer. *Journal of Correctional Education*, 55(4), 306-319.

Bredekamp, S. (1997). NAEYC issues revised position statement on developmentally appropriate practice in early childhood programs. *Young Children*, 52(2), 34-40.

Bredekamp, S., & Copple, C. (Eds.).(2009). *Developmentally appropriate practice in early childhood programs* (3rd. ed.). Washington, DC: National Association for the Education of Young Children.

Bronfenbrenner, U. (1986). Ecology of the family as a context for human development: Research perspectives. *Developmental Psychology*, 22(6), 723-742.

Bruner, J. (1991). The narrative construction of reality. *Critical Inquiry*, 18(1), 1-21.

Castro, D. C., Paez, M. M., Dickinson, D. K., & Frede, E. (2011). Promoting language and literacy in young dual-language learners: Research, practice, and policy. *Child Development Perspectives*, 5(1), 15-21.

Desimone, L. (2013). Reform before NCLB. *Kappan,* 94(8), 59-61.

Dewey, J. (1938). *Experience and education*. New York: Touchstone.

Dewey, J. (1999). Three years of the university elementary school. In K.M. Paciorek & J.H. Munro (Eds.), *Sources: Notable selections in early childhood education* (2nd ed.)(pp. 158–163). Guilford, CT: Dushkin/ McGraw–Hill.(Original work published 1899)

Dombrowski, K. (2002). Kindergarten teacher training in England and the United States 1850–1918. *History of Education*, 31(5), 475–489.

Geist, E., & Baum, A. (2005). Yeah, but that keeps teachers from embracing an active curriculum: Overcoming the resistance. *Young Children*, 60(1), 28–36.

Gesell, A. (1999). Early mental growth. In K. M. Paciorek & J. H. Munro (Eds.), *Sources: Notable selections in early childhood education* (2nd ed.) (pp. 209– 217). Guilford, CT: Dushkin/ McGraw–Hill. (Original work published 1940)

Goswami, U. (2001). Cognitive development: No stages please—we're British. *British Journal of Psychology*, 92(1), 257–278.

Gregory, M. R. (2002). Constructivism, standards, and the classroom community of inquiry. *Educational Theory*, 52(4), 43–51.

Grinberg, J. (2002). "I had never been exposed to teaching like that" : Progressive teacher education at Bank Street during the 1930s. *Teachers College Record*, 104(7), 1422–1460.

Hacsi, T. (1995). From indenture to family foster care: A brief history of child placing. *Child Welfare,* 74(1), 162–181.

Hall, G. S. (1999). The contents of children's minds on entering school. In K. M. Paciorek & J. H. Munro (Eds.), *Sources: Notable selections in early childhood education* (2nd ed.) (pp. 324–334). Guilford, CT: Dushkin/ McGraw–Hill. (Original work published 1907)

Hall, J. (2000). Psychology and schooling: The impact of Susan Issacs and Jean Piaget on 1960s science education reform. *History of Education*, 29(2), 153–170.

Henson, K. (2003). Foundations for learner–centered education: A knowledge base. *Education*, 124, 5–16.

Hill, P. S. (1999). Kindergarten. In K. M. Paciorek & J. H. Munro (Eds.), *Sources: Notable selections in early childhood education* (2nd ed.) (pp. 81–90). Guilford, CT: Dushkin/McGraw–Hill. (Original work published 1941)

Horn, D. M., Caruso, D. A., & Golas, J. (2003). Head Start teaching center: Differential training effects for Head Start personnel. *Child & Youth Care Forum*, 32(1), 23–40.

Hoxie, F. (1984). *A final promise: The campaign to assimilate Indians*. Lincoln: University of

Nebraska Press.

Hulbert, A.(1999). The century of the child. *Wilson Quarterly*, 23(1), 14-30.

Hyun, E., & Marshall, J. (2003). Teachable-momentoriented curriculum practice in early childhood education. *Journal of Curriculum Studies*, 35(1), 111-127.

Isaacs, S. (1999). Childhood and after: Some essays and clinical studies. In K. M. Paciorek & J. H. Munro (Eds.). *Sources: Notable selections in early childhood education* (2nd ed.)(pp. 64-69). Guilford, CT: Dushkin/McGraw-Hill. (Original work published 1966)

James, W. (2008). Jerome Bruner, born 1915. *Times Educational Supplement.* Issue 4816, special section 3, 24.

Jones, J. (2004). Framing the assessment debate. *Young Children*, 59(1), 14-18.

Kelleher, M. (2011). States face challenges in early-education race to the top scramble. *Education Week*, 30(36), 26-37.

Kontio, K. (2003). The idea of autarchy in Rousseau's natural education: Recovering the natural harmony? *Scandinavian Journal of Educational Research*, 47(1), 3-19.

Lascarides, V., & Hinitz, B. (2000). *History of early childhood education.* New York: Falmer Press.

Lindqvist, G. (1995). *The aesthetics of play: A didactic study of play and culture in preschools.* (Report No. ISSN-0347-1314). Uppsala, Sweden: Uppsala University. (ERIC Document Reproduction Service No. ED396824).

Margolis, E., & Rowe, J. (2004). Images of assimilation: Photographs of Indian schools in Arizona. *History of Education*, 33(2), 199-230.

Matthews, W. (2003). Constructivism in the classroom: Epistemology, history, and empirical evidence. *Teacher Education Quarterly*, 30(3), 51-64.

Maxwell, L. A.(2012). RTT early-learning winners have work cut out for them. *Education Week*, 31(15), 22.

McMillan, M.(1999). The nursery school. In K. M. Paciorek & J. H.Munro (Eds.). *Sources: Notable selections in early childhood education* (2nd ed.) (pp. 185-189). Guilford, CT: Dushkin/ McGraw-Hill. (Original work published 1919)

Montessori, M. (1966). *The secret of childhood.* New York: Ballantine Books.

Moran, R. F. (2005). Undone by law: The uncertain legacy of *Lau v. Nichols. Berkeley La Raza Law Journal*, 16(1), 1-10.

National Association for the Education of Young Children. (1995). *Responding to linguistic and cultural diversity: Recommendations for effective early childhood practice.* Washington, DC: Author.

Null, J. W.(2004). Is constructivism traditional? Historical and practical perspectives on a popular advocacy. *Educational Forum*, 68, 180-188.

O'Connor, S. M. (1995). Mothering in public: The division of organized child care in the kindergarten and day nursery, St. Louis, 1886-1920. *Early Childhood Research Quarterly*, 10(1), 63-80.

Owen, R. (1999). The life of Robert Owen. In K. M. Paciorek & J. H. Munro (Eds.), *Sources: Notable selections in early childhood education* (2nd ed.) (pp. 273-276). Guilford, CT: Dushkin/ McGraw-Hill. (Original work published 1857)

Peabody, E. P. (1999). Guide to the kindergarten and intermediate class. In K. M. Paciorek & J. H. Munro (Eds.), *Sources: Notable selections in early childhood education* (2nd ed.)(pp. 77-80). Guilford, CT: Dushkin/McGraw-Hill. (Original work published 1877)

Piaget, J. (1929).*The child's conception of the world.* London: Rutledge & Kegan Paul.

Piaget, J.(1954). *The construction of reality in the child.* New York: Basic Books.

Piaget, J. (1969). *The psychology of the child.* New York: Basic Books.

Piaget, J. (1975). *The development of thought.* New York: Viking Press.

Piaget, J. (1999). The stages of the intellectual development of the child. In K. M. Paciorek & J. H. Munro (Eds.), *Sources: Notable selections in early childhood education* (2nd ed.) (pp. 3-10). Guilford, CT: Dushkin/ McGraw-Hill. (Original work published 1961)

Powell, M. (2000). Can Montessorians and constructivists really be friends? *Montessori Life*, 21(1), 44-51.

Procher, L. (1998). Missing pieces: A review of history chapters in introductory early childhood education textbooks. *Journal of Early Childhood Teacher Education*, 19(1), 31-42.

Read, J. (2003). Froebelian women: Networking to promote professional status and educational change in the nineteenth century. *History of Education*, 32(1), 17-33.

Reynolds, A.J., Miedel, W. T., & Mann, E. A. (2000). Innovation in early intervention for children in families with low incomes: Lessons from the Chicago Child-Parent Centers. *Young Children*, 55(2), 84-88.

Sameroff, A., & McDonough, S. C. (1994). Educational implications of developmental transitions: Revisiting the 5- to 7-year shift. *Phi Delta Kappan*, 76(3), 188-193.

Sandsmark, S. (2002). A Lutheran perspective on education. *Journal of Education and Christian*

Belief, 6(2), 97-106.

Saracho, O. N., & Spodek, B.(1995). Children's play and early childhood education: Insights from history and theory. *Journal of Education*, 117(3), 129-148.

Schickedanz, J. (1995). Early education and care: Beginnings. *Journal of Education*, 177(3), 1-7.

Spodek, B. (1985). Early childhood education's past as prologue: Roots of contemporary concerns. *Young Children*, 40(5), 3-7.

Sullivan, K. (1996). Progressive education: Where are you now that we need you? *Oxford Review of Education*, 22(3), 349-356.

Swiniarski, D. (2005). Elizabeth P. Peabody's bicentennial birthday: A celebration of a past legacy and a future vision for kindergarten. *Early Childhood Education Journal*, 34(4), 219-220.

Takanishi, R. (1981). Early childhood education and research: The changing relationship. *Theory Into Practice*, 10(2), 86-92.

Trotter, A., Keller, B., Zehr, M., Manzo, K., & Bradley, A. (1999). Lessons of a century: Faces of a century. *Education Week*, 19(16), 27-38.

Turnbull, R., & Cilley, M. (1999). *Explanations and implications of the 1997 amendments to IDEA.* Upper Saddle River, NJ: Merrill/Prentice Hall.

U.S. Department of Education (2004a). *A guide to No Child Left Behind.* Washington, DC: U.S. Department of Education, Office of the Secretary, Office of Public Affairs.

U.S. Department of Education (2004b). *Overview: Four pillars of NCLB.* Washington, DC: U.S. Department of Education, Office of the Secretary, Office of Public Affairs. Retrieved from www.ed.gov/nclb/overview/intro/4pillars.html.

U.S. Department of Education. (2009). Race to the Top program executive summary. Washington, DC: Author.

Vander Zanden, J. (2003). *Human development.* Boston: McGraw-Hill.

Verbruggen, R. (2012). No Child Left Behind, left behind. *National Review*, 64(19), 53-54.

Vygotsky, L.S. (1978). *Mind in society: The development of higher psychological processes.* Cambridge, MA: Harvard University Press.

Vygotsky, L. S. (1999). From thought and language. In K. M. Paciorek & J. H. Munro(Eds.), *Sources: Notable selections in early childhood education* (2nd ed.) (pp. 11-18). Guilford, CT: Dushkin/McGraw-Hill. (Original work published 1962)

第三章

Association for Childhood Education International. (n.d.). *The ACEI experience.* Retrieved from www. acei.org/history.htm.

Baptiste, N., & Reyes, L. (2002). *Ethics in early care and education.* Upper Saddle River, NJ: Merrill/Prentice Hall.

Barnett, W. S. (2004). Better teachers, better preschools: Student achievement linked to teacher qualifications. Preschool Policy Matters (2). New Brunswick, NJ: National Institute for Early Education Research.

Bredekamp, S. (1997). NAEYC issues revised position statement on developmentally appropriate practice in early childhood programs. *Young Children,* 52(2), 34-40.

Bredekamp, S., & Copple, C. (Eds.). (1997). *Developmentally appropriate practice in early childhood programs* (rev.ed.). Washington, DC: National Association for the Education of Young Children.

Bredekamp, S., & Copple, C. (Eds.). (2009). *Developmentally appropriate practice in early childhood programs* (3rd. ed.). Washington, DC: National Association for the Education of Young Children.

Cassidy, D. J., Hestenes, L. L., Hegde, A., Hestenes, S., & Mims, S. (2005). Measurement of quality in preschool child care classrooms: An exploratory and confirmatory factor analysis of the early childhood environment rating scale—revised. *Early Childhood Research Quarterly,* 20(3), 345-360.

Caulfield, R. (1997). Professionalism in early care and education. *Early Childhood Education Journal,* 24(4), 261-263.

Dickinson, D. (2002). Shifting images of developmentally appropriate practice as seen through different lenses. *Educational Researcher,* 31(1), 26-32.

Downer, J. T., Lopez, M. L., Grimm, K. J., Hamagami, A., Pianta, R. C., Howes, C. (2012). Observations of teacher-child interactions in classrooms serving Latinos and dual-language learners: Applicability of the Classroom Assessment Scoring System in diverse settings. *Early Childhood Research Quarterly,* 27, 21-32.

Dunn, L., & Kontos, S. (1997). What have we learned about developmentally appropriate practice? *Young Children,* 52(5), 4-13.

Feeney, S., & Freeman, N. K. (1999). *Ethics and the early childhood educator: Using the*

NAEYC code. Washington, DC: National Association for the Education of Young Children.

Freeman, N. K.(2000). Professional ethics: A cornerstone of teachers' preservice curriculum. *Action in Teacher Education*, 22(3), 12-18.

Hamre, B. K., Goffin, S. G., & Kraft Sayre, M. (2009a). *CLASS Implementation Guide*. Retrieved from http://www.classobservation.com/wp-content/uploads/2010/06/CLASSlmplementationGuide.pdf

Hamre, B. K., Goffin, S. G., & Kraft-Sayre, M. (2009b). *Classroom Assessment Scoring System: Implementation Guide*. Charlotte, VA: Center for Advanced Study of Teaching and Learning.

Katz, L., & Ward, E. (1978). *Ethical behavior in early childhood education*. Washington, DC: National Association for the Education of Young Children.

Martin, S., Meyer J., Jones, R. C., Nelson, L., & Ting, L. (2010). Perceptions of professionalism among individuals in the child care field. *Child Youth Care Forum*, 39(5), 341-349.

Moore, K.(2000). Assessing children's learning and development. *Scholastic Early Childhood Today*, 14(4), 14-15.

Moyles, J. (2001). Passion, paradox, and professionalism in early years education. *Early years*, 21(2),81-95.

National Association for the Education of Young Children. (2004). About NAEYC. Retrieved from www.naeyc.org/content/about-naeyc.

National Association for the Education of Young Children. (2011). Code of ethical conduct and statement of commitment. Retrieved from http://www.naeyc. org/files/naeyc/file/positions/Ethics%20 Position%20Statement2011.pdf.

Owocki, G. (2001). *Make way for literacy: Teaching the way young children learn*. Portsmouth, NH: Heinemann.

Sandell, E. J., Hardin, B. J., & Wortham, S. (2010). Using ACEI's global guidelines assessment for improving early education. *Childhood Education*, 86(3), 157-160.

U.S. Department of Education, National Center for Educational Statistics. (2009a). Common Core of Data, "Public Elementary/Secondary School Universe Survey," 2007-08. Retrieved from http://nces. ed. gov/pubs2010/2010015/figures/figure_7_1.asp.

U.S Department of Education, National Center for Educational Statistics. (2009b). Status and trends in the education of ethnic and racial minorities. Common Core of Data, "Public Elementary/Secondary School Universe Survey, " 2000-01,2003-04, and 2007-08. Retrieved from http://nces. ed.gov/pubs2010/2010015/tables/table_7 _la.asp.

Warash, B. G., Ward, C., & Rotilie, S. (2008). An exploratory study of the application of early childhood environment rating scale criteria. *Education,* 128(4), 645-658.

第四章

Anderson, R. (1998). Why talk about different ways to grade? The shift from traditional assessment to alternative assessment. *New Directions for Teaching and Learning*, 74, 5-16.

Arcaro-McPhee, R., Doppler, E. E., & Harkins, D. A. (2002). Conflict resolution in a preschool constructivist classroom: A case study in negotiation. *Journal of Research in Childhood Education*, 17(1), 19-25.

Berk, L., & Winsler, A. (1995). *Scaffolding children's learning*: *Vygotsky and early childhood education.* Washington, DC: National Association for the Education of Young Children.

Bredekamp, S., & Copple, C. (2009). *Developmentally appropriate practice in early childhood programs* (3rd ed.). Washington, DC: National Association for the Education of Young Children.

Bronfenbrenner, U. (1994). Ecological models of human development. In *International Encyclopedia of Education*, 3, (2nd ed.). Oxford: Elsevier. Reprinted in M. Gauvain & M. Cole (Eds.). *Readings on the development of children* (2nd ed.). (1993, pp. 37-43). New York: Freeman.

Bronfenbrenner, U. (2005a). The bioecological theory of human development. In Bronfenbrenner, U.(Ed.). *Making human beings human* (pp. 3-15). White Plains, NY: Longman.

Bronfenbrenner, U. (2005b). The future of childhood. In Bronfenbrenner, U. (Ed.) *Making human beings human* (pp. 246-259). Thousand Oaks, CA: SAGE Publications.

Castle, K.(1997). Constructing knowledge of constructivism. *Journal of Early Childhood Education*, 18(1), 55-67.

Darragh, J. (2007). Universal design for early childhood education: Ensuring access and equity for all. *Early Childhood Education Journal*, 33(2), 167-171.

Davis, B., & Sumara, D. (2002). Constructivist discourses and the field of education: Problems and possibilities. *Educational Theory*, 52, 409-428.

DeVries, R., & Zan, B. (1995). Creating a constructivist classroom atmosphere. *Young Children*, 51(1), 4-13.

DeVries, R., & Zan, B. (2003). When children make rules. *Educational Leadership*, 61(1), 64-67.

Dewey, J. (1938). *Experience and Education.* New York: Touchstone.

Dixon-Krauss, L. (1996). *Vygotsky in the classroom: Mediated literacy instruction and assessment* . White Plains, NY: Longman.

Ediger, M. (2000). Purposes in learner assessment. *Journal of Instructional Psychology*, 27(4), 244-250.

Gregory, M. R. (2002). Constructivism, standards, and the classroom community of inquiry. *Educational Theory*, 52(4), 43-51.

Izumi-Taylor, S. (2013). Scaffolding in group-oriented Japanese preschools. *Young Children*, 68(1), 70-75.

Knight, C. C., & Sutton, R. E. (2004). Neo-Piagetian theory and research: Enhancing pedagogical practice for educators of adults . *London Review of Education*, 2(1), 47-60.

Low, J.M., & Shironaka, W. (1995). Letting go: Allowing first graders to become autonomous learners. *Young Children*, 51(1), 21-25.

Marcon, R. (2002). Moving up the grades: Relationship between preschool model and later school success. *Early Childhood Research and Practice*, 4(1). Retrieved from ecrp.uiuc.edu/v4nl/marcon.html.

Matthews, W. (2003). Constructivism in the classroom: Epistemology, history, and empirical evidence. *Teacher Education Quarterly*, 30(3), 51-64.

McAfee, O., Leong, D. J., & Bodrova, E. (2004). *Primer on early childhood assessment: What every teacher should know.* Washington, DC: National Association for the Education of Young Children.

Piaget, J. (1929). *The child's conception of the world.* London: Routledge & Kegan Paul.

Piaget, J. (1969). *The psychology of the child.* New York: Basic Books.

Piaget, J. (1975). *The development of thought.* New York: Viking Press.

Powell, M. (2000). Can Montessorians and constructivists really be friends? *Montessori Life*, 21(1), 44-51.

Ray, J. (2002). Constructivism and classroom teachers: What can early childhood teacher educators do to support the constructivist journey? *Journal of Early Childhood Teacher Education*, 23, 319-325.

Richardson, V. (2003). Constructivist pedagogy. *Teachers College Record*, 105, 1623-1640.

Schuh, K. (2003). Knowledge construction in the learner-centered classroom. *Journal of Educational Psychology*, 95, 426-442.

Schweinhart, L.J., Barnes, H., & Weikart, D. P. (1993). Significant benefits: The HighScope Perry Preschool study through age 27. (Monographs of the HighScope Educational Research

Foundation, 10). Ypsilanti, MI: HighScope Press.

Simpson, T.(2002). Dare I oppose constructivism? *The Educational Forum*, 66, 347-354.

Suizzo, M. (2000). The socioemotional and cultural contexts of cognitive development: Neo-Piagetian perspectives. *Child Development*, 71(4), 846-849.

Vygotsky, L.S. (1978). *Mind in society: The development of higher psychological processes.* Cambridge, MA: Harvard University Press.

第五章

Addy, S., Wright, V. (2012). Basic facts about lowincome children. National Center for Children in Poverty. Retrieved from http://www.nccp.org/publications/ pub_1049 .html

American Psychological Association. (2005). Lesbian and gay parenting. Washington, DC: American Psychological Association Lesbian, Gay, and Bisexual Concerns Office.

Armstrong, T. (1994). *Multiple intelligences in the classroom.* Alexandria, VA: Association for Supervision and Curriculum Development.

Banks, J. A. (2006). *Cultural diversity and education: Foundations, curriculums, and teaching* (5th ed.). Boston, MA: Pearson Education, Inc.

Batalova, J., & McHugh, M. (2010). Top languages spoken by English-language learners nationally and by state. Washington, DC: Migration Policy Institute.

Bredekamp, S., & Copple, C. (Eds.). (2009). *Developmentally appropriate practice in early childhood programs.* Washington, DC: National Association for the Education of Young Children.

Bucher, R. D. (2010). *Diversity consciousness: Opening our minds to people, cultures and opportunities* (3rd ed.). Upper Saddle River, NJ: Pearson Education, Inc.

Campbell, L., Campbell, B., & Dickinson, D. (2004). *Teaching and learning through multiple intelligences.* Boston: Allyn and Bacon.

Carlisle, A.(2001). Using multiple intelligences theory to assess early childhood curricula. *Young Children*, 56(6), 77-83.

Division for Early Childhood. (2007). Promoting positive outcomes for children with disabilities: Recommendations for curriculum, assessment, and program evaluation. Missoula, MT: Author.

Division for Early Childhood/National Association for the Education of Young Children. (2009). Early childhood inclusion: A joint position statement of the Division for Early Childhood (DEC) and the National Association for the Education of Young Children(NAEYC). Chapel Hill:

The University of North Carolina, FPG Child Development Institute.

Ennis, S. R., Rios-Vargas, M., & Albert, N. G. (2011). The Hispanic population: 2010. (Census Briefs C2010BR-04). Washington, DC: U.S. Census Bureau.

Follari, L..(2015). Valuing Diversity in Early Childhood. Upper Saddle River, NJ: Pearson.

Gardner, H. (1993). *Multiple intelligences: The theory in practice.* New York: Basic Books.

Gardner, H. (1995). Reflections on multiple intelligences: Myths and messages. *Phi Delta Kappan*, 77, 200-203.

Gardner, H.(1997). Multiple intelligences as a partner in school reform. *Educational Leadership*, 55, 20-21.

Gardner, H.(2006). *Multiple Intelligences.* New York: Basic Books.

Gartrell, N., & Bos, H.(2010). U.S. national longitudinal lesbian family study: Psychological adjustment of 17-year-old adolescents. *Pediatrics*, 126(1), 1-9.

Gollnick, D. M., & Chinn, P. C. (2009). *Multicultural education in a pluralistic society* (8th ed.). Upper Saddle River, NJ: Pearson Education, Inc.

Government Printing Office. (2012). Title 34: Education. Part 300: Assistance to states for the education of children with disabilities. 71 FR 46753, Aug. 14, 2006, as amended at 72 FR 61307, Oct. 30, 2007. Retrieved from http://www.ecfr.gov/cgi-bin/textidx?c=ecfr&sid=96025ad40230ae0f4a530ec51d0519ca&rgn=div5&view=text&node=34:2.1.1.1.1&i dno=34#34:2.1.1.1.1 .36.7.

Greeff, A., & Du Toit, C.(2009). Resilience in remarried families. *The American Journal of Family Therapy*, 37(2), 114-126.

Houston, D., & Kramer, L. (2008). Meeting the longterm needs of families who adopt children out of foster care: A three-year follow-up study. *Child Welfare*, 87(4), 145-170.

Humes, K. R., Jones, N. A., & Ramirez, R. R. (2011). *Overview of race and Hispanic origin: 2010* (2010 Census Briefs #C2010BR-02).Washington, DC: U.S. Census Bureau. Retrieved from http:// www.census.gov/prod/cen2010 /briefs/c2010br-02.pdf

Kids Count. (2012). *2012 Kids Count Data Book.* Annie E. Casey Foundation. Retrieved from http://www. aecf.org/KnowledgeCenter/Publications.aspx? pubguid=%7B68E8B294-EDCD-444D-85E4- D1C1576830FF%7D.

Kreider, R., & Ellis, R. (2011). Living arrangements of children: 2009. *Current Population Reports*, 70-126. Washington, DC: U.S. Census Bureau.

Nuzzi, R. (1997). A multiple intelligence approach. *Momentum*, 28, 16-19.

Office for Civil Rights. (2011). Protecting students with disabilities: Frequently asked questions about Section 504 and the education of children with disabilities. Retrieved from http://www2. ed.gov/about/offices/list/ ocr/504faq.html.

Office of Special Education Programs, U.S. Department of Education. (2012). *Infants and toddlers receiving early intervention services in accordance with Part C, 2011*. USDOE OSEP Data Analysis System (DANS). Data updated as of July 15, 2012. OMB #1820-0557.

Reiff, J. (1996). Multiple intelligences: Different ways of learning. Association for Childhood Education International. Retrieved from www.udel.edu/ bateman/ acei/multint9.htm.

Schonfeld, D.J.(2011). An interview with David Schonfeld: The educator's role in helping children with grief. *North American Journal of Psychology*, 13(2), 275-280.

Snyder, T. D., & Dillow, S. A. (2012). *Digest of Education Statistics, 2011* (NCES 2012-001). Washington, DC: National Center for Education Statistics, Institute of Education Sciences, U.S. Department of Education.

Stanford, P.(2003). Multiple intelligence for every classroom. *Intervention in School and Clinic*, 39(2), 80-85.

U.S. Census Bureau. (2012). Current Population Survey: 2012. Retrieved from http://www. census.gov/ popest/ data/ .

U.S. Census Bureau.(2013). *America's children's Key national indicators of well-being, 2013*. Washington, DC: Author. Retreived from http://www.childstats.gov/americaschildren/famsoc1. asp.

U.S. Department of Health and Human Services. (2013). Annual update of the HHS poverty guidelines. 2013-01422. Retrieved from https://www. federalregister. gov/articl es/2013/01/24/2013-01422/ annual-update-of- the-hhs-poverty-guidelines.

Wood, D. (2003). Effect of child and family poverty on child health in the United States. *Pediatrics*, 112(3 Part 2), 707-711.

York, S. (2003). *Roots & Wings*. St. Paul, MN: Red Leaf Press.

第六章

Aber, L., & Palmer, J. (1999). Poverty and brain development in early childhood. National Center for Children in Poverty, Mailman School of Public Health, Columbia University. Retrieved from www.nccp.org/pub_pbd99.html.

Addy, S., Engelhardt, W., & Skinner, C. (2016). Basic facts about low-income children: Children under 6 years, 2011.National Center for Children Living in Poverty. New York, NY:

Mailman School of Public Health, Columbia University.

Blair, C., Peters, R., & Lawrence, F. (2003). Family dynamics and child outcomes in early intervention: The role of developmental theory in the specification of effects. *Early Childhood Research Quarterly*, 18, 446-467.

Bloom, B. (1964). *Stability and change in human characteristics.* New York: Wiley.

Bredekamp, S., & Copple, C. (2009). *Developmentally appropriate practice in early childhood programs* (3rd ed.). Washington, DC: National Association for the Education of Young Children.

Caputo, R. (2003). Head Start, other preschool programs, and life success in a youth cohort. *Journal of Sociology and Social Welfare*, 30(2), 105-126.

Champion, T., Hyter, Y., McCabe, A., & Bland-Stewart, L.(2003). "A matter of vocabulary": Performances of low-income African-American Head Start children on the Peabody Picture Vocabulary Test-III. *Communication Disorders,* 23(3), 121-127.

Children's Defense Fund. (2003). *Head Start reauthorization: Questions and answers.* Washington, DC: Author.

Diamond, M., & Hopson, J. (1998). *Magic trees of the mind: How to nurture your child's intelligence, creativity, and healthy emotions from birth through adolescence.* New York: Plume Books.

Elliot, J., Prior, M., Merrigan, C., & Ballinger, K.(2002). Evaluation of a community intervention programme for preschool behaviour problems. *Journal of Pediatric Child Health,* 38, 41-50.

Gershoff, E. (2003). Living at the Edge Research Brief No. 4: Low income and the development of America's kindergarteners. National Center for Children in Poverty, Mailman School of Public Health, Columbia University. Retrieved from www.nccp.org/publications/pub_533.html.

Hall, J., Sylva, K., Melhuish, E., Sammons, P., Siraj-Blatchford I., & Taggart, B. (2009). The role of pre-school quality in promoting resilience in the cognitive development of young children. *Oxford Review of Education,* 35(3), 331-352.

Halle, T., Forry, N., Hair, E., Perper, K., Wandner, L., Wessel, J., & Vick, J. (2009). Disparities in early learning and development: Lessons from the early childhood longitudinal study—birth cohort. Washington, DC: Child Trends.

Hanson, M.(2003). Twenty-five years after early intervention: A follow-up of children with Down syndrome and their families. *Infants and Young Children,* 16(4), 354-365.

Head Start Bureau. (1997). Head Start program performance standards and other regulations(Health and Developmental Services). Washington, DC: Head Start Bureau,

Administration on Children, Youth, and Families, U.S. Department of Health and Human Services. Retrieved from www.acf.hhs.gov/programs/hsb/pdf/1304_ALL.pdf.

Hume, K., Bellini, S., & Pratt, C. (2005).The usage and perceived outcomes of early intervention and early childhood programs for young children with Autism Spectrum Disorder. *Topics in Early Childhood Special Education*, 24(4), 195–207.

IDEA. (2004). Individuals with Disabilities Education Improvement Act of 2004, Pub. L. No. 108–446, &2, 118 Stat. 2647 (2004).

Jacobson, L. (2003). Head Start reauthorization goals detailed. *Education Week*, 23(9), 23–25.

Jacobson, L.(2004). Criticism over new Head Start testing program mounts. *Education Week*, 23(4), 10–12.

Kagan, J. (2002). Empowerment and education: Civil rights, expert–advocates, and parent politics in Head Start, 1964–1980. *Teachers College Record*, 104(3), 516–562.

Knitzer, J., & Lefkowitz, J. (2006). Helping the most vulnerable infants, toddlers, and their families. National Center for Children in Poverty, Mailman School of Public Health, Columbia University. Retrieved from www.nccp.org/publications/ pub_669.html#1.

Lascarides, V., & Hinitz, B. (2000). *History of early childhood education*. New York: Falmer Press.

Lee, V., Brooks–Gunn, J., Schnur, E., & Liaw, F. (1990). Are Head Start effects sustained? A longitudinal follow–up comparison of disadvantaged children attending Head Start, no preschool, and other preschool programs. *Child Development*, 61(2), 495–507.

Marcon, R.(2002). Moving up the grades: Relationship between preschool model and later school success. *Early Childhood Research and Practice*, 4(1). Retrieved from ecrp.uiuc.edu/v4nl/marcon.html.

Muennig, P., Schweinhart, L., Montie, J., & Neidell, M. (2009). Effects of a prekindergarten educational intervention on adult health: 37–year follow–up results of a randomized controlled trial. *Research and Practice*, 99(8), 1431–1437.

Nord, C., & Rhoads, A. (1992). *The survey of income and program participation as a source of data on children: A statistical profile of at–risk children in the United States*. Washington DC: U.S. Department of Education. ED415992.

Parke, B., & Agness, P. (2002). Hand in hand: A journey toward readiness for profoundly at–risk preschoolers. *Early Childhood Education Journal*, 30(1), 33–37.

Peth–Pierce, R.(2000). *A good beginning: Sending America's children to school with the social and emotional competence they need to succeed.* Bethesda, MD: Child Mental Health Foundations and Agencies Network, National Institute of Mental Health.

Powell, M. (2000). Can Montessorians and constructivists really be friends? *Montessori Life,* 21(1), 44–51.

Rappaport, M., McWilliam, R., & Smith, B. (2004). Practices across disciplines in early intervention: The research base. *Infants and Young Children*, 17(1), 32–44.

Rauh, V., Parker, F., Garfinkel, R., Perry, J., & Andrews, H. (2003). Biological, social, and community influences on third–grade reading levels in minority children: A multi–level approach. *Journal of Community Psychology*, 31(3), 255–278.

Robbins, T., Stagman, S., & Smith, S. (2012). Young children at risk. *Oct 2012 Fact Sheet.* National Center for Children Living in Poverty. Mailman School of Public Health, Columbia University.

Samuels, C. (2013). New scrutiny as Head Start centers recomplete for aid. *Education Week,* 32(19), 6.

Schmit, S., & Ewen, D. (2012a). *Putting children and families first: Head Start in 2010. Brief number 10.* Washington, DC: Center for Law and Social Policy.

Schmit, S., & Ewen, D. (2012b). *Supporting our youngest children: Early Head Start programs in 2010. Brief Number 11.* Center for Law and Social Policy: Washington, DC. Retrieved from http://www. clasp. org/ admin/ site/ publications/files/EHS–Trend–Analysis–Final.pdf.

Schweinhart, L.J., Barnes, H. V., & Weikart, D. P. (1993). *Significant benefits: The HighScope Perry preschool study through age 27.* (Monographs of the HighScope Educational Research Foundation, 10). Ypsilanti, MI: HighScope Press. PS 021 998.

Smith, B. J. (1988). Does early intervention help? *ERIC Digest* No. 455. ED295399.

U.S. Department of Health and Human services. (2002a). Head start history. Washington, DC: U.S. Government Printing Office. Retrieved from www. acf.hhs.gov/programs/ opre/hs/ ch_trans/ reports/ transition_study /trans_study_pt1.html.

U.S. Department of Health and Human Services. (2002b). Making a difference in the lives of infants and toddlers and their families: The impacts of Early Head Start. Washington, DC: U.S. Government Printing Office. Retrieved from www.acf.hhs.gov/ programs/opre/ehs/ ehs_resrch/ reports/impacts_exesum/impacts_exesum.html.

U.S. Department of Health and Human Services. (2003). Head Start FACES 2000: A whole–child perspective on program performance. Washington, DC: U.S. Government Printing Office.

Retrieved from www. acf.hhs.gov/programs/opre/hs/faces/.

U.S. Department of Health and Human Services. (2006). FACES findings: New research on Head Start outcomes and program quality. Retrieved from www. acf.hhs.gov/programs/ opre/hs/faces/ reports/ faces_ findings_06/faces_findings.pdf.

U.S. Department of Health and Human Services.(2008). Head Start reauthorization: P.L.110-134. Retrieved from http://www.gpo.gov/fdsys/pkg/PLAW-11Opub1134/pdf/PLAW-110publ134.pdf.

U.S. Department of Health and Human Services. (2010). *Head Start impact study. Final report.* Washington, DC: Administration for Children and Families.

U.S. Department of Health and Human Services. (2011). *Head Start development and early learning framework.* Washington, DC: Administration for Children and Families.

U.S. Department of Health and Human Services. (2012a). Head Start program facts fiscal year 2012. Retrieved from http://eclkc.ohs.acf.hhs.gov/hslc/mr/factsheets/docs/hs-program-fact-sheet-2012.pdf.

U.S. Department of Health and Human Services. (2012b). *Third grade follow-up to the Head Start impact study. Final report.* Washington, DC: Administration for Children and Families.

U.S. Department of Health and Human Services.(2013). 2013 poverty guidelines. *Federal Register,* 78(16), 5182-5183. Retrieved from http://aspe.hhs.gov/poverty/13poverty.cfm.

Vander Zanden, J. (2003). *Human development.* Boston: McGraw-Hill.

第七章

Bracey, G. W. (2003). Investing in preschool. *American School Board Journal,* 190(1), 32-35.

Child Care Information Exchange. (2002). Celebrating a life for children: An interview with David Weikart. *Child Care Information Exchange,* 144, 30-31.

Epstein, A. S. (2003). How planning and reflection develop young children's thinking skills. *Young Children,* 58(5), 28-36.

Epstein, A. S. (2005). *All about HighScope.* Ypsilanti, MI: HighScope Educational Research Foundation. Retrieved from www.highscope.org/about/allabout.htm.

Epstein, A. S., Schweinhart, L. J., & McAdoo, L. (1996). *Models of early childhood education.* Ypsilanti, MI: HighScope Press.

File, N., & Kontos, S. (1993). The relationship of program quality to children's play in integrated early intervention settings. *Topics in Early Childhood Special Education,* 13, 1.

Girolametto, L., Weitzman, E., van Lieshout, R., & Duff, D. (2000). Directiveness in teacher's language input to toddlers and preschoolers in day care. *Journal of Speech, Language, and Hearing Research,* 43(4), 1101-1104.

HighScope Educational Research Foundation. (2003). *Preschool program quality assessment* (2nd ed.). Ypsilanti, MI: HighScope Press.

HighScope Educational Research Foundation.(2005). *Child observation record information for decision makers.* Ypsilanti, MI: HighScope Press. Retrieved from www.highscope.org/file/ Assessment/cor_decision_maker.pdf.

HighScope Educational Research Foundation. (2009a). *Infant and toddler key experiences.* Ypsilanti, MI: HighScope Press. Retrieved from www.highscope.org/ Content. asp? ContentId=94.

HighScope Educational Research Foundation. (2009b). *Key developmental indicators.* Ypsilanti, MI: HighScope Press. Retrieved from www.highscope.org/ Content.asp? ContentId=275.

Maehr, J. (2003). HighScope preschool key experiences: Language and literacy[videotape]. Ypsilanti, MI: HighScope Educational Research Foundation.

Marcon, R. A. (1992). Differential effects of three preschool models on inner-city 4-year-olds. *Early Childhood Research Quarterly,* 7, 517-530.

Muennig, P., Schweinhart, L., Montie, J., & Neidell, M. (2009). Effects of a prekindergarten educational intervention on adult health: 37-year follow-up results of a randomized controlled trial. *Research and Practice,* 99(8), 1431-1437.

National Association for the Education of Young Children. (1995). *Responding to linguistic and cultural diversity: Recommendations for effective early childhood practice.* Washington, DC: Author.

Quindlen, A.(2001). Building blocks for every kid. *Newsweek,* 137(7), 68-69.

Schweinhart, L. J. (2003). *Validity of the HighScope preschool education model.* Ypsilanti, MI: HighScope Educational Research Foundation.

Schweinhart, L. J., Montie, J., Xiang, Z., Barnett, W. S., Belfield, C. R., & Nores, M. (2005). *Lifetime effects:The HighScope Perry Pr*eschool *Study through age 40.* (Monographs of the HighScope Educational Research Foundation, 14). Ypsilanti, MI: HighScope Press.

Shouse, A. C. (1995). *HighScope preschool curriculum: Educational programs that work.* Ypsilanti MI: HighScope Educational Research Foundation.

Sylva, K., & Evans, E. (1999). Preventing failure at school. *Children and Society,* 13, 278-286.

Trawick-Smith, J. (1994). Authentic dialogue with children: A sociolinguistic perspective on language learning. *Dimensions of Early Childhood,* 22(4), 9-16.

第八章

Beneke, S. (2000). Implementing the project approach in part-time early childhood education programs. *Early Childhood Research Quarterly*, 2(1). Retrieved from http:// ecrp.uiuc.edu/v2n1/ beneke.html.

Chard, S. (1998a). *The project approach: Book 1.* New York, NY: Scholastic Inc.

Chard, S.(1998b). *The project approach: Book 2.* New York, NY: Scholastic Inc.

Edwards, C., & Springate, K.(1993). Inviting children into project work. *Dimensions of Early Childhood*, 22(1), 9-12, 40.

Gallick, B.(2000). The hairy head project. *Early Childhood Research Quarterly*, 2(2). Retrieved from ecrp.uiuc.edu/v2n2/gallick.html.

Gregory, M. R. (2002). Constructivism, standards, and the classroom community of inquiry. *Educational Theory*, 52(4), 43-51.

Helm, J., & Katz, L. (2001). *Young investigators*: *The project approach in the early years.* New York: Teachers College Press.

Hertzog, N. B. (2007). Transforming pedagogy: Implementing the Project Approach in two first-grade classrooms. *Journal of Advanced Academics*, 18(4), 530-564.

Katz, L. (1998). Issues in selecting topics for projects. *ERIC Digest* No. ED424031, 1998-10-00. Retrieved from www.eric.ed.gov/ERICDocs/data/ericdos2sql/content_stoage_01 /0000019b/80/ 16/ f2/ed.pdf.

Katz, L., & Chard, S. (2000). *Engaging children's minds: The project approach.* Stamford, CT:Ablex Publishing.

Mitchell, S., Foulger, T. S., Wetzel, K., & Rathkey, C. (2009). The negotiated Project Approach: Projectbased learning without leaving standards behind. *Early Childhood Education Journal*, 36, 339-346.

Trepanier-Street, M. (1993). What's so new about the Project Approach? *Childhood Education*, 20, 25-28.

Vygotsky, L. S. (1978). *Mind in society: The development of higher psychological processes.* Cambridge, MA: Harvard University Press.

第九章

Bredekamp, S. (1993). Reflections on Reggio Emilia. *Young Children*, 49(1), 13-17.

Bredekamp, S., & Rosengrant, T. (Eds.). (1992). *Reaching potentials: Appropriate curriculum and assessment for young children* (Vol. 1). Washington, DC: National Association for the Education of Young Children.

Caldwell, L. B. (1997). *Bringing Reggio Emilia home.* New York: Teachers College Press.

Danko-McGhee, K., & Slutsky, R. (2003). Preparing teachers to use art in the classroom: Inspirations from Reggio Emilia. *Art Education*, 56(4), 12-18.

Day, C. B. (2001). Loris Malaguzzi founder: The Reggio Emilia approach, believing in the power of the child. *Scholastic Early Childhood Today*, 15(8), 46.

Edwards, C. P. (2003). "Fine designs" from Italy: Montessori education and the Reggio Emilia approach. *Montessori Life*, 15(1), 34-39.

Edwards, C. P., Gandini, L., & Forman, G.(Eds.). (1996). *The hundred languages of children: The Reggio Emilia approach to early childhood education.* Norwood, NJ: Ablex.

Gandini, L. (1997). The Reggio Emilia story: History and organization. In J. Hendrick (Ed.), *First steps toward teaching the Reggio way* (pp. 2-13). Upper Saddle River, NJ: Merrill/ Prentice Hall.

Gandini, L. (2002). The story and foundations of the Reggio Emilia approach. In V. Fu, A. Stremmel, & L. Hill (Eds.), *Teaching and learning: Collaborative exploration of the Reggio Emilia approach* (pp. 13-21). Upper Saddle River, NJ: Merrill/ Prentice Hall.

Gilman, S. (2007). Including the child with special needs: Learning from Reggio Emilia. *Theory into Practice*, 46(1), 23-31.

Goffin, S. G. (2000). The role of curriculum models in early childhood education. Washington, DC: Office of Educational Research and Improvement.(ERIC Document Reproduction Service no. ED 443597). Retrieved from www.eric.ed.gov/ERICDocs/data/ ericdocs2sql/ content_storage_01 / 0000019b/80/ 16/57/e9.pdf.

Grieshaber, S., & Hatch, A. (2003). Pedagogical documentation as an effect of globalization. *Journal of Curriculum Theorizing*, 19(1), 89-102.

Hewett, V. M. (2001). Examining the Reggio Emilia approach to early childhood education. *Early Childhood Education Journal*, 29(2), 95-100.

Hughes, E. (2007). Linking past to present to create an image of the child. *Theory Into Practice*, 46(1), 48-56. Krechevsky, M., & Stork, J. (2000). Challenging educational assumptions: Lessons from an Italian-American collaboration. *Cambridge Journal of Education*, 30(1), 57-75.

Linn, M. I. (2001). An American educator reflects on the meaning of the Reggio experience. *Phi*

Delta Kappan, 83, 332–335.

Massey, A., & Burnard, S. (2006). "Here's one I made earlier!" A qualitative report on creativity in a residential primary school for children with social, emotional and behavioral difficulties. *Emotional and Behavioural Difficulties*, 11(2), 121–133.

McClow, C. S., & Gillespie, C. W. (1998). Parental reactions to the introduction of the Reggio Emilia approach in Head Start classrooms. *Early Childhood Education Journal*, 26(2), 131–136.

New, R. S. (2003). Reggio Emilia: New ways to think about schooling. *Educational Leadership*, 60(7), 34–38.

Reggio Children (Producer).(1980) .*To make a portrait of a lion* [Film]. Reggio Emilia, Italy: Author.

Reggio Children(Producer).(1994). *A message from Loris Malaguzzi* [Film]. Reggio Emilia, Italy: Author.

Rinaldi, C. (2001). Documentation and assessment: What is the relationship? In Project Zero & Reggio Children (Eds.), *Making learning visible: Children as individual and group learners* (pp. 78–93). Reggio Emilia, Italy: Reggio Children.

Seefeldt, C.(1995). Art—serious work. *Young Children*, 50(3), 39–45.

Strozzi, P. (2001). Daily life at school: Seeing the extraordinary in the ordinary. In Project Zero & Reggio Children (Eds.), *Making learning visible: Children as individual and group learners* (pp. 58–77). Reggio Emilia, Italy: Reggio Children.

Tarr, P. (2003). Reflections on the image of the child: Reproducer or creator of culture. *Art Education*, 56(4), 6–11.

Turner, T., & Krechevsky, M. (2003). Who are the teachers? Who are the learners? *Educational Leadership*, 60(7), 40–44.

U.S. Department of Health and Human Services. (2005). Head Start program performance standards (45–*CFR* 1304). Washington, DC: Author. Retrieved from www.acf. hhs.gov/programs/hsb/performance/index.htm.

Warash, B., Curtis, R., Hursh, D., & Tucci, V. (2008). Skinner meets Piaget on the Reggio playground: Practical synthesis of applied behaviour analysis and developmentally appropriate practice orientations. *Journal of Research in Childhood Education, 22, 441–454.*

Zhang, J., Fallon, M., & Kim, E.(2009). The Reggio Emilia curricular approach for enhancing play development of young children. *Curriculum and Teaching Dialogue*, 12(1, 2), 85–89.

第十章

American Montessori Society. (n.d.). Essential elements of public Montessori schools. Retrieved from www. amshq .org/schools_public. htm.

Cossentino, J. (2006). Big work: Goodness vocation, and engagement in the Montessori method. *Curriculum Inquiry*, 36(1), 63–92.

Edwards, C.P. (2002). Three approaches from Europe: Waldorf, Montessori, and Reggio Emilia. *Early Childhood Research and Practice*, 4(1). Retrieved from http:// ecrp.uiuc.edu/v4n1/edwards. html.

Elkind, D.(2003). Montessori and constructivism. *Montessori Life,* 15(1), 26–29.

Gartner, A., Lipsky, D. K., & Dohrmann K.R. (2003). *Outcomes for students in a Montessori program: A longitudinal study of the experience in the Milwaukee public schools.* Rochester, NY: Association Montessori Internationale.

Gettman, D. (1987). *Basic Montessori: Learning activities for under-fives.* New York: St. Martin's Press.

Goffin, S. (1994). *Curriculum models and early childhood education.* Upper Saddle River, NJ:Merrill/Prentice Hall.

Henry-Montessori, M. (n.d.). Portrait of Mario Montessori. Association Montessori Internationale. Retrieved from www.montessori-ami.org.

Lascaride, V., & Hinitz, B.(2000). *History of early childhood education.* New York: Falmer Press.

Lillard, A., & Else-Quest, N. (2006). Evaluating Montessori education. *Science, 313,* 1893–1894.

Montessori, M. (1965). *Dr. Montessori's own handbook: A short guide to her ideas and materials.* New York: Schocken Books.

Montessori, M. (1966). *The secret of childhood.* New York: Ballantine Books.

Montessori, M.(1967). *The discovery of the child.* New York: Ballantine.

Montessori, M. (1999). The Montessori method: Scientific pedagogy as applied to child education in the Children's Houses. In M. Paciorek & J.Munro (Eds.) *Sources: Notable selections in early childhood education.* Guilford, CT: McGraw-Hill. (Original work published 1965)

Mooney, C.G. (2000). *Theories of childhood: An introduction to Dewey, Montessori Erikson Piaget and Vygotsky.* St. Paul, MN: Redleaf Press.

North American Montessori Teachers' Association. (2013). About NAMTA. Retrieved from http:// www.montessori-namta.org/About-Montessori

Rambusch, N. (1992). Montessori's "method" : Stewardship of the spirit. *ReVision*, *15*(2), 79-81.

Rathunde, K. (2003). A comparison of Montessori and traditional middle schools: Motivation quality of expence, and social context. *NAMTA Journal,* 28(3), 12-52.

Shute, N. (2002). Madam Montessori. *Smithsonian Magazine*, September, 70-74.

Sobe, N. W. (2004). Challenging the gaze: The subject of attention and a 1915 Montessori demonstration classroom. *Educational Theory*, 54(3), 281-297.

Soundy, C. (2003). Portraits of exemplary Montessori practice for all literacy teachers. *Early Childhood Education Joumal*, 31(2), 127-131.

Swan, D. (1987). Foreword. In D. Gettman *Basic Montessori: Learning activities for under-fives* (pp. ixxii). New York: St. Martin's Press.

Williams, N., & Keith, R. (2000). Democracy and Montessori education. *Peace Review*, 12(3), 217-222.

第十一章

Almon, J. (1992). Educating for creative thinking: The Waldorf approach. *ReVision*, 15(2), 71-79.

Astley, K., & Jackson, P. (2000). Doubts on spirituality: Interpreting Waldorf ritual. *International Journal of Children's Spirituality*, 5(2), 221-227.

Association of Waldorf Schools of North America. (n.d.). About AWSNA. Retrieved from www. awsna.org.

Association of Waldorf Schools of North America. (Producer).(1996). *Waldorf education: A vision of wholeness* [Film]. Available from Association of Waldorf Schools of North America, 3911 Bannister Road Fair Oaks CA 95628, 916-961-0927.

Bureau of Labor Statistics. (2008). College enrollment and work activity of 2007 high school graduates. Retrieved from www.bls.gov/news.release/hsgec.nr0.htm.

Byers, P., Dillard, C., Easton, F., Henry, M., McDermott, R., Oberman, I., & Uhrmacher, B. (1996). *Waldorf education in an inner city public school: The Urban Waldorf School of Milwaukee.* Spring Valley, NY: Parker Courtney Press.

Cicala Filmworks, Inc. (Producer).(n.d.). *Taking a risk in education: Waldorf-inspired public schools* [Film]. Available from Cicala Filmworks, Inc., 115W. 29th Street, Suite 1101, New York, NY

10001.

Clouder, C. (2003). The push for early academic instruction: A view from Europe. *Encounter*, 17(1), 10-16.

Dancy, R. B. (2004). The wisdom of Waldorf. *Mothering*, 123, 62-73.

Easton, F. (1997). Educating the whole child, "head, heart and hands" : Learning from the Waldorf experience. *Theory Into Practice*, 36(2), 87-95.

Edwards, C.P. (2002). Three approaches from Europe: Waldorf, Montessori, and Reggio Emilia. *Early Childhood Research and Practice*, 4(1). Retrieved from http:// ecrp.uiuc.edu/v4n1/edwards. html.

Enten, A.(2005). Life after Waldorf High School. *Renewal Magazine.* Retrieved from www. awsna.org/ renlifeafter.html.

European Council for Steiner Waldorf Education. (2007). Waldorf schools against discrimination: Stuttgart declaration. Retrieved from http://www. ecswe.org/ downloads/statements/ ecswe_discriminationstatement.pdf.

Fenner, P. J., & Rivers, K.(1995). *Waldorf education: A family guide.* Amesbury, MA: Michaelmas Press.

Hegde, A., & Cassidy, D. (2004). Teacher and parent perspectives on looping. *Early Childhood Education Journal,* 32(2), 133-138.

Iannone, R., & Obenauf, P. (1999). Toward spirituality in curriculum and teaching. *Education*, 119(4), 737-743.

Miller, R. (2006). Reflecting on spirituality in education. *Encounter*, 19(2), 6-9.

Mitchell, D., & Gerwin, D. (2007). Survey of Waldorf graduates Phase II . Research Institute for Waldorf Education. Retrieved from www.waldorfresearchinstitute.org/pdf/WEPhase II 0307.pdf

Mitchell, R. (2007). Seeking the archetype of the teacher. *Encounter*, 20(2), 27-35.

Mollet, D. (1991). How the Waldorf approach changed a difficult class. *Educational Leadership*, 49, 55-56.

Nicholson, D. (2000). Layers of experience: Forms of representation in a Waldorf school classroom. *Journal of Curriculum Studies*, 32(4), 575-587.

Oberman, I. (1997). *Waldorf history: Case study of institutional memory.* Paper presented at the annual meeting of the American Education Research Association, Chicago, IL. (ERIC Document Reproduction Service No. ED409108).

Oberman, I. (2008). Waldorf education and its spread into the public sector. *Encounter*, 21(2),

11-14.

Oberski, I., Pugh, A., MacLean, A., & Cope, P. (2007) Validating a Steiner-Waldorf teacher education programme. *Teaching in Higher Education*, 12(1), 135-139.

Ogletree, E. (1975). Geometric form drawing: A perceptual-motor approach to preventive remediation(the Steiner approach). *Journal of Special Education*, 3, 237-243.

Oppenheimer, T. (1999). Schooling the imagination. *Atlantic Monthly*, 282(3), 71-83.

Ruenzel, D. (2001). The spirit of Waldorf education. *Education Week*, 20(41), 38-46.

Schmitt-Stegmann, A. (1997). *Child development and curriculum in Waldorf education* (ERIC document no. ED 415990).

Steiner, R. (1997). *Education as a force for social change*. Hudson, NY: Anthroposophic Press.

Steiner, R.(2005). *Encyclopedia britannica*. Retrieved from Encyclopedia Britannica Premium Service www.britannica.com/eb/ article-9069553.

Waldorf Kindergarten Association. (1993). *An overview of the Waldorf kindergarten*. Silver Spring, MD: Author.

Waldorf Kindergarten Association. (1994). *Understanding young children: Excerpts from lecture by Rudolf Steiner*. Silver Spring, MD: Author.

Ward, W. (2005). Is Waldorf education Christian? *Renewal Magazine*. Retrieved from www. awsna.org/renchristian.html.

第十二章

Bredekamp, S., & Copple, C. (Eds.). (2009). *Developmentally appropriate practice in early childhood programs* (3rd. ed.). Washington, DC: National Association for the Education of Young Children.

Downer, J.T., Lopez, M. L., Grimm, K. J., Hamagami, A., Pianta, R. C., & Howes, C. (2012). Observations of teacher-child interactions in classrooms serving Latinos and dual-language leamers: Applicability of the Classroom Assessment Scoring System in diverse settings. *Early Childhood Research Quarterly*, *27*, 21-32.

后　记

　　从初读英文原书，到完成翻译、校对并付梓成册，时间过去近三年。本书介绍了早期教育的基本理念与经典课程模式，由我带领北京师范大学教育学部学前教育专业 2015 级优秀硕士研究生及我的硕博团队进行翻译与校对。

　　全书共经历四轮翻译及校对，每一轮的工作均包含翻译、轮替校对和确认修订三个步骤。特别感谢 2015 级同学，很幸运能和你们一起，把翻译当作"研"与"究"西方经典课程模式的过程，学习早期教育的基本理念，探寻早期教育的奥秘与课程模式的本土化建构。你们奠定了本书的翻译基础，让翻译的工作更有价值。也感谢我的硕博团队，感谢你们高质量地完成第二轮翻译工作，能够逐字逐句进行再译和深究。感谢任宏伟、魏洪鑫承担了第三轮最为艰巨的翻译与校对工作。感谢谷虹、杜宝杰承担了第四轮最为用心的审校工作，将本书更好地呈献给读者。最终，本书由我定稿。

　　在本书完稿之际，感谢教育科学出版社学前教育分社为此书翻译和出版所付出的努力，感谢教育科学出版社给予的多方面大力支持。

　　本书的翻译是集体智慧的结晶。希望本书能够为我国学前教育的发展提供理念与实践模式的启迪，能够激发学前教育工作者创造适宜我国学前教育发展的最佳实践模式。书稿厚重，水平未及之处请广大读者批评指正，提出宝贵的修改建议。期待您与我们沟通交流，共同进步。

北京师范大学

霍力岩

出版人　李　东
责任编辑　王春华
版式设计　点石坊　杨玲玲
责任校对　张　珍
责任印制　叶小峰

图书在版编目（CIP）数据

早期教育的基本理念与最佳实践：第3版／（美）莉森纳·福拉里（Lissanna Follari）著；霍力岩等译. —北京：教育科学出版社，2019.3（2023.9重印）
书名原文：Foundations and Best Practices in Early Childhood Education: History, Theories, and Approaches to Learning, Third Edition
ISBN 978-7-5191-1397-1

Ⅰ.①早… Ⅱ.①莉… ②霍… Ⅲ.①早期教育—研究 Ⅳ.①G61

中国版本图书馆CIP数据核字（2018）第218808号

北京市版权局著作权合同登记 图字：01-2016-6236 号

早期教育的基本理念与最佳实践（第3版）
ZAOQI JIAOYU DE JIBEN LINIAN YU ZUIJIA SHIJIAN

出版发行	教育科学出版社		
社　　址	北京·朝阳区安慧北里安园甲9号	**市场部电话**	010-64989572
邮　　编	100101	**编辑部电话**	010-64989395
传　　真	010-64989419	**网　　址**	http://www.esph.com.cn
经　　销	各地新华书店		
制　　作	点石坊工作室		
印　　刷	保定市中画美凯印刷有限公司		
开　　本	787毫米×1092毫米　1/16	**版　　次**	2019年3月第1版
印　　张	23	**印　　次**	2023年9月第3次印刷
字　　数	400千	**定　　价**	75.00元

如有印装质量问题，请到所购图书销售部门联系调换。